Kate O'Donnell

DAS AYURVEDA-KOCHBUCH
FÜR EINEN KLAREN GEIST

Kate O'Donnell

DAS AYURVEDA-KOCHBUCH
FÜR EINEN KLAREN GEIST

100 einfache sattvische Rezepte für jeden Tag

Kate O'Donnell
Das Ayurveda-Kochbuch für einen klaren Geist
100 einfache sattvische Rezepte für jeden Tag
1. deutsche Auflage 2019
2. deutsche Auflage 2021
ISBN: 978-3-96257-102-3

Titel der Originalausgabe:
everyday ayurveda cooking for a calm, clear mind
100 simple sattvic recipes

Übersetzung aus dem Englischen: Alice von Canstein
Layout: Allison Meierding
Satz: Linda Brummack
Coverlayout: © Narayana Verlag GmbH
Coverabbildungen: © Cara Brostrom

Herausgeber:
Unimedica im Narayana Verlag GmbH, Blumenplatz 2, D-79400 Kandern
Tel.: +49 7626 974 970-0
E-Mail: info@unimedica.de
www.unimedica.de

DIESES BUCH IST AYUR VIDYA, DEM GEIST DES AYURVEDA, UND ALLEN GURUS UND VAIDYAS DER VERGANGENHEIT, GEGENWART UND ZUKUNFT GEWIDMET.

Inhalt

Einleitung

ZU *DAS AYURVEDA-KOCHBUCH FÜR EINEN KLAREN GEIST*

Noch während meiner Arbeit am *Das Ayurveda-Kochbuch für jeden Tag* war mir klar, dass ich ein weiteres Kochbuch über die *sattvische* Ernährung, also den Bereich des Ayurveda, der sich auf lebensspendende, reine Nahrungsmittel für einen harmonischen Geist konzentriert, schreiben musste. Während ich über die ayurvedische Ernährungs- und Lebensweise schrieb, stieß ich immer wieder darauf, wie wichtig geistige Ausgeglichenheit ist, um ein Bewusstsein für den Körper zu entwickeln, bei der Ernährung die richtige Wahl zu treffen und uns um uns selbst kümmern zu können. Den natürlichen Rhythmus unseres Körpers zu verstehen und die Signale zu begreifen, die er uns schickt, ist der Schlüssel zu selbstbestimmter Gesundheit. Doch was mich im Laufe meiner Ayurveda-Erfahrung am meisten fasziniert hat, ist die Rolle, die der Geist spielt, wenn es ums Zuhören, Heilen und die Führung eines gesunden Lebensstils geht. Immer mehr liebäugelte ich damit, *noch ein* Kochbuch zu schreiben – eins, mit dessen Hilfe meine Leserinnen und Leser Nahrungsmittel bestmöglich für ihre Stimmung und allgemeine geistige Ausgeglichenheit nutzen können.

Durch wissenschaftliche Untersuchungen wird der Zusammenhang zwischen Stress und modernen Krankheiten immer klarer. Die Wissenschaft betont immer mehr die Bedeutung dieser Körper-Geist-Verbindung, die schon immer das Herzstück des Ayurveda war. Mit je mehr Menschen ich arbeite – und dabei diese Wissenschaft verfolge, die sich nicht nur auf das Leben zuhause, sondern auch auf das Gleichgewicht zwischen Arbeit, Familie, Selbstpflege und Selbstentwicklung bezieht –, desto mehr kann ich erkennen, wie wichtig mentale Ausgeglichenheit für die Gesundheit und das persönliche Glücksgefühl ist.

Ist Ihnen aufgefallen, dass bestimmte Nahrungsmittel entweder eine beruhigende oder anregende Wirkung auf Sie haben? Ayurveda lehrt uns, wie Nahrungsmittel unser geistiges Wohlbefinden beeinflussen, indem bestimmte Energien ausgeglichen werden, insbesondere Zufriedenheit, Leidenschaft oder Trägheit. Die sattvische Ernährungsweise fördert eine einfache, zufriedene mentale Energie; dazu gehören der Konsum

von mehr frischen, regionalen Nahrungsmitteln, deren umsichtige Verarbeitung sowie ihr Genuss im Sitzen. Für mich wurde diese Ernährungsweise zum selbstverständlichen Begleiter meiner Yoga-Praxis, und ich bin davon überzeugt, dass es dieses Zusammenspiel aus Yoga und Ayurveda war, das mich überhaupt zu dieser Ernährungsweise gebracht hat. Dass ich darauf achtete, welche Wirkungen bestimmte Nahrungsmittel auf mich hatten – nicht nur auf meinen Darm, sondern auch auf meine Stimmung und mein Herz –, hat zu einem gesunden Körper und einem glücklichen Kopf geführt. Früher liebte ich das Extreme; im Laufe der Jahre habe ich mit allen erdenklichen Modediäten herumexperimentiert, und dabei viel über das Thema »Ausgewogenheit« gelernt. Ich habe sie wirklich alle ausprobiert, was mich vielleicht zur idealen Ratgeberin in diesem Bereich macht. Es war ein Prozess, der nicht immer einfach war. In diesem Buch werde ich meine Geschichte mit Ihnen teilen und Ihnen praktische Tipps geben, wie Sie die sattvische Ernährung in Ihr Leben integrieren können.

Cara Brostrom, meine Fotografin und Rezeptentwicklerin, war während unserer gemeinsamen Arbeit an diesem Buch gerade mit ihrem zweiten Kind schwanger. Während ich schrieb, bat ich sie um ihren ersten Eindruck, woraufhin sie antwortete: »Natürlich würde ich gern all das, worüber du schreibst, ausprobieren. Aber könntest du vielleicht für diejenigen unter uns schreiben, die total viel um die Ohren haben?« Ich dachte darüber nach, dass viele von uns tatsächlich wenig Freizeit haben und ihr Kopf auch gar nicht frei dafür ist, neue Routinen zu erlernen. Wir haben viel um die Ohren und fühlen uns manchmal hin- und hergezogen – von den Medien, der Familie, den Ansichten, die wir über Arbeit und Freizeit haben. Wie können wir inmitten all dessen unserem mentalen Zustand überhaupt die nötige Aufmerksamkeit schenken? Dieses Buch profitiert von meinen eigenen Erfahrungen, meinen gelungenen und misslungenen Versuchen, meinen Niederlagen und meinen Erfolgen, aber insbesondere möchte ich sozusagen als »Vermittlerin« fungieren und Ihnen diese uralten Tipps für ein ausgeglichenes Leben nahebringen. Dieses Buch ist für *Sie*, für jemanden, der viel um die Ohren hat, herzlich und manchmal auch überfordert ist. Durch eine sattvische Ernährungsweise merke ich, wie meine eigenen Entscheidungen mich beeinflussen, und außerdem bietet sie mir köstliche Alternativen, die mir Energie liefern und dafür sorgen, dass ich ruhig bin. Dieses Wissen möchte ich mit Ihnen teilen, ebenso wie ich einige der einfachen Rezepte mit Ihnen teilen möchte, die ich im Laufe der Zeit entwickelt habe. Denn dadurch, dass ich diese Ernährungsweise auch anderen Menschen beibringe, sehe ich immer wieder, dass Ayurveda tatsächlich funktioniert.

Ayurveda ist eine unglaublich umfangreiche, anspruchsvolle und alte Heilkunst, doch ich zeige Ihnen einen Teil der sattvischen Ernährungs- und Lebensweise, der zu unserem modernen Leben passt. Alles in diesem Buch, von den Gerichten bis zu den Fotos, ist ein Produkt einer mich unterstützenden Gemeinschaft. Wenn wir das können, können Sie es auch! *Sattva*, die klare Essenz des Geistes, läuft auf Einfachheit und Schönheit hinaus. Durch diese einfachen Rezepte und Caras schöne Fotos von echten Gerichten sowie echten Menschen an echten Orten, möchte ich Sie dazu inspirieren, jeden Tag für Zufriedenheit und Gemütsruhe zu sorgen.

ÜBER DAS AYURVEDA-KOCHBUCH FÜR EINEN KLAREN GEIST

Die sattvische Ernährung sorgt für Gleichgewicht im Leben, egal, ob Sie das System dahinter vollständig begreifen oder nicht. Mir ist jedoch aufgefallen, dass Menschen sich besser an eine Ernährungsweise halten können, wenn sie verstanden haben, was dahinter steckt. Allerdings lässt sich der Lebensstil nicht von einem Tag auf den anderen ändern. Veränderungen treten nach und nach ein, haben Sie also bitte Geduld.

»Langsam und langsam«, meinte meine Yogalehrerin immer. Sie müssen also nicht alle Informationen aus Teil eins dieses Buches lesen und verdauen, um die Rezepte und Praxistipps für sich nutzen zu können, doch mit ein wenig Hintergrundwissen schreiten Sie vielleicht schneller zur Tat. In meinem ersten Buch *Das Ayurveda-Kochbuch für jeden Tag* habe ich die Grundlagen des Ayurveda genauer beleuchtet und den Leserinnen und Lesern einen Überblick über diese alte Heilkunst und ihre Funktionsweise gegeben. Denen, die mein erstes Buch gelesen haben, werden viele Informationen aus Kapitel eins bekannt vorkommen, aber es lohnt sich dennoch, sie noch einmal zu lesen, um Ihre Kenntnisse der Ayurveda-Grundlagen aufzufrischen. Nach dem Einleitungskapitel betreten Sie vollkommen neues Terrain, denn dann werden Sie lernen, welche mentale Energie Nahrungsmitteln besitzen und wie diese Ihre Stimmung beeinflussen.

Wir werden uns auf eine Reise in den Geist aus Sicht des Ayurveda begeben. Um Gleichgewicht zu finden, müssen wir den Geist als ein Instrument des intuitiven Selbst anerkennen, statt ihn den ganzen Laden schmeißen zu lassen. Wir werden einen Schritt zurück machen, um uns mentale Prozesse anzuschauen und zu betrachten, wie der Geist funktioniert. Wenn Sie diese neuen Erkenntnisse über Ihren Geist gewonnen haben und wissen, wie er Ihnen einen besseren Dienst erweisen kann, wird es Ihnen leichter fallen, sich für gesunde Nahrungsmittel zu entscheiden und den Tag voller Klarheit zu erleben.

Der Schlüssel liegt darin, zu wissen, dass manche Nahrungsmittel einen klaren Geist unterstützen, während andere ihn vernebeln oder sich in mancher Hinsicht verstärkend auswirken. Es dauert, bis Sie die Energien Ihres Geistes begriffen haben, und in diesem Buch finden Sie so viele Ratschläge, um herauszufinden, wie Sie Ihre Ernährungs- und Lebensweise als Werkzeug für Ihr geistiges Wohlbefinden benutzen können. Immer wieder beobachte ich, wie Menschen, wenn sie ihre Art zu kochen umstellen, anfangen, sich zentrierter zu fühlen, und dann auf ihren geistigen und emotionalen Zustand achten. Darum geht es mir um ein nahrungsmittelbasiertes Programm, um den Geist wieder ins Gleichgewicht zu bekommen. Nahrungsmittel können köstlich, heilend und spirituell zugleich sein.

Um Sie dabei zu unterstützen, enthält Teil zwei drei Rezeptabschnitte: Nahrungsmittel, die für Zufriedenheit sorgen, jene, die den Geist beruhigen, und Nahrungsmittel, die vitalisieren und motivieren. Sie können sich die Rezepte frei aus dem Buch aussuchen und Sattva stärken, aber am besten nutzen Sie die verschiedenen Abschnitte, um damit Veränderungen der geistigen Energie anzugehen. Natürlich können Sie auch einfach das kochen, was am köstlichsten aussieht. Als besonderes Sahnebonbon fördert das Selbstkochen an sich schon die Gesundheit.

Über das sattvische Kochen habe ich sehr viel in Indien gelernt, aber ich lebe natürlich in einem westlichen Land, weshalb ich traditionelle Rezepte, wie *Dal* und *Dosa*, mit bekannten Gerichten vermischt habe, so zum Beispiel »Sattvische Nudelschüssel« und »Pfirsich-Heidelbeer-Cobbler«. Sie werden feststellen, dass die sattvische Ernährung fleischlos ist. Ich werde Ihnen einige Methoden erläutern, mit denen diese traditionelle Kochweise für Vitalität sorgt, indem gesunde Fette sowie nahrhafte Hülsenfrucht- und Getreidekombinationen verwendet werden. Beim sanften Übergang zur sattvischen Ernährung werde ich Ihnen helfen. Und zwar durch ein paar meiner eigens entwickelten Rezepte, die eine Mischung traditioneller indischer und westlicher Gerichte sind, wie Smoothies, schnell eingelegtes Gemüse und Varianten des traditionellen *Kichari*. Es ist eine vielseitige, aufregende Sammlung köstlicher Rezepte, die Ihnen helfen werden, sich von innen heraus wunderbar zu fühlen!

TEIL EINS

AYURVEDA UND DIE KÖRPER-GEIST-VERBINDUNG

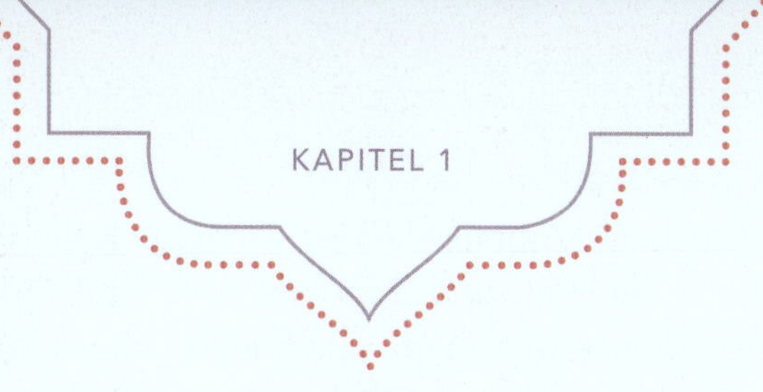

Eine kurze Einführung in das Ayurveda

Die indische Heilkunst Ayurveda ist zwar alt und komplex, aber viele Weisheiten des Ayurveda sind so allgemeingültig, dass sie auch heute anwendbar sind. Am liebsten mag ich die zentrale Rolle, die das Essen für das Wohlbefinden spielt. Egal, ob Sie gerne kochen oder nicht, Essen ist Medizin für den Geist, und eine gezieltere Ernährung kann Ihre Sicht auf das Leben vollkommen verändern. Die Energien des Geistes zu harmonisieren, kann Stress abbauen, Freude mehren und das spirituelle Angebundensein stärken. Genial, oder?

Damit Ihr Vorhaben von Erfolg gekrönt ist, halten wir es sowohl in der Theorie als auch der Praxis so einfach wie möglich. Sie müssen dieses Buch nicht von vorne bis hinten durchlesen, um von den Rezepten zu profitieren; allerdings schadet es nie, einen genauen Plan für die Reise zu haben. Diese kurze Einführung bildet die Grundlage für unsere Erforschung des Geists, wie dieser von Nahrungsmitteln beeinflusst wird und wie Sie Ayurveda auf Ihr eigenes Leben anwenden können, um bei sich ein geistiges Gleichgewicht herzustellen.

Der Ursprung des Ayurveda

Ayurveda (ausgesprochen: »Ajurweeda«) ist womöglich die älteste fortwährend praktizierte Heilkunst der Welt und zwischen zwei- und fünftausend Jahre alt. Die frühesten Informationen über Ayurveda finden sich im *Rigveda*, in einer von vier Sammlungen alter Texte, die mündlich in Versform, den sogenannten *Sutras* (übersetzt: Faden), überliefert wurden. Es heißt, diese Vedas stammten von den *Rishis*, den Weisen im tiefen Meditationszustand.

Ayurveda kann grob als »die Wissenschaft des Lebens« übersetzt werden. In dem klassischen Text, dem Charaka Samhita, heißt es, *Ayur*, das »Leben«, bestehe aus vier Komponenten: dem physischen Körper, dem Geist, der Seele und den Sinnen (Sehen, Hören, Riechen, Schmecken und Tasten). Im Gegensatz zu westlichen Systemen, die sich größtenteils auf den physischen Körper konzentrieren, lag im Ayurveda der Fokus schon immer auf der Gesundheit der gesamten vier grundlegenden Bereiche des Lebens. Bei dieser Heilkunst wird der ganze Mensch angeschaut, um durch Ernährung, Biorhythmus, Pflanzenheilkunde, Psychologie, gesunden Lebensstil, Chirurgie und therapeutische Körperarbeit die Krankheit direkt an der Wurzel packen zu können. In Indien wimmelt es von Ayurveda-Kliniken und -Praxen, in denen die westliche Medizin häufig zusammen mit den traditionellen Methoden angewandt wird. Während die westliche Medizin vor allem in akuten Situationen hervorragend ist, ist Ayurveda als Präventivmedizin herausragend, indem durch rechtzeitige Behandlung der zugrunde liegenden Ursachen das kontinuierliche Fortschreiten eines Ungleichgewichts im Körper bis hin zur Krankheit unterbrochen wird.

TAUSEND JAHRE DES SYSTEMATISCHEN AUSPROBIERENS

Ab und an zitiere ich aus den klassischen Texten, damit wir nicht vergessen, dass die Informationen tausende Jahre alt sind und über einen Zeitraum von vielen Jahren von Wissenschaftlern und Weisen gesammelt wurden. Am häufigsten zitiere ich aus dem Charaka Samhita, einem siebenbändigen Werk, das die Pathologie und Behandlung tausender Beschwerden beschreibt und den philosophischen Hintergrund des Ayurveda beleuchtet. Informationen zu den zitierten Texten – dem Charaka Samhita, der Ashtanga Hridaya (basierend auf den Lehren aus der Charaka und dem Sushruta Samhita) und der Bhagavad Gita – finden Sie im Abschnitt »Bezugsquellen« hinten im Buch.

DAS GROSSE GANZE

Ayurveda sieht den Menschen als Mikrokosmos (ein kleiner Teil) innerhalb des Makrokosmos (das Gesamtbild oder Universum) an. Der menschliche Geist und Körper besteht aus den gleichen Elementen, die auch alles um uns herum erschaffen, und wir werden von den gleichen Energien oder Kräften bewegt, die auch die Meere, den Wind, die Sterne und die Planeten bewegen.

Die Philosophie hinter Ayurveda ist simpel: Es ist wie beim Kreislauf der Sonne, des Mondes, der Gezeiten ... wir funktionieren auch in einem Rhythmus. Doch durch künstliches Licht, den Transport von Nahrungsmitteln durch die ganze Welt und einen vollen Terminkalender gerät unser natürlicher Rhythmus schnell aus dem Gleichgewicht.

Ayurveda und Yoga haben dieselben philosophischen Wurzeln und beide das Ziel, eine Einheit zwischen Mikrokosmos und Makrokosmos zu schaffen. Yoga hilft dem Geist und Körper dabei, diese Anbindung an die größere Welt zu spüren. Die sattvische Ernährung, manchmal auch yogische Ernährung genannt, ist Teil davon. In unserer heutigen Zeit, in der viele Menschen aufgrund des mangelnden Gefühls von Angebundensein verschiedene körperliche oder geistige Erkrankungen haben, könnte das gemeinsame Ziel von Yoga und Ayurveda, nämlich Körper, Geist und Seele zu vereinen, zu keinem besseren Zeitpunkt kommen. Im Ayurveda werden oft die Bewegungen und Atemtechniken aus dem Yoga verwendet, um die reibungslose Zirkulation von Energie im gesamten Körper und Geist zu unterstützen, was insbesondere für die Stressbewältigung und die Wiederherstellung der natürlichen Rhythmen des Körpers wichtig ist.

Wenn Sie nicht im Einklang mit Ihrem natürlichen Rhythmus leben, beispielsweise tropische Früchte im Winter oder verarbeitete Nahrungsmittel essen, die ganze Nacht aufbleiben oder ohne Pause den ganzen Tag lang arbeiten, geraten Ihr Körper und Geist aus dem Gleichgewicht. Der Zusammenhang zwischen dem Geist und der allgemeinen Gesundheit ist deutlich – ein Ungleichgewicht im einen Bereich führt zu einem Ungleichgewicht im anderen Bereich. Wie bei einem Fisch, der stromaufwärts schwimmt, werden Sie ausgebremst, wenn Sie sich gegen Ihren natürlichen Strom bewegen. Dann fangen Sie an, müde zu sein, ängstlich oder deprimiert, und irgendwann sind Sie »außer Betrieb«.

DIE KRAFT DER VERDAUUNG

Eine gesunde Verdauung ist laut Ayurveda das Wichtigste für das allgemeine Wohlgefühl. Die gesamte Verdauung, Aufnahme und Umwandlung der Nährstoffe im Essen sorgen für die Entstehung von Körpergewebe. Dies wird *Ahara Rasa* oder »Nahrungsessenz« genannt. Wenn das Essen gekaut und geschluckt wird, wird es mit Wasser, Enzymen und Säuren vermischt. Das Endprodukt ist die Essenz oder der Saft, der für die Bildung von Gewebe genutzt wird. Auf diese Art sorgt eine gesunde Verdauung für einen gesunden Körper. Wenn wir das Essen richtig verdauen, verbinden wir uns mit der Essenz der Nahrungsmittel, die wir täglich zu uns nehmen, und mit unserem Planeten, der uns mit diesen Nahrungsmitteln versorgt. Das erklärt, warum die Ernährung ein tiefgründiger Aspekt der ayurvedischen Heilkunst ist.

Doch für das Gesamtwohl ist nicht nur die körperliche Verdauung im Magen, sondern auch die mentale Verdauung wichtig. *Die Verdauung von Gedanken, Erfahrungen und Emotionen ist für unser Gesamtwohl sehr wichtig.* Die richtige Menge an »Input« sowie ausreichend Raum, um diesen zu verarbeiten, führen zu einem ruhigen, stabilen Geist und Nervensystem. Dieser nachhaltige, stressreduzierte Zustand wirkt sich auch auf die Gesundheit des physischen Körpers aus.

Körper und Geist sind zwei voneinander abhängige Systeme, die parallelen Einflüssen unterliegen: die physische Welt der fünf Elemente (Pancha Mahabhutas genannt) und die energetische Welt aus Reglosigkeit, Bewegung und Veränderung. Es ist leichter, greifbare Elemente zuerst im Körper zu spüren, weshalb wir uns die Körpergrundlagen zuerst anschauen, ehe wir uns dem Thema »Geist« widmen.

Die fünf Elemente

Im Ayurveda beginnt die Anatomie mit den fünf Elementen (Pancha Mahabhutas): Äther (Raum), Luft, Feuer, Wasser und Erde. Die Elemente gehen drei Verbindungen ein, die bestimmte Funktionen und Energien im Körper regeln, nämlich Bewegung, Umwandlung und Zusammenhalt (Dinge zusammenhalten). Wenn diese als *Doshas* bekannten Verbindungen im Gleichgewicht sind und harmonisch zusammenspielen, laufen, laut Charaka, bei einem Menschen die Körperprozesse (Verdauung, Kreislauf etc.) reibungslos ab, die Sinne sind klar, Abfallstoffe werden aus dem Körper geschwemmt und der Mensch ist glücklich.

Jedes dieser fünf Elemente zeigt sich durch bestimmte gefühlte Eigenschaften im Körper, die man leicht erkennen kann, wenn man auf körperliche Empfindungen achtet. Zum Beispiel sind Luft und Raum kühl und leicht, Feuer ist heiß und scharf, und Erde und Wasser sind schwer und feucht. Zu viel oder zu wenig einer jeder dieser Eigenschaften führt zu einem Ungleichgewicht. Zu viel Trockenheit durch, beispielsweise, das Leben in einer Wüste und den Konsum von trockenen Crackern, führt zu Symptomen wie trockener Haut. Diese Elemente können sich genauso auf den Geist auswirken, beispielsweise können die schweren, feuchten Eigenschaften von Erde und Wasser zu Benommenheit führen und die leichten, mobilen Eigenschaften von Luft und Raum verhindern, dass man sich fokussieren kann. *Ayurveda geht ein solches Ungleichgewicht dadurch an, dass dem Körper gegenteilige Eigenschaften zugeführt und ähnliche Eigenschaften reduziert werden.* Benommenheit, zum Beispiel, bessert sich, wenn man leichte, trockene Nahrungsmittel, wie Gerste, zu sich nimmt und schwere, feuchte Nahrungsmitteln, wie Weizen, reduziert.

Jeder benötigt alle fünf Elemente, aber sie können bei den einzelnen Menschen in unterschiedlicher Menge vorliegen. Es kann eine Weile dauern, bis Sie Ihre persönliche Zusammensetzung aus den Elementen kennen. Achten Sie im Laufe der Jahreszeiten auf Ihren Körper, dann erkennen Sie schnell, welche Elemente die Hauptrolle spielen. Wenn trockene Haut und Kopfhaut sowie trockener Stuhl zu Ihrem Leben gehören, dann sind in Ihrem Körper sehr wahrscheinlich die Elemente Raum und Luft vorherrschend. Sobald Ihnen das bewusst ist, können Sie anfangen, die subtilen Eigenschaften dieser Elemente in Ihrem Geist und Ihren Stimmungen aufzuspüren. Beispielsweise können sich Raum und Luft in Form eines ängstlichen, manchmal schusseligen, nicht geerdeten oder empfindlichen Geistes oder einer solchen Stimmung zeigen, was an der durchlässigen, porösen Natur dieser Elemente liegt.

Zwar ist es wichtig zu verstehen, wie im Ayurveda der physische Körper betrachtet wird, aber in diesem Buch werden wir uns vorwiegend auf den Geist konzentrieren. Laut Ayurveda sind die Funktionen von Körper und Geist miteinander verwoben, sodass die Ursachen für Gleich- bzw. Ungleichgewicht sowohl in physischen als auch geistigen Bereichen zu suchen sind. Es ist für unser allgemeines Wohlbefinden wichtig, beide Bereiche zu verstehen.

HIER FINDEN SIE DIE FÜNF ELEMENTE (PANCHA MAHABHUTAS) IN IHREM KÖRPER:

- RAUM: Darm, Ohren, Knocheninneres
- LUFT: überall, wo Bewegung ist, einschließlich Rülpsen, Blähungen und Knacken in den Gelenken
- FEUER: überschüssige Magensäure, Galle, Enzyme im Dünndarm, rote Blutzellen, metabolische Prozesse
- WASSER: Schleimhäute, Lymphe, Verdauungssäfte, Speichel, Gelenkflüssigkeit
- ERDE: Fett, Muskeln, Knochen

Was ist ein Dosha?

Wahrscheinlich haben Sie den Begriff *Dosha* schon mal gehört. Laut Ashtanga Hridaya bedeutet Dosha wörtlich »das, was falsch ist«. Aber die Doshas stellen erst dann ein Problem dar, wenn es schon seit geraumer Zeit ein Ungleichgewicht im Körper gibt. Diese Energien, die jeweils das Zusammenspiel von zwei Elementen sind, können Ihnen schaden oder helfen, je nachdem, ob sie recht ausgeglichen sind oder nicht. Darum ist es wichtiger zu wissen, wie man sie im Gleichgewicht hält, als sich damit zu beschäftigen, dass die Doshas »die Bösen« sind.

Es gibt drei Doshas, und zwar *Vata*, *Pitta* und *Kapha*. Das sind die drei Grundenergien, die entstehen, wenn sich die fünf Elemente in einem menschlichen Körper zu bestimmten Kombinationen verbinden. Jedes Dosha hat eine bestimmte Funktion im Körper und äußert sich in einer klar erkennbaren Gruppe von Eigenschaften. Zwar unterscheiden sich die primären Energien, die den Geist betreffen, von den drei

Doshas, aber wenn sich eins oder sogar mehrere Doshas im Körper ansammeln, werden Sie höchstwahrscheinlich die gleichen Eigenschaften im Geist spüren.

VATA (ausgesprochen: Wata) ist die Energie der Bewegung.
PITTA ist die Energie der Umwandlung.
KAPHA (ausgesprochen: Kaffa) ist die Energie von Stabilität zusammen mit Feuchtigkeit; Zusammenhalt (man denke an Klebstoff).

VATA

Wo Raum ist, beginnt die Luft sich zu bewegen, und gemeinsam haben diese Elemente die Eigenschaften *kalt, leicht, trocken, rau, mobil, sprunghaft und klar*. Sie können sich Vata als die Strömungen im Körper vorstellen. Der Körper weiß, dass das Essen in den Mund hinein, dann nach unten und wieder heraus geht. Es ist die Vata-Energie, die das Essen durch den Körper führt. Außerdem lenkt Vata unsere Aufmerksamkeit, ist für die Bewegung der fünf Sinne und die Aktivität unseres Gehirns und Nervensystems verantwortlich. Die sich ausdehnende Natur dieser Eigenschaften sorgt für eine kreative, mobile Energie. An den Eigenschaften von Raum und Luft oder ihren Funktionen ist nichts problematisch, solange sich diese nicht zu stark im Körper angereichert haben. Zu den Symptomen von überschüssigem Vata im Körper gehören beispielsweise Blähungen und Verstopfungen, trockene Haut sowie rasende Gedanken und Angst.

VATA IM GLEICHGEWICHT	VATA IM UNGLEICHGEWICHT
• regelmäßige Ausscheidungen	• Blähungen und Verstopfungen
• freie Atmung	• Asthma
• gute Durchblutung	• kalte Hände und Füße
• scharfe Sinne	• Angst / Gefühl von Überforderung
• Kreativität	

PITTA

Wo Feuer ist, muss auch Wasser sein, um zu verhindern, dass alles verbrennt. Die sich daraus ergebende Verbindung ist Feuerwasser, das *flüssige, heiße, scharfe, durchdringende, leichte, mobile, ölige und übel riechende* Eigenschaften hat (denken Sie an Säure oder Galle). Wird Nahrung gekaut, sorgt Pitta dafür, dass diese aufgebrochen, verflüssigt und verstoffwechselt und in Gewebe umgewandelt wird. Das Gleiche tut es mit Rohinformationen, die aufgebrochen, verstanden und organisiert werden. Die scharfe, motivierte Natur von Pitta sorgt für schnelle, fokussierte Energie. Was toll ist, solange es nicht zu heiß oder zu scharf wird, denn dann kommt es zu Symptomen eines Pitta-Überschusses, wie beispielsweise saures Aufstoßen bzw. Reflux; Durchfall; Hautausschlägen; Entzündungen oder auf psychischer Ebene zu Gereiztheit, Besessenheit und Eifersucht.

PITTA IM GLEICHGEWICHT	PITTA IM UNGLEICHGEWICHT
• guter Appetit und Stoffwechsel • Hormone im Gleichgewicht • scharfe Sehkraft • Verständnis • guter Teint (rosige Haut)	• Sodbrennen • starke, schmerzhafte Regel • rote, trockene Augen; eine Brille wird benötigt • Akne, Rosazea • Gereiztheit • Neigung, sich zu überarbeiten • starkes Konkurrenzdenken

KAPHA

Nur wenn man Wasser zu Sand hinzugibt, klebt dieser aneinander, sodass man damit eine Sandburg bauen kann. Genauso braucht das Erdelement Wasser, um etwas miteinander zu verkleben. Kapha ist wie Klebstoff: *kühl, flüssig, schleimig, schwer, langsam, träge, dicht und stabil*. Diese Gruppe von Eigenschaften sorgt für die Dichte in den Knochen und im Fett, für den Zusammenhalt im Gewebe und in den Gelenken sowie für jede Menge Schleim, damit wir nicht austrocknen. Die sanfte, weiche, klebrige Natur sorgt für eine sanfte, süße Energie und ein starkes Gedächtnis. Super! Aber nur, solange es nicht zu schwer und zu klebrig wird, was zu einem Ungleichgewicht führen kann, das sich in Appetitverlust, träger Verdauung, Problemen mit den Nasennebenhöhlen und Allergien, Gewichtszunahme oder geistigen Zuständen wie Schweregefühl, Benommenheit und Traurigkeit äußern kann.

KAPHA IM GLEICHGEWICHT	KAPHA IM UNGLEICHGEWICHT
• starkes Körpergewebe • gut geschmierte Gelenke und Schleimhäute • gutes Immunsystem	• Gewichtszunahme • Wassereinlagerungen • verstopfte Nasennebenhöhlen oder Lunge • Traurigkeit, Melancholie

In einer idealen Welt wären bei jedem von uns all diese Eigenschaften in ausgewogenem Maße vorhanden und unser Körpersystem wäre ausgeglichen und gut funktionierend. Der eine Mensch ist feuriger als der andere und neigt zu Streit, während bei dem anderen das Element Raum vorherrschend ist und er häufiger Dinge vergisst – das sind die spannenden Varianten der Natur. Die Körperkonstitution bzw. die jeweilige Zusammensetzung der Elemente ist genetisch bedingt. Wenn Sie Ihre Konstitution kennen, wissen Sie, welche dieser Komponenten am ehesten aus dem Gleichgewicht kommt. Dann können Sie Ihre Ernährung und Lebensweise so anpassen, dass Ihre Doshas immer im Gleichgewicht sind.

Es ist leicht, sich auf ein Dosha zu fokussieren, das aus dem Gleichgewicht gekommen ist. Sich selbst in ein bestimmtes Dosha einzuteilen (»Ich bin so typisch Vata«) oder sich mit dem Zustand des Ungleichgewichts zu identifizieren, ist nicht das Ziel der ayurvedischen Weisheiten. Zu Beginn ist es wahrscheinlich hilfreicher, den allgemeinen Zustand des Ungleichgewichts zu verstehen und zu verändern. Wenn Ihnen beispielsweise aufgefallen ist, dass Sie sich häufig überhitzt und gereizt fühlen, und die Symptome des Ungleichgewichts eher auf der Pitta-Liste zu finden sind, sollten Sie beruhigende Nahrungsmittel konsumieren und sich Zeit zum Entspannen nehmen.

Während die körperliche Aktivität der Doshas sicherlich den geistigen Zustand beeinflusst, gibt es laut Ayurveda auch konkrete Aussagen zu einem subtilen, energetischen Werkzeug, um das Gleichgewicht im Geist verstehen zu können. Es gibt drei Energien: *Sattva* (die klare Essenz des Geistes) und zwei Energien, die darauf einwirken, *Rajas* (Rastlosigkeit) und *Tamas* (Trägheit). In der Charaka Samhita werden Rajas und Tamas als die »Doshas des Geistes« bezeichnet. Die drei mentalen Energien können genauso ausgeglichen werden wie Vata, Pitta und Kapha – indem man das Ungleichgewicht rechtzeitig bemerkt. Im nächsten Kapitel erkläre ich, was diese Energien sind und wie sie Geist und Stimmung beeinflussen.

Ayurveda ist ein lebenslanger Prozess der Erforschung und ein Weg zur Selbstverwirklichung. Bitte denken Sie daran, dass dieses Kapitel nur eine sehr grundlegende Einführung in ein sehr vielschichtiges Konzept ist. Ich möchte Ihnen nur gerade so viele Informationen geben, wie nötig sind, damit wir eine einfache, gemeinsame Sprache haben, um die Körper-Geist-Verbindung zu besprechen. Ich musste mich zehn Jahre lang mit der Yoga-Philosophie beschäftigen, ehe ich auch nur den Hauch einer Ahnung von dem Thema hatte. Ich hoffe, dass ich Sie mit diesem Kochbuch dazu inspiriere, die Reise zu genießen. Im Abschnitt »Bezugsquellen« am Ende des Buches finden Sie weitere Literaturhinweise.

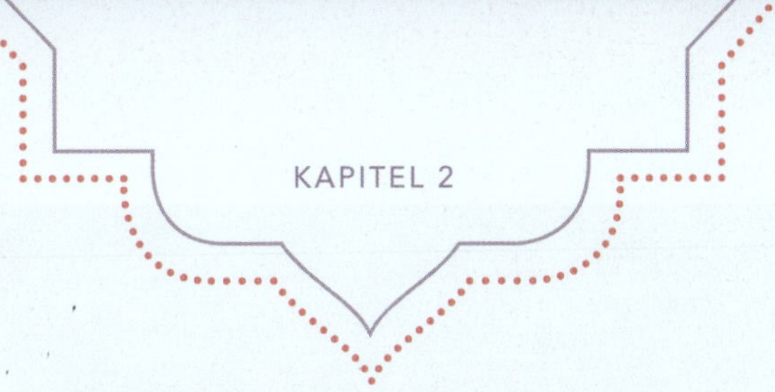

Der Geist

Mein Interesse für Ayurveda kam letztlich durch das Yoga. Ich suchte nach einem ganzheitlichen Gesundheitssystem und einer Ernährungsweise, die meine tägliche Praxis aus Yogastellungen und Atemübungen unterstützte. Die ayurvedische Ernährungsweise unterstützte mich in meinem Leben als Vegetarierin, die häufig auf Reisen war und viel körperlich trainierte, und ich hatte ein Gefühl von Stärke und war voller Enthusiasmus. Trotzdem hatte ich während der Yogaübungen ständig viele Gedanken im Kopf. Und bei Yoga sollte man ja gerade nicht seinen Selbstzweifeln und Sorgen zuhören (das ist mein typisches Gedankenkarussell). Darum beschloss ich, mit jemandem, der schon sehr lange Yoga machte, darüber zu sprechen, was es mit dem Mysterium eines ruhigen Geistes durch Yoga auf sich hatte. »Weniger von diesem körperlichen Affentheater und mehr Konzentration«, lautete sein Rat. „Zähle deine Atemzüge." Das hörte sich für mich grauenhaft und kein bisschen glamourös an. Aber trotzdem übte ich das Zählen. Die Mühe, die es mich kostete, mich darauf zu konzentrieren, zeigte, wie aktiv mein Geist war und wie stark meine Gedanken mich vom gegenwärtigen Moment ablenkten. Und auch wenn es ziemlich mühsam war, so war doch die Tatsache, dass ich meinen eigenen Geist verstand, der erste Schritt auf meinem Weg zum Frieden.

Wie mir meine Yogapraxis zeigte, hat der Geist wesentlichen Einfluss auf Gesundheit und Glücksgefühl. Den Geist aus der Sicht des Ayurveda zu verstehen, ist eine spirituelle Reise und das Tolle ist, dass man geistige Ausgeglichenheit erreichen kann, indem man lernt, sich selbst aufmerksam und voller Mitgefühl zu beobachten. Als ich noch meine Atemzüge zählte, fragte ich mich, wer das überhaupt sei, der da zählt und beobachtet, und wer andererseits mir ständig sagte, ich solle etwas anderes tun. Häufig fokussieren wir uns nur auf die turbulenten Stimmen im Geist, weil sie am lautesten sind und wir es gewohnt sind, uns in ihr Gespräch einzuschalten. Auch wenn Geduld und Fokussierung nötig sind, um in seiner ruhigen Mitte zu bleiben, ist es dennoch möglich. Mit mehr Übung hörte ich auf, auf die wetternde Person zu hören, und fing an, mich richtig zu konzentrieren. In diesem Zustand der Fokussierung fand ich endlich Ruhe.

Die ayurvedische Ernährungs- und Lebensweise stärkt Ihre Beziehung zu Ihrem innersten Selbst, das die Dinge so sieht, wie sie sind, und sich je nach Bedarf für Stillstand entscheiden, Bewegung einleiten oder sich der Veränderung widersetzen kann. Dieser Wechsel zwischen Stillstand und Veränderung nennt sich Ausgeglichenheit. Doch damit der Geist ausgeglichen sein kann, sollte man zuerst wissen, was im Ayurveda mit *Geist* gemeint ist. Das Konzept »Geist« kann man nicht ausschließlich mit dem Intellekt begreifen, denn es handelt sich um einen praktischen Weg zur besseren Selbstkenntnis, der zu einem Gefühl von Ausgeglichenheit, Klarheit und anhaltendem Gefühl des Glücklichseins führt.

Um den Geist zu verstehen, benötigen wir etwas Übung im wahren Leben. Wir fangen damit an, uns den Geist als genau das anzuschauen, was er ist: feinstoffliche Materie, ein Prozess, eine Verbindung zwischen Körper und Seele.

Die Anatomie des Geistes

Laut vedischer Philosophie ist der Geist das »innere Instrument« des Bewusstseins, das einen jeden von uns belebt, während der Körper das »äußere Instrument« ist. Der Geist erlebt, begreift und fühlt. Wie die fünf Sinne ist er ein Wahrnehmungsorgan. Manche Philosophien sehen den Geist, der sowohl Körper als auch das Bewusstsein an sich wahrnehmen kann, als eine Brücke zwischen dem Körper und dem letzten Bewusstsein bzw. der Seele. Würde man auf der Suche nach dem Geist ein Gehirn zerlegen, würde man ihn nicht finden. Im Gegensatz zum Gehirn, das ein physisches Organ ist, besteht der Geist aus feinstofflicher Energie, statt aus den fünf Elementen. Würde man ein Ohr untersuchen, um darin den Gehörsinn zu finden, würde man vergebens suchen; wenn man sich die Hardware eines Ohres anschaut, sieht man nicht die Energie, die es dem Ohr ermöglicht, Schallfrequenzen wahrzunehmen und zu hören.

Die Anatomie des Geistes liegt in seinen verschiedenen Schwingungen bzw. Funktionen. Der höhere Geist begreift das ewige Wissen und die universellen Wahrheiten über die Existenz, der mittlere Geist begreift sensorische Erfahrungen und Emotionen und der niedere Geist erfasst nur die physische Welt. Diese verschiedenen Funktionen des Geistes erfahren Sie auf viele verschiedene Weisen – von innerlich und subtil, wie zum Beispiel beim Meditieren oder bei künstlerischen Tätigkeiten, bis zu äußerlich und erdgebunden, wie beim Schreiben einer Einkaufsliste oder wenn Sie sich daran erinnern, dass Sie noch Milch kaufen müssen. Während sich die westlichen Modelle des Geistes vorwiegend um Gedanken, Emotionen und Erinnerungen drehen, schlüsselt die vedische Philosophie den Geist in vier Teile auf, die verschiedene Schwingungen und Funktionen haben. Bei diesen Funktionen handelt es sich um Gedanken, Verständnis, Sinneswahrnehmung und Identität. Über den Geist hinausgehend befindet sich – mit diesem verbunden, aber nicht auf ihn beschränkt – die Seele oder das reine Bewusstsein.

Die höheren Frequenzen können Sie durch Nahrung, Ihre Tätigkeiten (wie beispielsweise Gebete oder selbstlose Dienste) und dadurch, wo Sie sich aufhalten und mit wem Sie sich umgeben, fördern. Energie und Materie arbeiten auf parallelen Ebenen, die einander beeinflussen. Ein Beispiel: Stellen Sie sich die Energie vor, die Sie fördern, indem Sie Fastfood zu sich nehmen und einen gewalttätigen Film schauen, im Vergleich zu der, die Sie produzieren, wenn Sie zuhause eine gesunde Mahlzeit kochen und eine inspirierende Lektüre lesen. Unsere Tätigkeiten schaffen in uns verschiedene Schwingungen, und wir werden von den Schwingungen unserer Nahrungsmittel und unserer Umgebung beeinflusst.

Ein Eckpfeiler der sattvischen Ernährung ist, Nahrungsmittel mit hoher Schwingung zu essen, um den höheren Geist und das Gefühl von Zufriedenheit zu fördern, das entsteht, wenn man sich mit seinem wahren, universellen Selbst verbunden fühlt (und gleichzeitig geerdet genug ist, um weiter zu machen). Die Schwingung eines Nahrungsmittels bzw. dessen Energie wird dadurch beeinflusst, wie es angebaut wird, wie frisch es ist, wie es zubereitet und gegessen wird. In geringerem Maße haben auch die fünf Elemente, aus denen unser Essen besteht, unterschiedliche Schwingungen. Von den subtilen Eigenschaften des Raums bis hin zu den stabilen Aspekten der Erde – eine abgerundete Ernährungsweise unterstützt alle vier Funktionen des Geistes. Zum sattvischen Kochen gehört auch das Verständnis der Energien, die im Geist vorherrschend sind, und wie unser Essen durch seine Energie sowie seine Elemente unseren Geist beeinflusst. Da bekommt der Ausdruck *Hirnnahrung* eine ganz neue Bedeutung!

DIE QUELLE

Informationen über den Geist finden sich an verschiedenen Stellen in den Texten des Ayurveda, die genaue Erörterung des Geistes fällt eher in das Gebiet der vedischen Philosophie, die dem Ayurveda zugrunde liegt. Wenn Sie mehr über diese Philosophie erfahren möchten, sollten Sie mit Panchadasi (siehe Abschnitt „Bezugsquellen") anfangen. Dabei handelt es sich um ein (relativ!) modernes Handbuch aus dem vierzehnten Jahrhundert zum Advaita Vedanta, einem der bekanntesten philosophischen Systeme Indiens.

MEDIZIN FÜR DEN GEIST: GLEICHGEWICHT DURCH NAHRUNG UND AKTIVITÄTEN

Die Eigenschaften eines Nahrungsmittels, aus welchen Elementen es besteht und die Energie, die bei der Zubereitung und beim Verzehr herrschen, beeinflussen die Natur Ihres Geistes, und Sie tun, was Ihr Essen Ihnen vorgibt. Richtig gelesen, Ihr Essen bestimmt Ihr Verhalten. Wenn wir diese Eigenschaften von Nahrungsmitteln, unsere Handlungen und wie diese beiden zusammenhängen, begreifen, können wir beeinflussen, in welche Richtung sich unser Geist verändert. Denken Sie daran, wie die Werkzeuge des Ayurveda funktionieren: Es werden gegenteilige Eigenschaften hinzugefügt und ähnliche Eigenschaften reduziert, sodass ein Gleichgewicht entsteht. Wenn sich Ihr Kopf schwer anfühlt, sollten Sie etwas Leichtes essen, das aus den Elementen Raum und Luft besteht. Wenn Sie zerstreut sind, sollten Sie etwas Schweres essen, das aus den Elementen Erde und Wasser zusammengesetzt ist. Da der Geist ein aktives System ist, wirken sich Ihre Aktivitäten besonders stark auf Ihre geistige Energie aus. Wenn Ihnen alles zu viel ist, lassen Sie es ruhig angehen, machen Sie einen Spaziergang und riechen Sie an Rosen. Wenn Sie sich deprimiert fühlen, stehen Sie auf und bewegen Sie sich.

Die in der Tabelle auf Seite 16 aufgeführten Eigenschaften werden im Rezeptteil benutzt, um die Beschaffenheit der verwendeten Nahrungsmittel zu beschreiben. Die Tabelle beschreibt Energien, die im Geist wirken können, und durch welche Art von Nahrungsmitteln und Aktivitäten die Wirkung einer bestimmten Handlung verstärkt wird (Aktivitäten sind kursiv geschrieben). Erfahrungen können abgemildert werden, indem man auf Nahrungsmittel oder Aktivitäten zurückgreift, die von gegenteiliger Natur sind; Gegenteile, die einander ausgleichen, werden in der Tabelle nebeneinander aufgeführt. Üben Sie, diese Energien zu erkennen. Achten Sie auf die Bewegungen Ihres Geistes, ohne dabei zu urteilen, und erlauben Sie den Dingen, in ihrem eigenen Tempo Sinn zu ergeben.

MEDIZIN FÜR DEN GEIST: DIE ENERGIEN VON NAHRUNGSMITTELN UND AKTIVITÄTEN

SCHWER: Schwere Nahrungsmittel geben einem ein Gefühl von Sicherheit und steigern das Wohlbefinden, verbessern den Schlaf und reduzieren die Ängstlichkeit. Beispiele: Milch und Käse, Fleisch, Süßkartoffeln, *Umarmungen.*	**LEICHT:** Leichte Nahrungsmittel geben Energie und Motivation. Beispiele: rohes Obst und Gemüse, klare Suppen, *Yoga und Meditation.*
LANGSAM/TRÄGE: Träge Nahrungsmittel führen zu Lethargie und/oder langsamer Verdauung. Beispiele: Eis, eisgekühlte Getränke, rotes Fleisch, Backwaren, *Fernsehen.*	**SCHARF/DURCHDRINGEND:** Scharfe Nahrungsmittel rütteln wach oder stärken den Appetit. Beispiele: schwarzer Pfeffer, Ingwer, Wasabi, Essig, Alkohol, Kaffee, Zitrone, *starkes körperliches Training, eine Prüfungssituation.*
STABIL: Regelmäßige Mahlzeiten und Nahrungsmittel mit erdender Wirkung stabilisieren Geist und Stimmung. Beispiele: Proteine, Milchprodukte, rohe Nüsse, Wurzelgemüse, *eine tägliche Routine einhalten.*	**BEWEGLICH/INSTABIL:** Mahlzeiten auszulassen oder nur leichte Nahrungsmittel zu sich zu nehmen, führt zu Unruhe bei Geist und Stimmung. Beispiele: rohe Nahrungsmittel, Koffein, Softdrinks, weißer Zucker, *Fasten, Reisen.*
GROBSTOFFLICH: Nahrungsmittel mit dieser Eigenschaft erden Sie in Ihrem physischen Körper. Beispiele: Tierprodukte, *sich überessen, zu viel Schlaf.*	**FEINSTOFFLICH:** Nahrungsmittel mit dieser Eigenschaft fördern die Spiritualität. Beispiele: frisches Bio-Obst, Gemüse, Getreide und Hülsenfrüchte; *Yoga praktizieren; spirituelle Texte lesen.*
TRÜBE: Haben Sie sich schon einmal völlig benebelt gefühlt? Dann war die trübe Eigenschaft am Werk. Nahrungsmittel, die die Körperkanäle verstopfen, steigern dieses Gefühl. Beispiele: kalte Milch und Käse, Weizenmehl, Transfette, toxische Chemikalien, Alkohol, Medikamente oder Freizeitdrogen, *zu wenig Sport.*	**KLAR:** Ein klarer Kopf kommt durch Nahrungsmittel, die rückstandslos verdaut werden. Beispiele: Obst und Gemüse mit hohem Wassergehalt, klare Suppen, Kräutertees, Wasser, *Meditieren.* 

KALT: Nahrungsmittel, die den Körper kühlen, sorgen für eine heitere Stimmung. Beispiele: Kokosnuss, Gurke, Koriander, Limetten, grüne Säfte, Trauben, Melonen, *Schwimmen.*

HEISS: Nahrungsmittel, die innerlich wärmen, sorgen für einen angeregten und reaktionsfähigen Geist. Beispiele: Chilischoten, Knoblauch, rohe Zwiebeln, Rotwein und Spirituosen, Kaffee, *Betreiben von Wettkampfsport, Debattieren.*

FEUCHT: Das Gehirn ist ein schleimiges Organ, und gute Öle sind hervorragende Nahrung fürs Gehirn, weil sie ölen und den Kreislauf und die Langlebigkeit unterstützen. Beispiele: Kokosnussöl, Ghee, Sesamöl, *eine Ölmassage bekommen.*

TROCKEN: Nahrungsmittel mit trockenen Eigenschaften verstärken Angstgefühle und reduzieren die Fokussierung und das Durchhaltevermögen. Beispiele: Cracker, Chips, Schokoriegel mit Soja, Reiswaffeln, *zu starkes körperliches Training.*

Gleichgewicht und Ungleichgewicht

Um gesund zu sein, ist es wichtig, den Ursprung des Ungleichgewichts zu kennen. Im Ayurveda ist die Wurzel einer Krankheit sowohl im Körper *als auch* im Geist zu finden. Und wenn Sie den Körper und den Geist betrachten, müssen Sie auch einen Blick auf deren inneren Kompass werfen: die Seele. Diese dritte Schicht ist der Sitz der Stabilität, des Gleichgewichts und des tiefgehenden Gefühls von Glück. Ayurveda umfasst sowohl physikalische Therapien, wie Kräutermedizin und therapeutische Körperarbeit, als auch spirituelle Therapien, wie Meditation, Chanting und Gebete, um den Geist zu heilen. Charaka sagte, diese spirituellen Praktiken, welche die Seele erreichen, seien die effektivsten Techniken zur Heilung von Krankheiten.

Um Nahrungsmittel zu einer spirituellen Therapie zu machen, müssen wir uns erst einmal die drei Gründe für ein Ungleichgewicht anschauen. Zwei der Gründe sind im Geist verankert und können, wenn wir uns dessen nicht bewusst sind, erheblich beeinflussen, für welche Art der Ernährung wir uns entscheiden. Uns dieser Aspekte unseres Wohlbefindens bewusst zu sein, wird uns helfen, die richtige Wahl zu treffen. Vielleicht hört sich das überzogen an, aber es ist erstaunlich, wie sehr durch die richtigen Nahrungsmittel das Essen ein Weg zu mehr Zufriedenheit und Glück sein kann. Wir alle essen jeden Tag – warum also nicht die Seele genauso wie den Körper nähren?

DIE GRÜNDE FÜR EIN UNGLEICHGEWICHT

Laut Charaka Samhita liegt der Grund für das Unglücklichsein in schlechter Zeiteinteilung und unsachgemäßem Gebrauch der mentalen Fähigkeiten und der fünf Sinne. Wenn diese drei auslösenden Faktoren andauernd wirken, führen sie zu einem Ungleichgewicht.

- **KALA**: Tages- und Jahreszeit (Einfluss der Jahreszeit)
- **ASATMENDRIYARTHA SAMYOGA**: unsachgemäßer Gebrauch der Sinnesorgane
- **KARMA**: Handlungen unseres Körpers, unserer Rede und unseres Geistes, die eine falsche Verwendung der geistigen Fähigkeiten und *Prajnaparadha* (Versagen der Intelligenz) umfassen.

KALA. *Kala* bedeutet »Zeit«, und jedes der fünf Elemente ist zu bestimmten Tages-, Jahres- und Lebenszeiten vorherrschend. Wenn die Elemente zu- bzw. abnehmen, ändert sich ihre Qualität, was zu Ungleichgewicht führen kann. Beispielsweise können Alkohol, frittierte Speisen und ein Sonnenbad in der sommerlichen Mittagshitze zu Beschwerden führen, die typisch für Pitta, dem heißen, öligen Dosha, sind. Wenn Sie sich im Sommer an kühlende Nahrungsmittel halten, fördern Sie Ihre Gesundheit optimal, indem Sie sich an die ideale Zeit im Jahr halten, um die richtigen, ausgleichenden Nahrungsmittel zu sich zu nehmen. Doch um diese weisen Entscheidungen zu treffen, braucht man die entsprechende Geistesgegenwart, um innezuhalten und über den Zeitpunkt nachzudenken, ehe man handelt.

ZUFRIEDENHEIT UND VERLANGEN

Nach dem Yogasystem wird der Geist durch ein Hauptproblem beeinträchtigt: Zufriedenheit wird im Außen und nicht im Innen gesucht. Der Geist hängt sich an ein »Sinnesobjekt«, ein Objekt der Begierde - Essen, Sex, Geld, Macht, Autos, Kleidung und so weiter - im falschen Glauben, dass dieses Objekt ihm Zufriedenheit bringt. Glück, das von einem Objekt abhängig ist, wird irgendwann unweigerlich ein Ende haben. Wahre Zufriedenheit, der Zustand von Sattva im Geist, ist genügsam und nicht von Begierde geleitet. Diesen natürlichen Zustand erzielt man, indem man kontinuierlich übt, seine Aufmerksamkeit liebevoll nach innen zu richten. Als »Yoga« gilt alles, was diesen Zustand der Genügsamkeit hervorruft. Ich bin eine große Verfechterin des Yoga des Essens: das Kultivieren der Liebe für den Körper durch die richtige Ernährung.

ASATMENDRIYARTHA SAMYOGA. *Asatmya* bedeutet »unsachgemäß«, *Indriyas* sind die Sinne, *Artha* ist der Zweck des Sinnesorgans und *Samyoga* bedeutet »zusammenfügen«. Die Sinnesorgane sind die Körperteile, die für die fünf Sinne verantwortlich sind: Augen (Sehen), Ohren (Hören), Nase (Riechen), Zunge (Schmecken) und Haut (Tasten). Unter falschem Gebrauch bzw. unsachgemäßer Verbindung zwischen Sinnesorgan und Objekt kann zu viel oder zu wenig Stimulierung der Sinne verstanden werden, aber meistens bedeutet es, dass die Sinne zu stark beansprucht werden. Das Nervensystem ist ausgelaugt, weil es Informationen von allen Sinnesorganen verdauen muss, und die Sinne leiden. Ein Beispiel sind die roten, trockenen, juckenden Augen, wenn man zu lange vor dem Bildschirm gesessen hat, oder das Pfeifen in den Ohren nach einem Konzert. Finden die Sinne wieder ins Gleichgewicht zurück, beruhigt sich das Nervensystem, wodurch Stress reduziert wird, der häufig der ursächliche Grund für ein Ungleichgewicht ist. Wenn, zum Beispiel, Menschen mit Schlafproblemen abends weniger Zeit vor Fernseher, Smartphone oder Computer verbringen, können sie nachts besser schlafen, weil sie ihren Sinnen eine Pause gönnen. (Tipps, wie Sie sich um Ihre Sinne kümmern, finden Sie in Kapitel 5.)

KARMA. *Karma* bedeutet »Handlung«. Auf Handlungen folgen Reaktionen – wenn Sie zu viel Frittiertes essen, könnten Sie anschließend Durchfall bekommen. *Prajnaparadha*, was übersetzt »Versagen der Intelligenz« bedeutet, bezieht sich auf eine geistige Fehlleistung, die zu Handlungen mit negativen Auswirkungen führt. Wenn man aus früherer Erfahrung weiß, dass man von frittiertem Essen Durchfall bekommt, es aber trotzdem isst und wieder das gleiche, schmerzhafte Ergebnis erfährt. Handlungen zu wiederholen, von denen man genau weiß, dass sie nur zu Leid führen, erscheint sonderbar. Aber dennoch liegt das in der menschlichen Natur. Laut ayurvedischen Texten wiederholt sich das seit Tausenden von Jahren. Der Begriff »Versagen der Intelligenz« bezieht sich auf die falsche Verwendung unseres Intellekts, wenn wir etwas tun, obwohl wir es eigentlich besser wissen. Der Intellekt kennt den Unterschied zwischen hilfreich und schädlich, aber unser Wunsch ist so verlockend, dass wir ihm dennoch nachgeben. Wenn Körper oder Geist sich im Ungleichgewicht befinden, ist es hilfreich zu wissen, dass unsere Gelüste genau dieses Ungleichgewicht widerspiegeln – und umgekehrt. Das Ungleichgewicht selbst spricht aus uns, und in dem Fall können fehlgeleitete Wünsche die Grundlage für Krankheit schaffen. Wenn Ihr Körper / Geist wieder im Gleichgewicht ist, entsprechen Ihre Gelüste wieder Ihrer natürlichen Intelligenz. Wenn wir auf unser Beispiel mit dem frittierten Essen zurückkommen, dann ist es häufig so, dass wir etwas Schweres essen, um einen überaktiven Geist zu beruhigen oder die Strapazen eines anstrengenden Tages auszugleichen. Doch es ist besser, den Geist beispielsweise dadurch zu beruhigen, dass man sich eine Auszeit mit einer Selbstmassage gönnt. Dann lässt auch das Verlangen nach schwerem / frittiertem Essen nach.

Ein ausgewogener, sattvischer Geist trifft von alleine gesunde Entscheidungen. Die drei auslösenden Faktoren können, im Laufe der Zeit, unsere klare Wahrnehmung immer mehr verschleiern. Indem wir innehalten und überlegen, welches der beste Zeitpunkt für eine Handlung ist, oder darauf achten, wie wir unsere Sinne und geistigen Fähigkeiten gebrauchen, bleiben wir zentriert und unser Geist bleibt klar.

PRAJNAPARADHA: EINE FALLSTUDIE ZU EMOTIONALEM NAHRUNGSMITTELKONSUM

Ich bin ein riesiger Fan von Brownies und habe Jahre dafür gebraucht, einen einzigen Brownie essen zu können, ohne mich über das ganze Blech herzumachen. Wenn ich einsam, traurig oder gestresst war, hatte ich keine Verbindung mehr zu meinem zentrierten, klaren und zufriedenen Selbst. Mir war es nur wichtig, mich im aktuellen Moment anders zu fühlen. Ich wollte mich ganz fühlen, glücklich und entspannt. Und dann kam das Blech mit den Brownies ins Spiel. Mein Geist dachte nur daran, wie es ist, einen Brownie zu essen, welch erfreuliche Erfahrung das ist. Und weil ich dieses erfreuliche Gefühl haben wollte, griff ich nach der Süßigkeit. Doch leider war es so, dass mein Geschmackssinn, sobald ich den Brownie aufgegessen hatte, schon bald das angenehme Gefühl vergessen hatte, weshalb ich wieder am Ausgangspunkt angelangt war. Oder manchmal sogar noch schlimmer: Mir lag der Brownie schwer im Magen oder nach dem kurzfristigen Zuckerhoch kam der geistige Absturz. Die natürliche Klarheit meines Geistes wurde durch zu viel Essen gedämpft und ich fing an, mich destruktiv zu verhalten, indem ich noch mehr Brownies aß und so den Kreislauf aus kurzfristigem Vergnügen und dem anschließenden Gefühl von Schwere und Dumpfheit aufrechthielt.

Warum konnte sich mein Geist nur an das Vergnügen, aber nicht an die ganze Geschichte, also das unbefriedigende Ende, erinnern? Der fehlerhafte Prozess im Geist hier ist Prajnaparadha. Die wahrheitsgetreue Informationsverarbeitung des Geistes und die Erinnerung wurden durch den noch verlockenderen Drang nach Vergnügen verdrängt. Wenn der Ruf der Begierde laut genug ist, braucht es einen sehr starken Geist, um dieser nicht nachzugehen. Hätte ich beim Gefühl von Einsamkeit oder Stress etwas Ausgewogeneres getan, mich beispielsweise durch ein Bad gut um mich selbst gekümmert oder wäre ich den Emotionen durch kurze Tagebucheinträge oder Meditation auf den Grund gegangen, hätte ich langfristig gesehen für ein größeres Wohlbefinden und mehr Ausgeglichenheit gesorgt. Konsequent intelligente Entscheidungen zu treffen, braucht Zeit, Mühe und Erfahrung. Aber sobald man einmal die Folgen davon gespürt hat, fällt es einem leichter, kluge Entscheidungen zu treffen, und alte Gewohnheiten werden durch neue ersetzt.

Möchten Sie immer noch einen Brownie essen? Kein Problem. Sie sollten nur wissen, dass der Brownie zu irgendeinem Zeitpunkt weg sein wird, und das sollte für Sie in Ordnung sein. Es ist nicht die Erfahrung durch den Genuss eines Brownies, die problematisch ist. Es ist der unwiderstehliche Wunsch, die genussvolle Erfahrung zu wiederholen, die uns in Schwierigkeiten bringt. Sie sind nicht hinter dem Brownie her, sondern hinter dem Gefühl des Vergnügens, welches sie mit oder ohne diese Süßigkeit erfahren können.

Mentale Verdauung: Agni, Tejas und Prana

Am stärksten achte ich auf meine Ernährung, wenn es in meinem Leben hektisch zugeht. Wenn ich zu sehr zunehme oder nährstoffreiche und energiebringende Speisen nicht richtig kombiniere, dann kommt mein Geist nicht mehr mit, er schaltet langsam ab und ich fühle mich müde und traurig. Dann wiederum habe ich in der Vergangenheit manchmal so auf Stress reagiert, dass ich mich mit Koffein zugeschüttet und auf das Gaspedal gedrückt habe. Dadurch wurde ich allerdings ängstlich und konnte nicht schlafen. Diese Zeiten, in denen ich mit dem zurechtkommen musste, was mir das Leben brachte, haben mir gezeigt, wie wichtig die mentale Verdauung ist. Und ich achte sehr darauf, das Feuer meines Geistes zu bewahren, indem ich auf eine gute Ernährung und einen bewussten Lebensstil achte.

Schauen wir uns die mentale Verdauung, die so wichtig für einen ausgeglichenen Geist ist, einmal genauer an. Genauso wie die saubere, vollständige Verdauung die wichtigste Voraussetzung zur Krankheitsprävention und für einen gesunden Körper ist, gilt das Gleiche für unseren Geist. Eine starke mentale Verdauung verarbeitet die täglich auf uns einströmenden sensorischen Informationen und Erfahrungen und verhindert eine Überlastung durch mentale Giftstoffe, die zu Angst, Wut oder Depression führen. Wenn die mentalen Fähigkeiten wirken, ist im Geist genug Raum, damit das reine Bewusstsein (Ihr wahres Wesen) richtig leuchten kann.

Wenn wir noch genauer hinschauen, finden wir *Agni* und *Prana*, das Feuer und die Luft, die das Feuer anheizt. Diese Kräfte unterstützen die mentale Verdauung, indem sie unsere Emotionen und Lebenserfahrungen (also die »Informationen« unserer inneren Welt) verarbeiten. Jedes Gefühl - Freude auf ein zukünftiges Ereignis, Liebe, Wut - muss in verdauliche Häppchen aufgeteilt, akzeptiert und absorbiert oder verarbeitet und eliminiert werden. Unsere Erfahrungen müssen genau wie unser Essen verdaut werden. Das ist der Grund, warum wir abends müde sind - zu viel Input! Zu träumen ist eine Art und Weise, wie der Geist die Erfahrungen des Tages verarbeitet.

AGNI UND TEJAS

Agni, das Feuerelement, findet sich vorwiegend im Magen, welcher der Sitz des *Jathara Agni, des* Hauptfeuers des Körpers, ist. Hier wird das Essen, das gekaut und mit Speichel vermischt wurde, in die Bausteine des Körpers umgewandelt. Aber Feuer durchdringt auch den gesamten Körper und stellt somit die für die Umwandlung nötige Hitze her. Diese Hitze und Umwandlung erfüllt den Geist mit Licht. *Tejas* ist die Essenz des Feuers, die nach dem ersten Aufbrechen der einzelnen Bestandteile noch weiter für die Verstoffwechslung verantwortlich ist und dafür sorgt, dass der Geist hell und scharf bleibt. Tejas können Sie sich als das langanhaltende Glimmen des Feuers vorstellen, während Agni die glühende Hitze

ist. Ein glänzendes »inneres Leuchten« kommt nicht nur durch Feuer im Körper; es ist ebenso ein helles Bewusstsein nötig.

Ein erhellter Geist ist der Zustand völliger Klarheit und, ich wage zu behaupten, der *Erleuchtung*. Dinge ans Licht zu bringen, ist genau das, was eine gesunde mentale Verdauung tut, ohne jedes bisschen Verwirrung oder den Nebel der Emotionen. Stellen Sie sich vor, Sie würden gerade etwas erfinden oder einen wissenschaftlichen Durchbruch schaffen - die Neuronen feuern in Ihrem Hirn und schaffen neue Wege für frische Ideen und ein tiefergehendes Verständnis. Stellen Sie sich vor, Sie sind mental auf Zack, voll da, kreativ. Hervorragend. Das ist das Ergebnis von Tejas.

Interessanterweise beginnt ein brillanter Geisteszustand mit der Verdauung von Nahrung. Es funktioniert nämlich in beide Richtungen: eine starke Verdauung fördert die Klarheit des physischen Körpers, und ein klarer, ungestörter Geist ermöglicht die vollständige Verdauung. (Denken Sie daran, wie Sie sich nach einem Essen fühlen, wenn Sie sauer sind. Sodbrennen?) Man kann den Darm nicht vom Geist trennen; darum sollte das Wichtigste für die gemeinsame Gesundheit von Geist und Körper sein, für ein starkes Verdauungsfeuer zu sorgen. Die uralte Praxis, leicht verdauliche Nahrung und verdauungsfördernde Gewürze zu konsumieren, und zwar zum richtigen Zeitpunkt und in der richtigen Menge, sorgt für ein gesundes Agni. Gesundheit, Ausdauer und Glanz beginnen im Magen.

DIE FUNKTIONEN VON AGNI, PRANA UND TEJAS

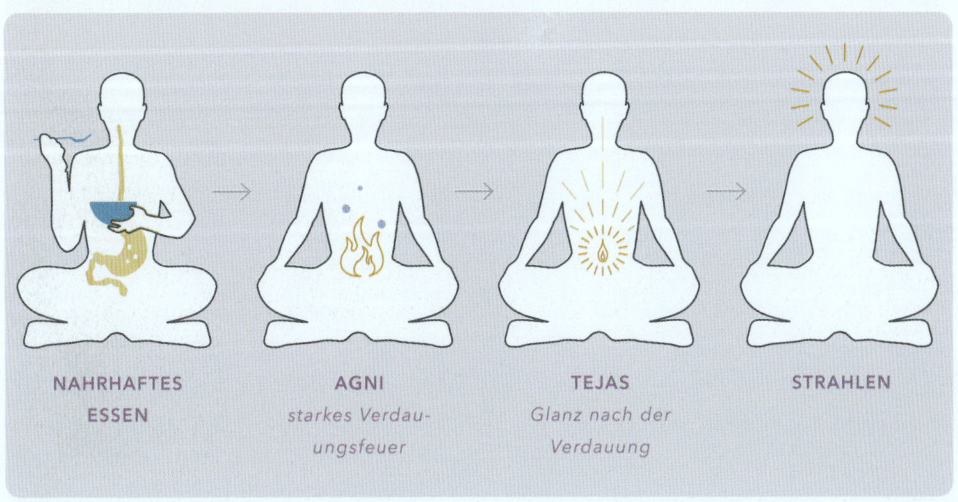

IM FOKUS: AMA, DER AGNI-BLOCKER

Da Klarheit des Geistes und Darm untrennbar miteinander verbunden sind, müssen wir über Ama sprechen, den Gegenspieler von Agni. Wenn das Essen aufgrund von nicht idealer Essenswahl oder -praxis und/oder Stress nicht richtig aufgespalten wird, bildet sich Ama. Dabei handelt es sich um eine dicke, klebrige Masse aus Rückständen, die im Magen festsitzt und das Verdauungsfeuer unterdrückt, was nur noch mehr Ama durch zukünftige Mahlzeiten mit sich bringt. Das Ergebnis einer unvollständigen Verdauung kann Trägheit und Dämpfung sowohl auf geistiger als auch körperlicher Ebene sein.

Wenn dieser Zustand länger anhält, fängt Ama an, vom Magen durch den Rest des Körpers zu wandern und die für den Blutkreislauf und die Ernährung nötigen Körperkanäle, die Organe etc. zu verkleben. Ama setzt sich gerne an Schwachpunkten fest, wie beispielsweise bei Gelenkentzündungen oder chronischer Verstopfung. Sobald Ama erst einmal in das Gewebe gedrungen ist, wird alles verlangsamt - nicht nur das System oder Organ, in dem sich die Giftstoffe abgelagert haben, sondern alles - auch der Geist. Diese giftige Situation kann der Grund für die häufige Klage über Benommenheit sein, insbesondere, wenn man diese nach den Mahlzeiten verspürt. Dann kann es helfen, die Essens- und Lebensgewohnheiten zu ändern oder den Körper zu entgiften. Die Lösung besteht darin, Platz zu schaffen und das, was sich angesammelt hat, zu verdauen. Nicht vergessen: Ama aus dem Verdauungstrakt zu lösen, ist weitaus einfacher, als es aus dem tieferliegenden Gewebe herauszubekommen. Glücklicherweise zeigen Ihnen die Rezepte und Lebensstil-Tipps in diesem Buch, wie Sie Ihren Darm gesund halten und somit die Wahrscheinlichkeit reduzieren, dass sich Ama richtig festsetzt.

AMA-CHECKLISTE

Wenn Sie regelmäßig mehrere der folgenden Symptome aufweisen, haben Sie möglicherweise Ama:

- weißer Zungenbelag, der sich nicht abkratzen lässt
- schlechter Geschmack im Mund, Mundgeruch
- verstopfte Nasennebenhöhlen oder Lunge
- Müdigkeit nach dem Essen
- schwerer, klebriger, stinkender Stuhlgang
- starker Körpergeruch
- Verstopfung der Lymphgefäße (Schwellungen, wie beispielsweise geschwollene Brüste vor der Periode oder Blähungen nach dem Essen)
- Verstopfung und/oder Durchfall
- geringe Libido
- Verwirrtheit (Benommenheit)
- ständige Traurigkeit oder negativer Blick auf die Zukunft

Wenn Sie meinen, dass Sie Ama haben könnten, können Sie die 3-Tages-Reinigung für den Geist in Anhang 2 als Ausgangspunkt für die Verbrennung von Ama nutzen. Noch besser wäre es, sich von einem Ayurveda-Therapeuten einen persönlichen Detox-Plan erstellen zu lassen.

MENTALES AMA

Mentales Ama entsteht, wenn es zu keiner vollständigen mentalen Verdauung kommt, weil die Informationen, Erfahrungen und Emotionen zu viel oder die Zeit und die Energie zu knapp sind, um diese zu verdauen. Mit der Zeit können mentale Gifte, wie ungelöste Emotionen, Angst oder Traurigkeit entstehen. Die sattvische Ernährung und Lebensweise ist ein Weg, diese Verschmutzungen zu »reinigen« und einen ruhigen, friedlichen Geist zu haben. Wie bei jedem Ungleichgewicht ist auch die Behandlung von mentalem Ama ein langsamer, kontinuierlicher Prozess. (Praxistipps für die Reinigung Ihres Geistes finden Sie in Kapitel 5.)

PRANA: LEBENSENERGIE

Prana ist, genau wie das Luftelement, ständig in Bewegung. Es befeuert die Sinnesorgane und das Feld das Denken. Die pranische Energie ist der Treibstoff für die Funktion von Agni und Tejas. Wenn Sie ein Feuer machen, müssen Sie pusten, damit es zu lodern beginnt. Die richtige Zirkulation von Prana sorgt für eine konstante geistige Flamme. Wenn man eine Idee durch Sprache oder Kunst zum Ausdruck bringen möchte, ist Prana die Energie des Geistes, die nötig ist, um anzufangen und am Ball zu bleiben.

Das ist Lebensenergie - ein Organismus ohne Prana ist tot. Ohne Prana ist ein Körper nur eine Mischung aus den fünf Elementen, ohne dass sich etwas bewegt. Diese Energie zirkuliert um Ihren Körper herum, getragen von den Strömungen des Luftelements und den Bewegungen Ihrer Aufmerksamkeit. Eine Unterbrechung des rhythmischen Kreislaufs von Prana kann physisch sein, wenn beispielsweise Cholesterin eine Arterie verstopft, sich Luft im Darm ansammelt oder wenn man allgemein nicht mit dem Körper verbunden ist (zum Beispiel nur vor dem Computer sitzt und kaum Bewegung hat). Aber auch psychische Gründe, wie Stress, Sorgen oder Kummer können die Zirkulation von Prana stören.

Stress scheint, wenn man sich anschaut, wie sich momentan die Krankheiten entwickeln, genauso bedeutsam zu sein wie körperliche Ursachen. Es gibt ein beliebtes Sprichwort im Ayurveda: »Prana fließt dahin, wohin wir unsere Aufmerksamkeit richten.« Sie wissen ja bestimmt, wie ständige Sorgen Ihr Denken ausfüllen können. Stress zieht enorm an der Lebensenergie. Das, worauf Sie Ihre Aufmerksamkeit richten, erhält Ihre Energie. Bei einem verletzten Knie können Sie entweder freundliche Energie dorthin schicken oder Sie können die Verletzung ignorieren und trotz der Schmerzen weiter laufen. Das wirkt entweder heilend oder führt dazu, dass die Verletzung bestehen bleibt, je nachdem, wie Sie entscheiden. In unserem arbeitsreichen Alltag kann man sehr schnell den Bezug zu den Bewegungen der Lebensenergie und unserer eigenen Aufmerksamkeit verlieren und sich stattdessen die ganze Zeit Sorgen machen oder arbeiten. Es braucht Übung, aber fortwährend darauf zu achten, dass man sich um sich selbst kümmert und sich selbst liebt, füllt das Prana-Konto immer mehr auf. Das Ayurveda strotzt vor verjüngenden Routinen für alle Jahreszeiten und Lebensabschnitte.

Sitz des Prana ist, laut Ayurveda, das »spirituelle Herz«. Dieses Herz liegt in der Mitte der Brust, nicht etwas seitlich, wie das Herz aus Muskeln. Wenn Sie das nächste Mal einen geliebten Menschen oder einen richtig süßen Welpen im bzw. auf dem Arm haben, achten Sie auf das Gefühl in der Mitte Ihrer Brust. Dort sitzt es. Noch besser wäre, es, wenn Sie, wenn Sie sich das nächste Mal gestresst fühlen, einfach diesen Welpen umarmen. Eine Verbindung zur Seele zu schaffen - sei es durch die natürliche Welt, Meditation, Religion, Welpen, durch das, was für Sie das Richtige ist - ist der beste Weg zu vollständiger Kraft. Indem Sie sich mit der Spiritualität Ihres Geistes und Ihres Lebens verbinden, verbinden Sie sich mit einer nie endenden Energiequelle - die weitaus größer ist, als die, die man nur im Körper allein finden kann.

ATEMÜBUNG

Als Teil der ayurvedischen Lebensweise ist die Kunst und Wissenschaft des Yoga eine hervorragende Methode, um Prana zu pflegen und zirkulieren zu lassen. Der Kanal, durch den Prana in unseren Körper gelangt, sind die Nasenlöcher, weshalb es im Yoga die Nasenatmung gibt. Rhythmisch durch die Nase zu atmen, während man sich gleichzeitig bewegt, ist eine wunderbare Übung für die Langlebigkeit. Achten Sie beim Yoga darauf, dass Sie durch die Nase einatmen und der Rhythmus gleichmäßig ist. Sonst nützt es nichts. Ein erfahrener Yogalehrer kann Ihnen zeigen, wie Sie auch in Bewegung gleichmäßig atmen.

Zuhause können Sie es mit dieser Atemübung im Sitzen probieren. Setzen Sie sich mit geradem Rücken und leicht angehobenem Kinn auf einen Stuhl oder in einen bequemen Sessel. Zählen Sie bis vier und atmen Sie gleichzeitig durch die Nase ein. Zählen Sie anschließend wieder bis vier, während Sie durch die Nase ausatmen. Um konzentriert zu bleiben, können Sie beim Einatmen jeweils mit einer anderen Fingerspitze den Daumen berühren, angefangen beim Zeigefinger und endend beim kleinen Finger. Beim vierten Atemzyklus, wenn Sie beim kleinen Finger ausatmen, wandern Sie nach und nach wieder zurück bis zum Zeigefinger. Wiederholen Sie dies drei- bis fünfmal oder stellen Sie sich einen Wecker auf fünf Minuten. Steigern Sie die Zeit langsam, um die entspannende Wirkung zu verstärken.

MENTALE MUSKELN AUFBAUEN

Wenn Sie Ihren Geist für die mentale Verdauung nutzen, fördern Sie damit das mentale Gleichgewicht und stärken gleichzeitig Ihren Geist. Laut Ayurveda ist ein »starker Geist« ein solcher, der trotz des täglichen Auf und Abs gelassen bleibt (nicht aus der Ruhe zu bringen ist). Personen mit einem starken Geist können sich geduldig »treiben« lassen, aber auch klare Entscheidungen treffen und handeln, wenn es nötig ist.

Natürlich erfordert das jede Menge Übung und Lebenserfahrung. Ausreichend Pause, Yoga und Meditation/Reflexion tragen sehr dazu bei, dass der Körper Erfahrungen und Emotionen genügend verarbeiten kann, indem Prana zu den mentalen Muskeln transportiert wird. Denken Sie daran: Prana fließt dorthin, wohin Sie Ihre Aufmerksamkeit richten, also wird der Geist durch alles, was die Aufmerksamkeit auf die Aktivitäten des Geistes richtet, gestärkt. Ist man zu beschäftigt und schaut nie nach innen, ist der Geist irgendwann überfordert und man leidet unter kreisenden Gedanken, Stress und Sorgen. Mit der Übertreibung im täglichen Leben verhält es sich so, wie wenn man am Buffet übertreibt. Ab und an ist das kein Problem, aber sich ständig vollzustopfen, überfordert irgendwann das Körpersystem. Im Gegensatz dazu kann ein lethargischer Geist, der jegliche Emotionen und Erfahrungen vermeidet, zu verschiedensten Zuständen von Trägheit oder Depressionen führen.

Um im Alltag eine starke mentale Verdauung zu haben, sollten Sie die Voraussetzungen für einen ausgeglichenen Geist schaffen, indem Sie bei Ihrer Ernährung darauf achten, Agni und Prana zu fördern und Ama zu reduzieren. Alle Rezepte und Informationen in diesem Buch bringen Sie auf den dafür richtigen Weg.

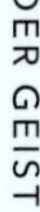

DENKEN SIE EINMAL DARÜBER NACH …

Bei der Überlegung, was der Geist ist, sollte zunächst geklärt werden, was der Geist *nicht* ist. Vor allem ist der Geist nicht *Sie*. Er ist ein sehr beschäftigter Teil von Ihnen, der Ihnen sehr überzeugend klar machen kann, dass seine Gedanken das Wichtigste überhaupt sind. Wenn Sie erkennen, dass Sie mehr sind als nur Ihr Geist, sind Sie schon auf dem Weg zur Ausgeglichenheit. Ich möchte jetzt ein paar häufige falsche Vorstellungen aus dem Weg räumen und die dafür geeignete Lösung des Ayurveda vorstellen.

1. IHR GEHIRN IST NICHT IHR GEIST

Das Gehirn ist ein fettiges, geleeartiges Organ im Schädel, das ungefähr 1,3 kg wiegt. Es ist verantwortlich für motorische Funktionen wie Balance, autonome Funktionen wie Atmung, Interpretation der Informationen der Sinnesorgane und Speicherung (Gedächtnis).
Das Ayurveda sieht den Geist als vom Gehirn getrennt an. Es handelt sich dabei um ein subtiles Objekt, das vor allem aus subtilen Energien besteht – nur weil man sie nicht sehen kann, heißt das noch nicht, dass sie nicht da sind. Der Geist ist für die Bewegungen der Aufmerksamkeit verantwortlich. Wenn Sie, zum Beispiel, einen Baum anschauen, ist Ihre Aufmerksamkeit nicht nur auf einen Punkt gerichtet; Ihre Aufmerksamkeit bewegt sich von der einen Stelle des Baumes zur anderen und setzt daraus ein Bild dessen zusammen, was Sie sich anschauen. Der Geist sieht jeweils nur einen Punkt, bewegt sich aber *sehr schnell* vom einen Punkt zum anderen. Dann fällt der Geist ein Urteil, ob der Baum schön ist oder nicht, ob er mehr Wasser braucht, oder ob er Sie an einen Baum erinnert, der im Garten Ihrer Großmutter stand. All das passiert in weniger als einer Minute und geschieht unabhängig davon, ob Sie es wollen oder auch nur bemerken.

2. *SIE* SIND NICHT IHR GEIST

Wenn Sie bewusst darauf achten, wie der Geist einen Baum oder einen anderen Gegenstand erfasst, üben Sie sich in *Achtsamkeit*. Achtsamkeit überschreitet den Geist und man kann die Funktionen des Geistes beobachten. Achtsamkeit kann die Aktivität der Sinnesorgane und der Gedanken beobachten. Achtsamkeit kann Gefühle, wie Verlangen oder Abneigung, spüren. Achtsamkeit weiß, dass sie von diesen Gedanken, Aktivitäten und Gefühlen getrennt ist. Zur Philosophie und Praxis des Yoga gehört es, diesen Beobachter kennenzulernen, dieses Selbst, das sich der Gedanken und Gefühle bewusst ist. In einem Zustand der mentalen Verwirrung identifizieren sich Menschen mit Gedanken und Gefühlen und verlieren ihren Sinn für die richtige Perspektive. In diesem falsch informierten Zustand schmeißen die Gedanken und Gefühle den Laden. Übt man sich in Achtsamkeit, identifiziert man sich mit dem höheren Geist. In diesem Zustand überwiegt das Gefühl von Ruhe und Frieden, trotz aller überzeugender Gedanken und Gefühle.

3. *SIE* SIND NICHT IHR KÖRPER

Im Charaka Samhita heißt es, »Körper, Sinne, Geist und Seele sind die vier Komponenten von Ayur; ohne ihre ständige Verbindung, kann Ayur [Leben] nicht existieren.« Meistens ist es der Körper, auf den wir achten, wenn es um das Wohlbefinden geht, aber was ist mit den viel subtileren Bereichen des großen Ganzen? Im Ayurveda werden alle vier Ebenen einbezogen, um einen ganzheitlichen Ansatz für Wohlbefinden zu definieren. Wird ein Bereich vergessen, ist Wohlbefinden kaum möglich. Wir achten insbesondere darauf, wie sich unser Essen und unsere täglichen Routinen auf die Gesundheit unserer Sinne, unseres Geistes und unserer Seele auswirken. Die Seele ist umfassend und reicht über den Körper hinaus. Sie ist der Teil in uns, der sich mit dem größeren, tieferen Sinn für die Realität verbindet, und ist der Sitz unserer Liebe, Intuition und Wahrnehmung. Sie ist also ziemlich wichtig.

Die Synergie aus den fünf Elementen, aus denen das augenscheinliche Universum, einschließlich unseres eigenen Körpers, besteht, ist von Bewusstsein erhellt. Jede Zelle hat ein Bewusstsein. Ihr Körper musste nicht zur Schule gehen, um zu wissen, dass das Essen durch den Mund hinein und durch die Hintertür wieder hinausgelangt; eine weiße Blutzelle ist nicht zur Schule gegangen, um zu wissen, wie es funktionierender Teil des Blutkreislaufs ist. Ein funktionierender Teil dieses »Lebensstroms« zu sein, benötigt eine Verbindung zum höheren Bewusstsein. Wenn Sie mit der über den Körper hinausgehenden Essenz von *Ihnen* verbunden sind, haben Sie ein Gefühl von Zufriedenheit, Stabilität und einem tieferen Sinn im Leben.

4. *SIE* SIND IHR WAHRES SELBST

Viele Menschen machen den Fehler, zu glauben, dass Geist und Körper sowie unsere Gedanken und Gefühle das sind, was und wer wir tatsächlich sind. Dieser Trugschluss ist einer der Gründe für Krankheit und tritt auf, wenn Gedanken und Gefühle das Ruder übernehmen. Entscheidungen, die aus dem Blickwinkel der Verbundenheit, aus Gier, Wut, Stolz, Depression etc. getroffen werden, können für uns problematisch werden. Ein Beispiel: Ich habe gelernt, wenn ich traurig bin und den Drang habe, Brownies zu essen, zuerst in mich selbst hineinzuhorchen. Mein wahres Selbst weiß aus der Erfahrung, dass Brownies keine Lösung für meine Traurigkeit sind. Wenn ich mich dann entscheide, einen zu essen oder nicht zu essen, kommt diese Entscheidung von meinem wahren Selbst, nicht von meinem traurigen Selbst. Das »wahre Selbst« ist ein Erleben von Moment zu Moment. Es gibt keine richtigen oder falschen Entscheidungen, sondern nur Möglichkeiten, um zum reinen Bewusstsein in Ihrer Mitte zurückzukehren. Und das ist, wer Sie wirklich sind.

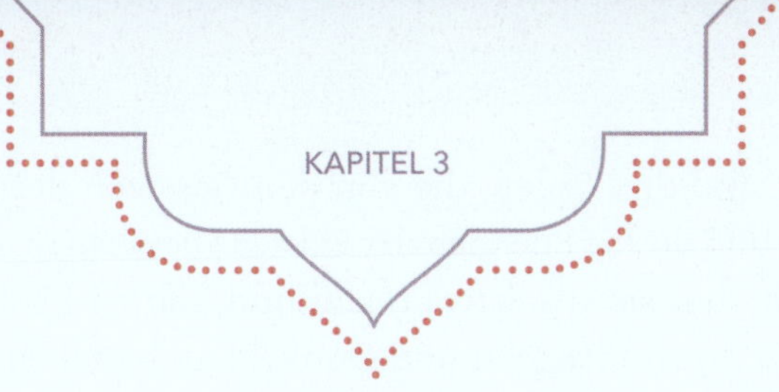

KAPITEL 3

Die Maha Gunas

MENTALE ENERGIEN

Wenn man mit einem Projekt beginnen möchte – egal, ob man ein Buch schreiben oder die Küche putzen möchte –, sammelt man seine Energie und konzentriert sich auf die vor einem liegende Aufgabe. Sobald man dann mit der Arbeit begonnen hat, kommt alles in Schwung und man hat einen Lauf. Irgendwann wird man allerdings müde, verliert den Fokus und wird langsamer; dann macht man eine Pause von dem Projekt. Wenn die Energie zurückgekommen ist, schaltet man wieder einen Gang höher und setzt die Arbeit fort. Dieses natürliche Auf und Ab der Energie ist die ganze Zeit über in Bewegung. Sogar wenn wir innehalten, bereiten wir uns darauf vor, uns wieder zu bewegen. Das dynamische Zusammenspiel aus potenzieller Energie, kinetischer Energie und Trägheit ist allgegenwärtig.

Die *Maha Gunas* sind drei Fäden, die von den Gesetzen der Natur miteinander verwoben wurden und die die Energien der Existenz beinhalten. Aus Kapitel 1 wissen Sie vielleicht noch, dass sie aus Sattva (Licht und Klarheit), Rajas (Bewegung und Veränderung) und Tamas (Trägheit und Dunkelheit) bestehen. Diese Formen von Energie finden sich in allem, wenn das Licht eines neuen Tages sich hin zu Aktivität bewegt und anschließend Platz macht für die nächtliche Dunkelheit. Sie sind Schöpfung, Erhaltung und Zerstörung – überwacht von den Hindu-Gottheiten Brahma, dem Schöpfer; Vishnu, dem Erhalter, und Shiva, dem Zerstörer. Diese Energien regeln die Bewegungen allen Lebens, einschließlich des Geistes. Die essenzielle Energie des Geistes ist Sattva, ein Zustand der Wahrheit, Zufriedenheit und Stabilität. Die Energien von Rajas und Tamas wirken auf diesen Zustand ein. Rajas steigert die Bewegung des Geistes, Tamas verlangsamt sie.

Glücklicherweise kann Sattva durch den Konsum von frischen Bio-Nahrungsmitteln und durch harmoniefördernde Betätigungen, wie Yoga, Meditation und Zeit in der der freien Natur, gefördert werden. Rajas wird durch zu stark gewürzte, saure Speisen und Betätigungen, die zu Bewegung im Körper oder Geist führen, beispielsweise Videospiele und Wettbewerbssport, gesteigert. Tamas wird durch den Konsum von alten und verarbeiteten Nahrungsmitteln und Aktivitäten, die den Geist vernebeln, beispielsweise zu viel Fernsehen, Drogen und Alkohol, gesteigert.

Genau wie bei den drei Doshas ist eine harmonische Beziehung zwischen den Maha Gunas der Schlüssel zu geistigem Wohlbefinden. In einem ausgeglichenen Zustand sieht der Geist die Dinge klar und akzeptiert sie, so wie sie sind, kann aber an den richtigen Stellen Veränderungen einleiten oder verhindern. Die richtige Menge an Veränderung bringt sowohl Stabilität als auch Stärkung mit sich.

Ohne die Maha Gunas (die Energien unserer Welt) wäre alle Materie reglos. Das Zusammenspiel der drei *Gunas* unterliegt der materiellen Natur der Welt und der Menschen. *Guna* bedeutet »Eigenschaft« und es gibt drei grundlegende Energiequalitäten in der Natur, einschließlich der menschlichen Natur:

SATTVA: die Energie der Zufriedenheit, Erleuchtung, Klarheit, Harmonie
RAJAS: die Energie der Bewegung, Veränderung, Kreativität, Leidenschaft
TAMAS: die Energie der Ruhe, Trägheit, Stagnation, Zerstörung

Maha bedeutet »groß«. Es handelt sich also um die drei »Großen«, die die Energiequalitäten der Natur beschreiben. Bitte nicht mit den zwanzig physischen Gunas verwechseln, bei denen es sich um Eigenschaften handelt, die zur Beschreibung von Nahrungs- und Arzneimitteln verwendet werden. Ohne die drei Gunas würden wir alle nur vollkommen leblos dasitzen. Das Universum, wie wir es kennen, würde nicht existieren. Newtons Apfel ist ein hervorragendes Beispiel für diese Energien in Aktion – er wächst auf dem Baum, durchläuft unvermeidbare Veränderungen, bis sich diese

irgendwann verlangsamen und er auf den Boden fällt, um dort zu verrotten. Die Maha Gunas sind eine Form, um die grundlegenden Gesetze der Natur zu beschreiben.

Die Natur des Bewusstseins ist reines, ungestörtes Sattva. Das Wort *sat* kann als »sein« übersetzt werden, sodass *sattva* einfach ein »Zustand des reinen Seins« ist. So einfach wie Newtons Apfel, der auf dem Baum wächst. Beim Geist handelt es sich um ein komplexes Werkzeug, das dazu konzipiert wurde, das innere Selbst sowie die externe Umgebung zu begreifen und schließlich eine Brücke zwischen den beiden zu schlagen. Im Ayurveda ist geistiges Wohlbefinden geduldig und wachsam, wir können sowohl die Dinge so akzeptieren, wie sie sind, aber auch die nötigen Schritte zur Erhaltung und zum Wachstum vollziehen. Unsere Gedanken und Wünsche bewegen sich durch unser mentales Feld, aber ein ausgeglichenes Bewusstsein sieht sie als das, was sie sind, und weiß, wann es zu handeln oder sich still zu verhalten hat – ohne Angst, Furcht oder Reue. Unser sattvischer Geist ist ein unbefangener Beobachter, der nicht durch bestimmte Vorstellungen oder Gelüste beschwert wird.

»Unbeschwert von Vorstellungen oder Gelüsten« – hört sich das nicht toll an? Immer her damit! Die Sache ist die, dass die Gunas immer aufeinander reagieren und dieser dynamische Tanz dafür sorgt, dass die Welt sich dreht und Kreativität und Veränderung überhaupt möglich sind.

DIE DOSHAS DES GEISTES

Rajas und Tamas werden als die »Doshas des Geistes« bezeichnet. Wir könnten sie auch »Doshas des Sattva« nennen. Sattva ist der reine Zustand des Geistes und Rajas und Tamas sind die Energien, die diesen stören können. *Denken Sie bitte daran, dass Rajas und Tamas genau wie die Vata-, Pitta- und Kapha-Doshas notwendige, funktionelle Bereiche unserer Existenz sind.* Der Geist muss sich bewegen und er muss Pause machen. Rajas und Tamas sind nicht per se »schlecht«, sie sind nur kleine Trickbetrüger und verschaffen uns ein Ungleichgewicht, wenn wir nicht aufpassen. *Dosha* bzw. »das, was falsch ist« bezieht sich auf den Zustand von Rajas und Tamas, wenn sich diese Energien so stark angereichert haben, dass der Punkt, an dem Gleichgewicht herrscht, überschritten ist. Es gehört sicherlich zur menschlichen Natur, ab und im Ungleichgewicht zu sein, aber dennoch ist es auf jeden Fall hilfreich, auf die Anzeichen und Symptome dafür zu achten.

Im Gegensatz zu der aus den fünf Elementen bestehenden Konstitution des Körpers (die bei der Geburt bereits festgelegt ist) können sich die im Geist vorherrschenden Eigenschaften im Laufe des Lebens ändern. Zwar ist es so, dass beispielsweise die heiße Natur des Feuerelements den rajasischen Zustand des Geistes begünstigen kann oder die schwere, langsame Beschaffenheit des Erdelements einen Hang zu Tamas fördert, aber *Ihr grundlegender Konstitutionstyp muss nicht unbedingt zu einem bestimmten Guna im Geist führen.* Der Geist ist stärker als Materie, und ausgeglichene Gunas können in einem harmonischen Zustand sein, auch wenn die Elemente im Ungleichgewicht sind. Sogar wenn Ihr Körper krank ist, kann Ihr Geist noch vollkommen gesund sein.

Genauso wie man sich selbst nicht zu sehr mit einem körperlichen Dosha identifizieren sollte (»Ich bin so typisch Vata«), sollte man sich auch nicht als »rajasisch« oder »tamasisch« klassifizieren; sinnvoller ist es, einen harmonischen Tanz zwischen den drei Gunas im Geist zu fördern. Denken Sie daran, dass die Gunas miteinander verwoben und Teil unserer grundlegenden Natur sind – würde man also einen ständigen Sattva-Zustand erwarten, wäre schon das allein ein Zustand des Ungleichgewichts.

Durch die Kultivierung von Sattva erreicht Ihr Geist auf natürliche Art und Weise wieder den zufriedenen Zustand, in dem Sie mit Ihrem wahren Selbst verbunden sind, und Rajas wird beruhigt. Tamas benötigt die Aktivität von Rajas, um Bewegung in die Stagnation zu bringen und den Geist aus der Dunkelheit in die Ruhe von Sattva zu heben.

Wenn Sie mehr über die Gunas erfahren und darüber, wie Ernährung und Betätigungen diese beeinflussen, werden Sie wahrscheinlich bei sich selbst Muster erkennen – entweder in Richtung von zu viel (schalten Sie einen Gang runter!) oder zu wenig (Achtung, Bewegungsmuffel!) geistiger Bewegung. Das kann für Sie eine hilfreiche Information sein und macht Sie nicht zu einem hoffnungslos zu leidenschaftlichen oder zu weichen Menschen. Es gibt keine »schlechten« Entscheidungen, sondern nur Gelegenheiten, die Muster in einem selbst zu entdecken. Mit dieser Selbsterkenntnis können Sie die vielen Hilfsmittel des Ayurveda entdecken, um die Energien in Ihrem Geist auszugleichen – von Ernährung über »Zeit zum Spielen« bis hin zu Meditation. Einige davon werden in diesem Buch angesprochen. Wenn Sie sich selbst weiter beobachten und üben, werden Sie schnell die ersten Veränderungen erkennen können.

DER URSPRUNG MENTALER GEWOHNHEITEN

Wenn die Energie Ihres Geistes entweder stärker in Richtung Rajas oder in Richtung Tamas tendiert, kann dies sehr von Ihren Gewohnheiten beeinflusst sein. Ein Beispiel: Ein Klient kam zu mir, weil er Probleme hatte, abends einzuschlafen. Ich konnte einen Zusammenhang erkennen zwischen dem lauten, geschäftigen Haushalt, in dem er groß geworden war, und der Tatsache, dass er auch jetzt ein lautes, geschäftiges Leben führte, indem er zu viel arbeitete, in Bars rumhing und die ganze Zeit Textnachrichten verschickte. Wir stellten fest, dass ihn die Energie, die er gewohnt war, dazu zwang, auch jetzt das zu suchen, was er gewohnt war. Gleiches wird durch Gleiches verstärkt; mit zwanzig fing er an, es richtig krachen zu lassen, mit dreißig hielt ihn das geistige Geschrei nachts wach. Ich riet ihm dazu, jeden Abend ohne Handy spazieren zu gehen und auf die natürliche Welt um ihn herum zu achten. Wenn es dann Zeit war, schlafen zu gehen, spürte er den Unterschied. Nach und nach änderte sich durch die Ruhe, die er in sein Leben integrierte, sein Geist, sodass er irgendwann ein Verlangen nach ruhigen Spaziergängen verspürte und diese manchmal dem Besuch in der Bar vorzog. Einfache Hilfsmittel und Veränderungen wie diese können unglaublich effektiv sein.

SATTVA VIJAYA: DEN GEIST HEILEN

Sattva Vijaya bedeutet »Sieg über den Geist« und bezieht sich auf einen Bereich der ayurvedischen Psychologie, die Techniken zur Heilung von Geist und Gefühlen beinhaltet. Zu den möglichen Therapien gehören Ernährung, Kräuter, Körperarbeit, Meditation und Yoga sowie Entscheidungen hinsichtlich eines Lebensstils, welcher die Verbindung zwischen Herz, Geist und dem Selbst stärkt. Denken Sie daran, dass der Sitz des Geistes im spirituellen Herz ist und sowohl Geist und Herz Gefühle verdauen und verstoffwechseln müssen, damit der Geist und die eigenen Stimmungen rein sind. Dieser Sieg ist ein Prozess und nichts, das sich mühelos einstellt. Im Charaka Samhita heißt es, dass die für diesen Prozess wichtigste Eigenschaft die Geduld ist, und dass der Wille nötig ist, bei allem nach innen zu schauen, um dort die tiefgehendste Wahrheit zu finden.

»Den Geist heilen« hört sich vielleicht etwas hochtrabend an, aber das Ayurveda holt Sie genau da ab, wo Sie momentan stehen. Während sich, wenn man genau hinschaut, bei der Beobachtung der Maha Gunas die Bewegungen des Geistes zeigen, kann dies auch die nötigen Informationen liefern, um Entscheidungen hinsichtlich Ihrer Ernährung und Ihrer tagtäglichen Routine zu treffen. Veränderungen Ihres Tagesablaufs können sowohl Ihren Körper als auch Ihren Geist verändern – und sich somit auf Ihr Gesamtwohl auswirken. Von einfachen Veränderungen bei der Ernährung, die sich auf Ihr körperliches Wohlbefinden auswirken, bis dahin, dass Sie etwas gegen Ihre Gereiztheit oder Traurigkeit tun. Alle Bereiche des Lebens sind fruchtbarer Boden für die Selbsttransformation. Ich rate Ihnen, genau damit zu arbeiten, was sich im jeweiligen Moment richtig anfühlt, und sich über den Rest erst einmal keine Gedanken zu machen. Vielleicht wenden Sie sich später den tiefergehenden Bereichen des Lebens zu. Vielleicht aber auch nicht. Sie können darauf vertrauen, dass das Ayurveda Sie genau dann in die richtige Richtung führen wird, wenn der richtige Zeitpunkt dafür gekommen ist.

TIPP FÜR DIE PRAXIS: Wenn Sie Ihre Aufmerksamkeit auf die Aktivität Ihres Geistes richten möchten, sollten Sie sich möglicherweise jemanden suchen, der Sie bei der Reise durch diesen psychischen Sturm unterstützt. Holen Sie sich geeignete Hilfe bei einer Gruppe von Gleichgesinnten, suchen Sie sich spirituelle Führung oder einen erfahrenen Lehrer oder Betreuer.

Viele Hinweise auf Sattva, Rajas und Tamas finden sich in der Bhagavad Gita, einem epischen Gedicht, das zwischen zwei- und fünftausend Jahre alt ist. Der Titel bedeutet »Gesang Gottes« oder »Gesang des Universums«. Dieses Gedicht ist wie eine Betriebsanleitung für alle Lebensbereiche, erläutert den yogischen Lebensstil und geht detailliert darauf ein, wie man die drei Gunas durch vorteilhafte Nahrungswahl, Dharma (seinem eigenen Pfad folgen) und Handlungen aus Liebe ausgleicht. Diesen systematischen Pfad, sein wahres Selbst zu leben, nennen wir Yoga.

Was ist Sattva?

»Sattva, rein, leuchtend und frei von Leid.«
– Das Bhagavad Gita

Reinheit ist eine ganze simple Angelegenheit. Es ist ein Zustand, in dem der Geist sich über das alltägliche Geschwätz - Sorgen, Stress, Aufgaben, all die »kleinen Dinge« - hinaus ausdehnt. Die mentalen Fähigkeiten beruhigen, entspannen und dehnen sich, so wie Ihre Muskeln, wenn Sie in der Badewanne liegen. Wenn sich der Geist ausdehnt, verschmilzt er mit dem Universum mit seinen ausdehnenden Eigenschaften, einschließlich Himmel, Sternen und Planeten. Es herrscht ein Gefühl des Vertrauens und der Gemeinschaft, so als ob Ihre Seele in einer kosmischen Badewanne ruhen würde.

Sattva beruht auf Erfahrung. Die *Rishis*, die Weisen des antiken Indiens, waren professionelle Meditierende, die von der Gesellschaft unterstützt wurden, um die Mysterien des Lebens zu durchdringen. Alle Informationen über die Maha Gunas stammen von diesen urindischen Weisen.

Im Alter von neunzehn Jahren machte ich mich strahlend und optimistisch zu einer mystischen Reise nach Indien auf, um mir dieses uralte Wissen anzueignen. Ich hatte vor, als »Yogalehrerin« zurückzukehren. Ich habe viel gelernt, insbesondere wie viel ich in Wahrheit *nicht* verstand und wie leicht ich mich ablenken ließ. Für wahres Verständnis ist eine große Aufmerksamkeitsspanne nötig, und ich brauchte Jahre, um überhaupt anzufangen (ich bin nämlich noch immer dabei). Doch während eines einwöchigen Retreats im Himalaya, wo ich in einer Gemeinschaft aus Gleichgesinnten und einem guten Lehrer sattvische Nahrungsmittel aß und antike Texte las, hatte ich einen seligen Moment der Erleuchtung. Ich saß oben auf einem Berg und spürte, wie ich mich ausdehnte und mit dem Kosmos verschmolz. Es fing im Herzen an und dehnte sich von dort aus. Fast im gleichen Augenblick schoss durch meinen Verstand, was da gerade passierte, und ich bekam Angst. Ein Teil meines Geistes spürte ein Erdbeben auf mich zukommen und zog sich in meinen Körper zurück. Seitdem ist mir das einige Male passiert, und nach zwei Jahrzehnten kann ich sagen, dass ein solcher seliger Zustand möglich ist. Ich bin davon überzeugt, dass sich jeder mit diesem Zustand verbinden kann, indem er seinen Geist öffnet. Das Gefühl von Glückseligkeit kann den Alltag erhellen, und die Kultivierung eines sich ausdehnenden Geistes ist der Schlüssel dazu.

Wir alle besitzen einen Verstand, den wir absichtlich mit allem Möglichen vollstopfen. Wir stopfen ihn mit Werbeschildern, leuchtenden Geräten, Geplauder, Bedauern und Ängsten voll. Manchmal fühlt es sich so an, als sei der Alltag so gestaltet, damit wir die Wahrheit vergessen. Die Wahrheit ist einfach. Wenn sich der Geist mit seiner unendlichen Energiequelle identifiziert, ist das Leben heiter. Wenn Sie sich von diesem endlosen Brunnen nähren, werden Sie spüren, wie Ihr Geist und Ihre Stimmung ruhig und stabil werden. In diesem sattvischen Zustand werden Sie mit dem zufrieden sein, was Sie tun, statt zu denken, dass Sie lieber etwas anderes tun sollten. Sie werden lieber die Wahrheit sehen und akzeptieren wollen, statt auf sie zu reagieren oder sie zu verneinen. Aus diesem kosmischen Behälter kommt die Konzentration von ganz allein, genauso wie einfache Liebe und Freundlichkeit einem selbst, anderen und der Umwelt gegenüber zuteilwird.

ANZEICHEN FÜR EINEN SATTVISCHEN GEIST

Es braucht einige Zeit, bis sich diese Anzeichen für Sattva zeigen, aber es ist hilfreich, zu wissen, wohin Ihre Reise geht. Wenn Sie anfangen, einen oder zwei Praxistipps in Ihr Leben zu integrieren, sollten Sie anhand dieser Liste nach den Wegweisern am Wegesrand schauen:

- Die Fähigkeit, sich sowohl zu konzentrieren, als auch ruhig seine Aufmerksamkeit zu verlagern
- Selbstbewusstsein
- fester Schlaf
- gesunde Gelüste
- anhaltende Energie
- emotionale Stabilität

ERNÄHRUNGS- UND LEBENSWEISE ZUR KULTIVIERUNG VON SATTVA

Essen, das Sattva kultiviert, ist frisch, hat Saison, wurde mit Liebe zubereitet, ist einfach und nahrhaft. Vollkornprodukte, Nüsse und Samen, Hülsenfrüchte, frisches Obst und Gemüse sind die Grundnahrungsmittel einer sattvischen Ernährung. Zu den Betätigungen, die Sattva fördern, gehört alles, was besinnlich ist und viel an der frischen Luft gemacht werden kann: Meditation, Kochen, Gartenarbeit, Kunst und Handwerk, Wandern, bewusste Kommunikation, Geschenkemachen und ehrenamtliche Tätigkeiten.

PRAXISTIPP: Erinnern Sie sich selbst immer wieder daran, dass unsere Energie aus einer universellen Quelle kommt, und üben Sie, sich mit dieser Quelle zu verbinden. Vor einer Mahlzeit innezuhalten und drei Mal Luft zu holen, ist ein hervorragender Zeitpunkt, sich mit ihr zu verbinden. Mit der Zeit kennt Ihr Körper diese Erfahrung so gut, dass sie ihm in Fleisch und Blut übergeht und die Mahlzeiten zu einem Ankerpunkt an einem geschäftigen Tag werden.

Was ist Rajas?

Stellen Sie sich vor, wie ich wieder, wie damals, oben auf dem Berg im Himalaya sitze. Ich habe morgens zu viel Kaffee getrunken. Ich wickele mich in meinen großen Schal, sitze auf dem Stein und mein Geist wandert mal hierhin, mal dorthin. Ich kann nicht still sitzen, meine Füße wippen, meine Hände zittern und ich muss auf die Toilette. Dann denke ich über all die Dinge nach, die ich an diesem Tag zu tun habe. Und schon ist die Gelegenheit für glückselige Ausdehnung vertan. Stattdessen entscheide ich mich dafür, die kreative Energie von Rajas zu nutzen und etwas zu schreiben.

Ja, wir alle brauchen Rajas, die Energie der Bewegung, Kreativität und Veränderung, die für neue Projekte, aufregende Pläne, materiellen Erfolg und sogar Selbsttransformation genutzt werden kann. Allerdings ist es starker Tobak – leidenschaftlich, getrieben, erregbar. Rajas kann dazu neigen, *zu viel* zu bewegen. Im rajasischen Geisteszustand können wir zwischen Hyperaktivität und Hyperfokussierung hin- und herpendeln, in Richtung eines Extrems. Im Übermaß führt intensive Motivation zu einem Energie-Ungleichgewicht mit Rastlosigkeit, Besessenheit oder Perfektionismus. Die damit verbundenen Emotionen können turbulent, überwältigend und ungeduldig sein. Rajasische Energie kann zu Ausschlägen, gedankenlosem Handeln oder einer wettkampfsmäßigen, kritischen oder eigennützigen Einstellung führen. Langfristig gesehen führt dieser »Hypermodus« zu Erschöpfung und Ängstlichkeit und schließlich setzt die Trägheit von Tamas ein.

ANZEICHEN UND SYMPTOME EINES RAJASISCHEN GEISTES

Zwar ist es toll, viel Schwung zu haben, aber ein Großteil der rajasischen Eigenschaften lässt Sie zu aufgekratzt sein. Bestimmen sie zu lange Ihr Leben, verspüren Sie möglicherweise die folgenden Symptome:

- Einschlafprobleme oder Sie wachen schon frühmorgens auf
- rasende Gedanken
- Sie können nicht still sitzen
- Arbeitssucht
- Verlangen nach gewürzten Speisen, Alkohol und Stimulanzien

ERNÄHRUNGS- UND LEBENSWEISE ZUR BERUHIGUNG VON RAJAS

Essen, das Rajas steigert, ist stark gewürzt, sauer, salzig, erhitzend und stimulierend. Auch Alkohol, zu viel Kaffee, Rauchen, zu viel arbeiten, reisen und zu viel Sex steigern Rajas.

Essen, das Rajas reduziert, hat eine natürliche Süße, ist frisch zubereitet, sanft zum Körper und hat ein angenehmes Aroma, wie zum Beispiel Kräuter und Gewürze, saftiges, süßes Obst sowie Wurzelgemüse. Tätigkeiten, die den Geist beruhigen und insgesamt entschleunigen, beruhigen auch Rajas. Zum Beispiel Zeit in der Natur, Meditation, sanftes Yoga, Schwimmen, freie Zeit, gemeinsame Zeit mit seinen Liebsten und ehrenamtliche Tätigkeiten.

Was ist Tamas?

Ich stelle mir mich wieder auf dem Berg im Himalaya vor, aber unsere Gruppe hat am Tag zuvor eine lange Wanderung gemacht. Mein Körper ist müde. Ich stolpere aus dem Bett, wickele mich in meinen großen Schal, sitze auf dem Stein und nicke langsam ein. Die träge Energie von Tamas herrscht vor, um die Aktivität des gestrigen Tages auszugleichen. Das ist eine hervorragende Gelegenheit, um jetzt auszuruhen und später zu meditieren.

Ist es im Gleichgewicht, führt die Schwere von Tamas zu einem festen Schlaf, dem Wunsch nach Ruhe und leiblichen Genüssen. Das hört sich toll an, aber im Übermaß kann diese Schwere zu Depressionen, Trägheit und Passivität führen. Tamas ist schwer, langsam, stur, unmotiviert und schläfrig. Die entsprechenden Emotionen können Traurigkeit, mangelndes Selbstwertgefühl, Hoffnungslosigkeit und Angst sein. Ein tamasischer Geist bleibt stecken und hat Schwierigkeiten, überhaupt anzufangen, den Kopf freizubekommen oder die Dinge positiv zu sehen. Diese lethargische Energie muss durch die Aktivität von Rajas angeregt werden, um sich schließlich in Richtung eines ausgeglichenen Zustands bewegen zu können.

ANZEICHEN UND SYMPTOME EINES TAMASISCHEN GEISTES

- Hoffnungslosigkeit
- Benommenheit
- Verschlafen
- Appetitverlust oder Verlangen nach frittierten oder verarbeiteten Speisen

ERNÄHRUNGS- UND LEBENSWEISE ZUR MOTIVATION VON TAMAS

Bestimmte Tätigkeiten und Nahrungsmittel steigern eins oder mehrere der tamasischen Symptome, während andere die schwere Last lindern können. Nahrungsmittel, die Tamas erhöhen, sind alt, abgestanden, durchweicht, Reste, in der Mikrowelle erhitzt, frittiert, fettig, schwer, Konserven, tiefgekühlt (länger als eine oder zwei Wochen), denaturiert/verarbeitet, künstlich oder verkocht. Betätigungen, die Tamas erhöhen, sind Fernsehen (insbesondere brutale Sendungen), zu viel Zeit mit Sozialen Medien, Herumsitzen, tagsüber Schlafen und sich überessen. Sie sollten sich darüber im Klaren sein, dass es die Ansammlung von zu viel eines jeden dieser Faktoren ist, die zu einem Problem wird – ein bisschen schweres Essen oder Herumsitzen kann ab und an auch genau das Richtige sein.

Essen, das Tamas reduziert, ist frisch, leicht, regional und vegetarisch. Zu den Betätigungen, die Tamas senken, gehört alles, was aufbauend ist, insbesondere Yoga, Tanzen, Singen und Chanting, Lesen von inspirierenden oder spirituellen Texten sowie der Aufenthalt im Freien.

Die Energien des Geistes auszugleichen, braucht Übung. Durch Achtsamkeit können Sie die frühen Anzeichen für ein Ungleichgewicht erkennen, sodass Sie

dieses schneller wieder ausgleichen können. Erst, wenn das Ungleichgewicht länger besteht, schreitet es so weit fort, dass es Ihr allgemeines Wohlbefinden beeinträchtigt. In der folgenden Tabelle werden häufige, frühe Anzeichen für ein Ungleichgewicht im Geist aufgeführt, wie Sie sie erkennen sowie eine wichtige Aktivität, um wieder in den Zustand des geistigen Gleichgewichts zurückzufinden.

Denken Sie daran, dass dies hier eine urteilsfreie Zone ist. Diese Anzeichen sind häufig und nichts, weswegen man sich verrückt machen muss. Nehmen Sie es mit Humor und versuchen Sie einfach, zu bemerken, ob Sie solche Anzeichen verspüren. Sie zeigen Ihnen, wo Sie möglicherweise Ihre Ernährung oder Ihren Lebensstil anpassen sollten.

ANZEICHEN UND SYMPTOME EINES GEISTIGEN UNGLEICHGEWICHTS ERKENNEN

RAJAS			
Anzeichen für Ungleichgewicht	**Die Energie in Arbeit**	**Woran Sie das erkennen**	**Wichtige Gegenmaßnahme**
schlechter Schlaf	Der mobile Geist kann sich nicht entspannen. Sie können Ihren Geist nicht kontrollieren oder entspannen.	Sie brauchen mehr als 30 Minuten, um einzuschlafen. Häufig wachen Sie mitten in der Nacht oder früh am Morgen auf (2 bis 4 Uhr).	Versuchen Sie, eine Stunde vor dem Zubettgehen ruhiger zu werden und nicht mehr auf Bildschirme zu schauen.
kreisende Gedanken	Die Gedanken rasen.	Der Geist wandert unkontrolliert von einem Thema zum nächsten, ohne einen Gedankengang zu Ende zu führen.	Vermeiden Sie Multitasking; widmen Sie Ihre volle Aufmerksamkeit jeweils nur einer Sache, sodass Sie Konzentration kultivieren.
Gereiztheit	Sie sind hitzköpfig, reagieren schnell und sind immer in Eile.	Schon Kleinigkeiten machen Sie wütend. Sie sind im Straßenverkehr aggressiv und ungeduldig, wenn Sie in der Schlange warten.	Fangen Sie damit an, Ärger oder Ungeduld einfach nur zu bemerken. Erinnern Sie sich selbst, dass Sie genug Zeit haben und alles in Ordnung ist. Verlangsamen Sie Ihre Atmung.

Konzentrationsprobleme	Der Geist springt von einem Objekt zum anderen.	Hüten Sie sich vor Multitasking. Hat der Geist vergessen, wie man sich jeder Aktivität voll und ganz widmet?	Üben Sie, ein paar Minuten lang auf ein Objekt zu schauen, beispielsweise einen Baum oder eine Blume. Stellen Sie den Wecker. Beobachten Sie das Objekt und versuchen Sie, mit Ihrer Aufmerksamkeit ganz bei diesem zu sein.
Spannungskopfschmerzen	Sie bekommen Kopfschmerzen, die wie gefühlt aus dem Nichts entstehen, ihren Ursprung in Wahrheit aber im Druck im Kiefer, Augen, Nacken oder Schultern haben. Sie können von Sorgen oder Stress kommen.	Wenn Sie sich über etwas Sorgen machen, achten Sie auf Ihren Kiefer, Ihre Augen und den Nacken. Erlauben Sie Ihrem Körper, zu entspannen.	Achten Sie darauf, welche frühen Anzeichen für Stress Sie persönlich beobachten können. Training des oberen Rückens mit einem Foam Roller hilft gegen Kopfschmerzen, die von Nackenverspannungen herrühren.
Probleme, still zu sitzen	Ihr Körper ist rastlos, als ob Sie aus der Haut springen wollten.	Achten Sie darauf, ob Sie mit den Füßen wippen, an den Nägeln kauen oder herumzappeln.	Sobald Sie merken, dass Sie herumzappeln, sollten Sie bewusst üben, sofort damit aufzuhören – wieder und wieder.

TAMAS			
Anzeichen für Ungleichgewicht	**Die Energie in Arbeit**	**Woran Sie das erkennen**	**Wichtige Gegenmaßnahme**
Benommenheit	Sie haben Probleme, sich auf etwas zu konzentrieren bzw. Ihre Aufmerksamkeit auf etwas zu richten. Sie sind immer müde.	Gefühl von Schwere im Kopf, insbesondere schwere Augen. Das kann mit einem Gefühl der Schwere im gesamten Körper und dem Bedürfnis nach Schlaf einhergehen.	Bewegen Sie Ihren Körper, bis die Benommenheit nachlässt: Machen Sie einen langen Spaziergang, tanzen Sie etc.
Appetitverlust	Sie haben ein Gefühl von Schwere im Magen und freuen sich nicht auf die Mahlzeiten.	Gesundes Essen wirkt auf Sie weniger ansprechend.	Trinken Sie schlückchenweise heißes Wasser, Ingwertee oder Vitaltee. Essen Sie erst, wenn Sie Hunger haben.
Prokrastination (extremes Aufschieben)	Sie haben Probleme, Dinge anzufangen, aber es geht besser, sobald diese erst einmal laufen.	Achten Sie darauf, wie Sie Ausreden dafür finden, nichts Neues anfangen zu müssen. Fühlen Sie sich überfordert, setzen Sie sich selbst herab oder sind Sie desinteressiert?	Finden Sie heraus, was Ihre Variante des »nicht Tuns« ist und lächeln Sie über diesen inneren Dialog, der Sie davon abhält, anzufangen.

Lethargie	Sie sind gelangweilt oder erschöpft.	Aktivitäten, die Ihnen früher Spaß machten, interessieren Sie nicht mehr. Ihr größter Wunsch ist, herumzuliegen oder sich nur sitzenden Tätigkeiten hinzugeben.	Stehen Sie auf und bewegen Sie sich. Sollten Sie übermüdet sein, legen Sie eine Pause ein, bis das Gefühl nachlässt. Fragen Sie sich, ob die Erschöpfung von tamasischem Essen kommt oder weil Sie überarbeitet sind.
Schwierigkeiten, Entscheidungen zu treffen	Sie drucksen herum und hinterfragen sich ständig.	Sie zweifeln sich im Nachhinein an, können nichts zu Ende bringen und fühlen sich körperlich angespannt.	Lernen Sie den Unterschied zwischen mentalem Gequatsche und Intuition kennen. Intuition hört sich ruhig und langsam an und es fällt Ihnen leicht, ihr zu vertrauen. Das mentale Gequatsche ist schnell und unsicher.
Veränderungs-resistenz	Sie beharren auf Ihrem Standpunkt und sind häufig rückschrittlich.	Sie klammern sich an das Altbekannte, wie Wohlfühlessen und bekannte Gesichter und Orte. Sie haben Angst vor neuen Menschen und Orten.	Versuchen Sie, spontan zu sein! Gehen Sie irgendwohin, wo Sie noch nie waren, probieren Sie etwas Neues aus – fangen Sie mit etwas an, das Spaß macht.

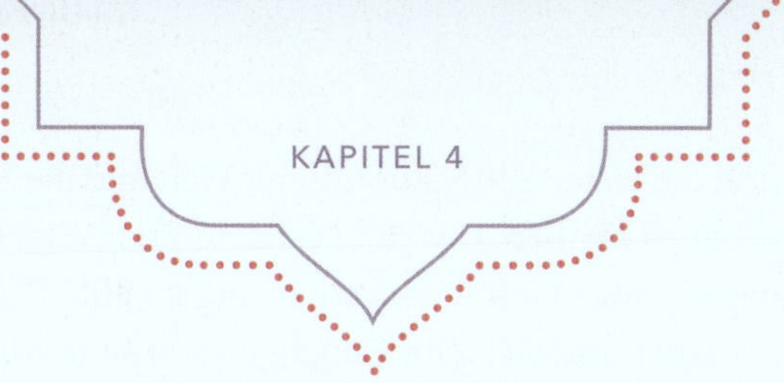

KAPITEL 4

Essen und Geist

Ein starker, gesunder Geist entsteht durch eine tägliche einfache und gesunde Ernährungs- und Lebensweise. Ihnen wird wahrscheinlich auffallen, dass im Ayurveda die meisten Empfehlungen für Mahlzeiten und Aktivitäten unterstreichen, wie wunderbar einfach diese sind. In ihrer ureigentlichen Form ist die Kultivierung von Sattva durch Essen ein ganz einfaches Konzept. Essen, das frisch, regional und liebevoll zubereitet ist, ist voller Prana und verleiht Körper und Geist Energie. Wenn Essen natürlich ist, wird dadurch unsere Verbindung zur natürlichen Welt gefördert. Ist es allerdings denaturiert, führt es letztendlich dazu, dass wir uns vom Universum getrennt fühlen. Verfälschte Aromen und Farben sowie Chemikalien in unseren Nahrungsmitteln verzerren mit der Zeit unsere mentalen Energien.

Die fünf Elemente sind die materielle Natur unserer Welt und der Schlüssel dazu, durch Essen im Gleichgewicht zu bleiben. Das Ayurveda nutzt die Eigenschaften aller sechs Geschmacksrichtungen – jede Geschmacksrichtung ist eine Kombination aus zwei Elementen –, damit Körper und Geist im Gleichgewicht sind. Allerdings setzt unsere Ernährung gewohnheitsmäßig meist nur auf ganz bestimmte Geschmacksrichtungen, was letztlich problematisch werden kann. Mischt man Nahrungsmittel mit einer natürlichen Süße, wie Vollkornprodukte, Hülsenfrüchte und Wurzelgemüse, mit den anderen fünf Geschmacksrichtungen in geringerer Menge, behält der Geist seinen natürlichen ausgeglichenen Zustand. In diesem Kapitel werden wir uns die sechs Geschmacksrichtungen und ihren Einfluss auf den Geist genauer anschauen.

Sich mit der sattvischen Ernährung zu beschäftigen, ist ein hervorragender erster Schritt auf dem Weg zu geistiger Ausgeglichenheit. Außerdem ist bei dieser Ernährungsweise nicht nur entscheidend, was man isst, sondern auch *wie* man isst. Selbst die frischesten, äußerst liebevoll zubereiteten Nahrungsmittel verlieren ihren Nutzen, wenn sie in Eile hinuntergeschlungen werden. Auf den folgenden Seiten werde ich Ihnen erklären, wie Sie etwas für Ihre geistige Ausgeglichenheit tun können, indem Sie sattvische Nahrungsmittel zu sich nehmen sowie beim Kochen und Essen auf eine einfache und umsichtige Umgebung achten. Wenn Sie sich die Zeit nehmen, um vollwertige Nahrungsmittel in einer gepflegten Umgebung zu sich zu nehmen, sind Sie schon auf dem richtigen Weg zu einem starken, gesunden Geist.

Shad Rasa: Die sechs Geschmacksrichtungen

Das Sanskritwort für Geschmack ist *rasa*. Dieses wunderbare Wort bedeutet »Flüssigkeit oder Saft«. In der ayurvedischen Medizin ist dieser Saft auch als *Rasa Dhatu* bekannt, was das Blutplasma und das lymphatische Gewebe umfasst (Flüssigkeit, Lymphknoten und damit zusammenhängende lymphatische Organe), die überall im Körper zirkulieren, um für ein gutes Immunsystem zu sorgen – wahrhaft der Saft des Lebens.

Die hinduistische Kunst versteht unter *rasa* »Essenz, Geschmack oder Stimmung«. Rasa wird als die wichtigste Eigenschaft angesehen, die durch Musik, Tanz, Literatur und bildende Kunst übermittelt wird. Ich habe ein paar Jahre lang klassischen indischen Tanz gelernt, wobei ich auch die Mimiken für das Rasa der Freude, des Lachens, der Sorge, der Wut, der Energie, der Angst, des Ekels, des Heldentums und des Erstaunens lernte. Ein Höhepunkt der menschlichen Erfahrung ist, diese verschiedenen Geschmacksrichtungen der Emotionen »zu kosten«.

Die sechs Geschmacksrichtungen im Ayurveda beschreiben nicht nur den Geschmack der verschiedenen Nahrungsmittel, sondern auch ihre Lebensessenz. Diese Lebensessenz gibt dann nach der Verdauung ihre jeweiligen Eigenschaften an den Körper/Geist ab. Jeden Geschmack können Sie sich wie eine Gruppe von Eigenschaften vorstellen, die von zwei Elementen stammen. Beispielsweise verleiht uns süßer Geschmack die feuchten, weichen, saftigen Eigenschaften von Erde und Wasser und ist der Erfahrung von Liebe gleichgestellt.

Ein Nahrungsmittel erhält seine Eigenschaften von den dominanten Elementen und hat häufig mehr als nur eine Geschmacksrichtung. Sie werden es intuitiv wissen: Ein Nahrungsmittel mit mehr Wasser fühlt sich feucht an, während etwas Feuriges auch schwungvoll schmeckt. Sie werden merken, dass der Geschmack meist ein Hinweis auf die gesundheitsfördernden Eigenschaften des Nahrungsmittels ist. Zum Beispiel besänftigen erdige, süße Nahrungsmittel Unruhe und feuriges Essen macht der Trägheit Feuer. Die Rezepte in diesem Buch verwenden die Geschmacksrichtungen als therapeutische Maßnahme, und Sie werden merken, dass Sie sich, wenn Sie die verschiedenen Geschmacksrichtungen zum richtigen Zeitpunkt in der richtigen Menge verwenden, körperlich und geistig stabil fühlen werden. *Es ist die ausgewogene Kombination aus allen sechs Geschmacksrichtungen, die die geistige Ausgewogenheit von Sattva aufrechterhält.* Im Falle von Rajas wird feuriger Geschmack, wie zum Beispiel Chili, reduziert. Im Falle von Tamas werden bittere und zusammenziehende Geschmäcker, wie Blattgemüse, sowie feuriger Geschmack gesteigert.

DIE SECHS GESCHMACKSRICHTUNGEN UND IHRE ELEMENTE

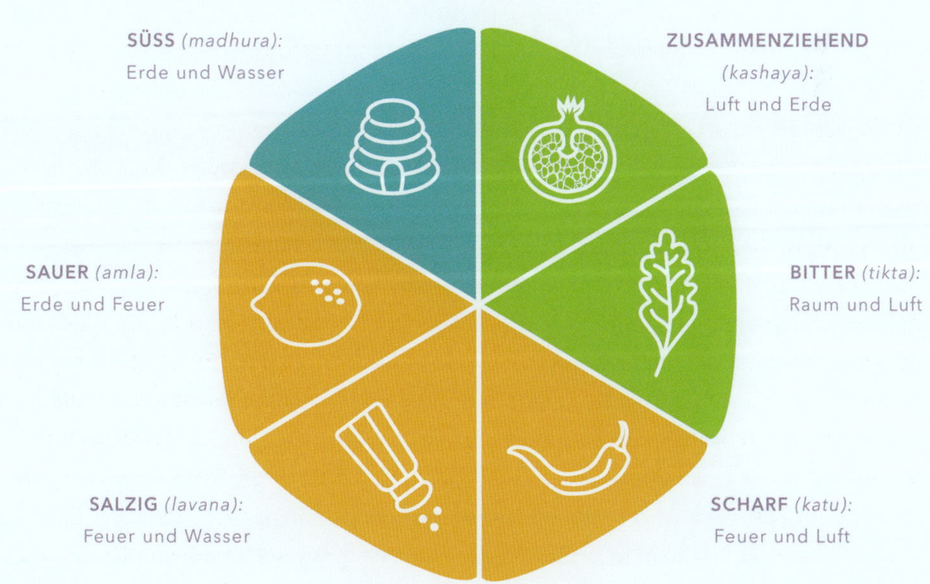

SÜSS: DAS SATTVISCHE GRUNDNAHRUNGSMITTEL

Die Geschmacksrichtung süß, die aus Erde und Wasser besteht, findet man in Nahrungsmitteln, die schwer, ölig, klebrig und kalt sind. Diese Nahrungsmittel nähren den Körper und die Nerven und sorgen für ein angenehmes, wohliges Gefühl. Denken Sie an die zähflüssige, feuchte Natur des Gehirns und des Rückenmarks, wenn Sie gutes, ölhaltiges Essen zu sich nehmen. Heißhunger auf Süßes kann seine Ursache manchmal in der Sehnsucht nach liebevoller Energie haben. Die erdenden und haltgebenden Eigenschaften von süßen Nahrungsmitteln machen sie zu einem Grundnahrungsmittel der sattvischen Ernährung, weil sie ein Gefühl von Zufriedenheit und Erfüllung schaffen. Werden sie allerdings im Übermaß konsumiert, kann ihre schwere Eigenschaft den Körper verlangsamen und letztlich zum Zustand von Tamas führen.

Süßen Geschmack findet man in komplexen Kohlehydraten, wie Vollkorn, Wurzelgemüse (z. B. Rüben, Karotten, Süßkartoffeln, Pastinaken), Nüssen und Kernen, reifen Früchten, Milchprodukten, frisch gepressten Ölen, Zuckerrohr, Honig, um nur ein paar zu nennen. Zu süße Nahrungsmittel und verarbeiteter Zucker, so wie Kuchen und Eiscreme, sind tamasisch, verklumpen die Körperkanäle und verlangsamen die geistigen Funktionen, was zu Lethargie führt.

ANZEICHEN FÜR ZUFRIEDENHEIT

Entspannung nach den Mahlzeiten

Guter Schlaf

Liebe

IHRE GESCHMACKSKNOSPEN

Haben Sie schon einmal probiert, ein Gericht aus dem Restaurant, einen Cocktail oder einen besonderen Kaffee zuhause nachzumachen? Es ist schockierend, wie viel Salz und Zucker man nehmen muss, um einen Geschmack zu kreieren, an den man sich durch das Auswärtsessen schon gewöhnt hat. Es kann Ihnen wirklich die Augen öffnen, zu sehen, wie viel Salz oder Zucker in einem Gericht sind, das Sie möglicherweise gerne im Restaurant essen. Um das Essen zuhause besser genießen zu können, sollten Sie Ihren Geschmacksknospen Zeit geben, um sich umzugewöhnen. Ihre einfachen, selbst gekochten Gerichte werden ihnen immer besser schmecken und das Restaurant-Essen wird Ihnen viel zu intensiv erscheinen. Geben Sie der Sache einfach Zeit, und Sie werden erstaunt sein, wie sich Ihr Geschmackssinn verändert.

SAUER, SALZIG UND SCHARF: DIE RAJASISCHEN SCHURKEN

Zwar habe ich sie als Schurken bezeichnet, aber all diese Geschmackrichtungen sind in kleinen Mengen notwendig. Sauren, salzigen und scharfen Geschmack finden Sie in Nahrungsmitteln mit scharfen, heißen, durchdringenden Eigenschaften. Diese drei Geschmacksrichtungen fördern das Verdauungsfeuer und unterstützen den Körper dabei, die süßen Nahrungsmittel aufzuspalten. Sie sind sozusagen die schwer arbeitenden Helfer der sattvischen Grundnahrungsmittel. Weil sie so potent sind, reichen kleine Mengen aus. Was sauer, salzig und scharf gemeinsam haben, ist das Feuerelement. Feurige Nahrungsmittel erhitzen den Körper (hilfreich im Winter) und stimulieren Geist und Sinne. In der richtigen Menge können diese Geschmacksrichtungen den Geist fördern, den Fokus schärfen, das Gedächtnis verbessern und Ihnen helfen, den Kopf klar zu bekommen (versuchen Sie es bei einem Mittagstief mal mit starkem Ingwertee). Im Falle von Lethargie empfiehlt das Ayurveda saure, salzige und scharfe Nahrungsmittel, um die Dinge ins Laufen zu bringen. Aber zu viel einer guten Sache kann auch zu Überstimulierung, Gereiztheit, extremen Essensgelüsten (insbesondere nach diesen drei Geschmacksrichtungen), einer kurzen Aufmerksamkeitsspanne und zu ständiger Fokussierung auf die externe Welt führen. Mit diesen Geschmacksrichtungen zu übertreiben, ist, als ob man beim Autofahren das Gaspedal ganz durchdrückt.

Einen sauren Geschmack haben unreifes Obst sowie die meisten Zitrusfrüchte, fermentierte Nahrungsmittel, Sauerrahm, stinkender Käse und Essig. Einen salzigen Geschmack besitzen Meersalz, Steinsalz, Meeresalgen, Sojasoße und Nahrungsmittel, denen viel Salz hinzugegeben wurde (insbesondere Würzmittel). Einen scharfen Geschmack haben Chilis, Zwiebeln, Knoblauch und Alkohol. In Restaurants wird mit diesen Geschmäckern häufig übertrieben. Darauf sollten Sie achten, wenn Sie auswärts essen gehen.

ANZEICHEN FÜR ÜBERSTIMULIERUNG

Man wacht mitten in der Nacht oder am frühen Morgen auf

Man kann nicht still sitzen oder Zeit alleine verbringen

Man hängt ständig vor Mediengeräten

Überhitzung

BITTER UND ZUSAMMENZIEHEND: TAMAS AUSGLEICHEN UND GLEICHGEWICHT HERSTELLEN

Den Geschmacksrichtungen bitter und zusammenziehend ist das Luftelement gemeinsam, das so ähnliche ausdehnende Eigenschaften hat wie der Geist, wo die Bewegungen von den Elementen Luft und Raum gesteuert werden. Bittere und zusammenziehende Nahrungsmittel haben leichte, trockene Eigenschaften. Diese leichte Eigenschaft des bitteren und zusammenziehenden Geschmacks kann die Schwere und Trägheit von Tamas ausgleichen, sodass Sie voller Elan sind und eine spirituelle Sichtweise auf das Leben bekommen. Diese Geschmacksrichtungen erweitern den Geist und reinigen den Körper. Achten Sie aber darauf, es mit der Erweiterung und Reinigung nicht zu übertreiben, weil Sie sich ansonsten instabil fühlen könnten. Versuchen Sie einmal, ein paar Tage lang Ihre Kalorien nur aus Grapefruits herauszuholen, dann wissen Sie, was ich meine. Zu viele bittere und zusammenziehende Nahrungsmittel trocknen Ihr Körpergewebe aus und können zu Auszehrung, Libidoverlust und mangelndem Antrieb führen. Unsere moderne Ernährungsweise übersieht diese Geschmacksrichtungen häufig und übertreibt es dafür mit den anderen, aber übereifrige Gesundheitsfanatiker haben oftmals sehr bittere und zusammenziehende Eigenschaften.

In diesem Buch finden Sie eine köstliche Auswahl an ausgewogenen, leichten Gerichten, die Sie dabei unterstützen werden, wieder mehr Energie und Motivation zu bekommen. Zu den bitteren und zusammenziehenden Nahrungsmitteln gehören Blattgemüse, Beeren, Steinobst, Zucchini, frische Kräuter und Kurkuma.

ANZEICHEN FÜR EINE SPIRITUELLE SICHTWEISE

Sie wachen früh auf und fühlen sich erfrischt

Dankbarkeit

Sie entscheiden sich für nährende Beziehungen und Betätigungen

Sanfter Entscheidungsfindungsprozess

NOCH MEHR IN DIE TIEFE: VIRYA UND VIPAKA

Manchmal wird ein Nahrungsmittel auch als rajasisch klassifiziert, obwohl es nicht salzig, sauer oder scharf schmeckt. Das müssen Sie nicht in seiner ganzen Tiefe verstehen, um sich gut ernähren zu können, aber wenn ein Nahrungsmittel nicht als sattvisch für den täglichen Genuss bezeichnet wird, ist das hier der Grund:

Virya ist die Wirkung, die ein Nahrungsmittel auf den Verdauungstrakt hat, nachdem es hinuntergeschluckt wurde. Das kann entweder wärmend oder kühlend sein. Nahrungsmittel, die den Darm erhitzen, können wie ein Reizmittel wirken und stürmische Emotionen und Erregbarkeit im Geist verstärken. Als Beispiel dient hier die Aubergine, die recht süß schmeckt, aber ein erhitzendes Virya besitzt. Außer wenn Hitze gerade nötig ist, sollten solche Nahrungsmittel nur in Maßen genossen werden. Sie finden diese Nahrungsmittel auf der Rajas-Liste.

Vipaka ist die Wirkung, die ein Nahrungsmittel auf den Körper hat, nachdem es verdaut wurde. Diese Wirkung kann entweder wärmend oder kühlend sein. Vipaka kann die nährenden, kühlenden Wirkungen des süßen Geschmacks, die heißen, trockenen Wirkungen des scharfen Geschmacks oder die heißen, feuchten Wirkungen des sauren Geschmacks auf den Körper übertragen. Während Nahrungsmittel mit süßem Vipaka sattvisch sind, erregen scharfes und saures Vipaka den Geist. Ingwer, zum Beispiel, schmeckt scharf, hat aber die beruhigende Wirkung von süßem Vipaka und ist eins der wichtigsten Gewürze der sattvischen Ernährung.

Die sattvische Ernährung

Wenn ich mir angewöhne, abends schwere Mahlzeiten zu mir zu nehmen, habe ich am Morgen Schwierigkeiten, wach zu werden und in die Gänge zu kommen. Nach ein paar Tagen ist es so, dass ich mit einem traurigen Gefühl aufwache und mich nicht auf den Tag, der vor mir liegt, freue. Als ich mehr über die Energie von Tamas erfuhr, dieses schwere, dichte Gefühl von Trägheit, das durch den Konsum schwerer Nahrungsmittel am Abend verstärkt wird, warf dieses Wissen Licht auf die Folgen meiner täglichen Gewohnheiten. Ich machte es dann so, dass ich mich, wenn ich in die Versuchung eines reichhaltigen Abendessens kam, an dieses Gefühl von Schwere erinnerte, und irgendwann ließ die Verlockung ganz nach. Das war eine natürliche und langsame Entwicklung, für die ich nicht kämpfen musste.

Dieses Wissen kann natürlich nur dann funktionieren, wenn Sie es in die Tat umsetzen. Sie werden sehen, dass die Energie von Sattva durch Nahrungsmittel mit hoher Schwingung, einfache, frische Bio-Nahrungsmittel sowie die Art und Weise, wie Sie essen (entspannt, statt in Eile) gefördert wird. Bei vielen der Tipps zu Ernährung und Lebensweise werden Sie meinen, dass der gesunde Menschenverstand genau das gleiche sagt. Das Wunder dieser »Wissenschaft vom Leben« ist ja, dass sie uns nichts lehrt, was wir nicht bereits wüssten; sie weist nur auf die Muster der Natur hin und zeigt uns, wie wir in Einklang mit dieser leben können. Gutes Essen + gute Intention = volles Prana.

Die sattvische Ernährung ist ein entscheidender Bestandteil des ayurvedischen Gesamtplans für geistiges Wohlbefinden. Ich verwende bewusst den Ausdruck »Ernährung« und nicht »Diät«, weil man unter letzterem schnellen Gewichtsverlust oder eine neumodische Ernährungsweise zur Heilung von allen Beschwerden verstehen könnte. Insgesamt geht es um die sattvische *Lebensweise*, bei der das Essen eine wichtige Rolle spielt. Zu unserem Glück ist das Kochen ein hervorragender Einstieg in die geistige Ausgeglichenheit und das Wohlbefinden. Indem Sie Ihren

Wochenplan einfach um ein paar neue Gerichte erweitern, mittags mehr und abends weniger essen, fangen Sie schon richtig an.

Die Weisheit des Ayurveda lehrt uns, dass Veränderungen im Körper auch zu Veränderungen im Geist führen. Es ist also ein Gewinn für beide Seiten!

WAS SIND SATTVISCHE NAHRUNGSMITTEL?

> »Speisen, die Vitalität, Gesundheit, Freude, Stärke und ein langes Leben fördern, die frisch, fest, saftig und schmackhaft sind, die sind den Sattvischen lieb.«
> *–Bhagavad Gita*

Sattvische Nahrungsmittel sind vollwertige Nahrungsmittel: Getreide, Hülsenfrüchte, Obst, Nüsse, Kerne, frische Milchprodukte und Gemüse. Das Hauptprinzip lautet, Nahrungsmittel voller Prana bzw. Lebenskraft zu essen. Diese lassen sich gut verdauen, sie nähren das Gewebe, gleichen die Gunas aus und kultivieren den höheren Geist. Die Nahrungsmittelsubstanzen erhalten Prana aus ihrer Umgebung, beispielsweise aus dem nahrhaften Boden, dem Sonnenschein, Wasser sowie der Aufmerksamkeit durch Gärtner bzw. Bauern.

GESCHMACKSRICHTUNGEN UND MAHA GUNAS

ENERGIE	SATTVA	RAJAS	TAMAS
Eigenschaften	ausdehnend klar stabil	heiß scharf trocken leicht	schwer ölig klebrig kühl
ausgleichende Geschmacks-richtungen	süß zusammenziehend bitter sauer scharf salzig in kleinen Mengen	süß bitter zusammenziehend	bitter zusammenziehend scharf

Das erscheint logisch, aber bei den modernen Anbaumethoden werden normale Nahrungsmittel auf ihrem Weg vom Samen in der Erde bis hin zur Ernte und Verarbeitung auf vielerlei Weise denaturiert. Das Wichtigste ist heutzutage, Nahrungsmittel zu finden, die »echte Nahrungsmittel« sind. Echtes Essen fördert die Verbindung zur natürlichen Welt um uns herum, während verarbeitetes Essen für Abtrennung sorgt. Nahrungsmittel, die voller Lebenskraft stecken, sind keine GVO (genetisch veränderte Organismen); sie kommen frisch vom Bauernhof; sind süß, wie Äpfel, Melonen, Karotten oder Yams bzw. die Obst- und Gemüsesorten, die in Ihrer Klimaregion wachsen. Möglicherweise müssen sich Ihre Geschmacksknospen erst an natürliche Aromen gewöhnen und Sie erst lernen, wie man aus unverarbeiteten Nahrungsmitteln eine köstliche Mahlzeit zaubert. Genau das möchte ich mit meinem Buch erreichen: Sie dabei unterstützen, herauszufinden, wie Sie solche Mahlzeiten zubereiten, damit Sie jeden Tag inspiriert sind, sich so zu ernähren. Sowohl Ihr Körper als auch Ihr Geist werden es Ihnen danken.

Da ich in einem kalten Klima lebe, ist das, was ich am meisten vermisse, Papaya. In Indien haben Papayas eine leuchtende, lachsrote Farbe und wenn man sie aufschneidet, tropft roter Saft heraus. Sie schmecken wie reinster Nektar. In Boston sind die Papayas von blasser Farbe und haben im Vergleich zu denen in Indien überhaupt keinen Geschmack. Weil sie gepflückt wurden, ehe sie reif waren, und so weit gereist sind, haben sie ihre Lebensenergie verloren. Wenn ein Nahrungsmittel seine Lebensenergie verliert, wird es schal, welk und trocken. Ich gehöre zu den Frauen, die sich im Supermarkt jedes einzelne Obst oder Gemüse genau anschaut. Ich genieße es, zu tasten, ob die Nahrungsmittel, die ich mit nach Hause nehme, Vitalität und Heilungspotenzial haben.

Nahrungsmittel, die frisch, fest (nicht welk oder matschig) oder saftig sind (voller natürlicher Feuchtigkeit, so wie knackige Gurken), schmecken natürlich besser – schließlich stecken sie voller Leben! Gleiches wird durch Gleiches verstärkt, und bei frischen Nahrungsmitteln kommen all ihre Eigenschaften auch in den Körper: Jugend, Festigkeit, Saftigkeit und voller Leben. Denken Sie daran, wie eine Gurke aussieht, wenn sie einen Tag zu lange herumliegt: verschrumpelt, schlaff, matschig. Wenn also Gleiches Gleiches verstärkt, möchten Sie wohl eher kein altes Gemüse essen. Bestimmte Nahrungsmittel, bei denen der natürliche süße Geschmack vorherrscht, wie beispielsweise Wurzelgemüse, Reis und saftiges Obst, wie Mangos und Trauben, werden dafür gepriesen, dass sie Sattva mit den nahrhaften Eigenschaften der Erd- und Wasserelemente fördern (Sie finden sie in der Tabelle mit den sattvischen Nahrungsmitteln auf Seite 60).

In der sattvischen Küche gelten Eier, die stark erhitzend sind, nicht als vegetarisch. Viele Vegetarier essen Eier, aber in Indien bedeutet »vegetarisch«, dass auf Eier verzichtet wird. Veganer findet man dort selten, weil natürliche Milchprodukte ein Grundnahrungsmittel sind, die für jene, die sie gut vertragen, gute Fette

und Proteine liefern. Bitte erlegen Sie sich selbst keine Diätvorschriften auf, mit denen Sie sich nicht wohl fühlen. Die Ernährung verändert sich dadurch, dass sich nach und nach ein Verlangen nach gesunden Nahrungsmitteln einstellt, indem Sie längere Zeit ehrlich beobachten, bei welchen Nahrungsmitteln Sie sich gut fühlen. Im Inneren Frieden und Harmonie zu entwickeln, ist ein allmählicher und freundlicher Prozess, der aus Ihrem Inneren heraus gelenkt wird.

SATTVISCH

- Bio-Nahrungsmittel
- frisch
- regional
- saisonal
- kaum verarbeitet
- vegetarisch

NICHT SATTVISCH

- Dosenware (allerdings ist es im Winter so sattvisch wie nur möglich, wenn man selbst eingemachte Nahrungsmittel isst)
- tiefgefrorene Nahrungsmittel
- eingelegte und fermentierte Nahrungsmittel (außer selbst eingemachten Nahrungsmitteln oder solchen, die in der Region, frisch und in kleinen Mengen eingelegt wurden)
- verpackte, vorgemischte, maschinell gehackte, künstlich aromatisierte oder gefärbte Nahrungsmittel
- getrocknete Nahrungsmittel (einschließlich fein gemahlener Mehlwaren, Cracker und Chips)
- Frittiertes
- Reste
- Scharf gewürzte Nahrungsmittel

WIE SIE ECHTE NAHRUNGSMITTEL BEKOMMEN

- *Selbst anbauen.* Falls Sie den Platz dafür haben, können Sie ein Hochbeet anlegen, in dem Sie Gemüse anbauen.
  Wenn Sie keinen Platz haben, können Sie schauen, ob ein Bauer in der Umgebung gegen eine Jahresgebühr Teile seiner Ernte abgibt. Das Konzept der Solidarischen Landwirtschaft (SoLaWi) unterstützt kleine ökologische Bauernhöfe in Ihrer Nähe.
- *Kaufen Sie auf dem Bauernmarkt ein.* Je weiter ein Nahrungsmittel gereist ist, desto mehr Prana hat es verloren. Planen Sie einen Stopp auf dem Bauernmarkt ein und kaufen Sie genau dann, wenn Anbausaison ist. Dort finden Sie meist auch erschwingliche Milchprodukte und wundervolle selbstgemachte Produkte. Genießen Sie das leuchtende Aussehen und das herrliche Aroma frischer Nahrungsmittel!
- *Achten Sie auf die »Randgebiete«.* Ist Ihnen aufgefallen, dass es in Supermärkten häufig so ist, dass die Flaschen und Dosen in der Mitte in den Gängen zu finden sind, während die Milchprodukte, Delikatessen und landwirtschaftlichen Erzeugnisse am Rand des Supermarkts stehen? Gehen Sie nicht in die Mitte, es sei denn, Sie wissen ganz genau, was Sie da wollen! Würzmittel sind suspekt. Darum werde ich Ihnen ein paar sattvische Hilfsmittel vorstellen, mit denen Sie vollen Geschmack zaubern können.
- *Achten Sie auf den Rhythmus der Jahreszeiten.* In der warmen Jahreszeit sollten Sie das essen, was gerade wächst. In der kalten Jahreszeit sollten Sie mehr gelagertes Getreide, Hülsenfrüchte, Nüsse, Kerne, Ghee, herzhaftes Grüngemüse und Süßkartoffeln essen. Im Rezeptteil finden Sie viele Anregungen, wie Sie diese zubereiten können.
- *Achten Sie auf nicht gentechnisch veränderte Nahrungsmittel.* Wir wissen noch nicht, welche Auswirkungen es hat, wenn wir Nahrungsmittel konsumieren, die der Natur bislang unbekannt waren.

SATTVISCHE NAHRUNGSMITTEL

ART DES NAHRUNGSMITTELS	SATTVISCH
Obst	Obst sollte reif und so frisch wie möglich sein: Pflaumen, Pfirsiche, Äpfel, Birnen, Trauben, Beeren, Kirschen, Aprikosen, Feigen, Bananen, Melonen, Granatäpfel, Rosinen, Cranberries

Gemüse	Saisonales Gemüse, so frisch wie möglich: Fenchel, Grünkohl, Mangold, Kürbis, Zucchini, Kohl, Karotten, Süßkartoffeln und Yams, Rüben, Pastinaken, Rote Bete, Gurken, grünes Blattgemüse, Sellerie
Getreide	Reis (brauner, roter, weißer Basmati), Wildreis, Quinoa, Amarant, Teff, Kamut, Hirse, Buchweizen, Gerste, Hafer
Bohnen	Kleine Bohnen: Mungobohnen, Linsen, schwarze Bohnen*, gekeimt
Milchprodukte	Nicht homogenisierte Kuhmilch, selbstgemachter Joghurt, Ziegenmilch
Fette	Ghee, Kokosnussöl, Kokosfleisch Rohe Nüsse und Kerne: Mandeln, Cashewnüsse, Pekannüsse, Walnüsse*, Sesamsamen*, Hanfsamen, Chiasamen, Leinsamen, Sonnenblumenkerne
Gewürze	Kurkuma, Kardamom, Koriander, Kreuzkümmel, Fenchel, Zimt, Ingwer, Asant (siehe Glossar)
Extras	Kräutertees (Süßholz, Fenchel, Ingwer)
Süßigkeiten	Kokosblütenzucker, Ahornsirup, Rohrohrzucker, roher Honig

**In Maßen (ein- oder zweimal die Woche)*

Wenn es um das Thema Langlebigkeit geht, ist es besser selbstgemachte statt verarbeitete und konservierte, frische statt frittierte oder matschige sowie saftige statt getrocknete Nahrungsmittel zu essen. Je öfter Sie sich für echte Nahrungsmittel entscheiden, desto besser werden Sie sich fühlen, aber Ihre Ernährung muss nicht perfekt sein. Der Drang nach Perfektion führt an sich schon zu einem Ungleichgewicht im Geist. Denken Sie daran, dass der wahre Zustand des Sattva auch noch Raum für Spontaneität sowie unschuldigen Spaß ohne Bewertung lässt.

Sattvische Nahrungsmittel, die die Harmonie im Geist fördern, reduzieren die mentale Aktivität von Rajas und die Trägheit von Tamas. Es ist so einfach! Deshalb ist das Wichtigste zu lernen, welche Nahrungsmittel sattvisch sind und wie sie zubereitet werden sollen.

RAJASISCHE NAHRUNGSMITTEL

»Bittere, salzige, saure, überhitzte, stechende oder scharfe Speisen sind dem Rajasischen erwünscht; sie geben Schmerz, Krankheit und Unbehagen.«
–*Bhagavad Gita*

Saure, salzige und scharfe Nahrungsmittel steigern Agni (Verdauungsfeuer), verbessern den Kreislauf, halten den Körper warm und fördern die Verdauung schwerer Nahrungsmittel. Werden sie im Übermaß konsumiert, wirken sie aufregend, reizend und entzündlich. Jeder von uns muss herausfinden, wo bei ihm die eigene Schwelle liegt, wann es zu viel ist (Unwohlsein, wie zum Beispiel Sodbrennen, sind ein deutlicher Hinweis). Menschen mit einem kälteren Körper haben, zu Recht, ein größeres Bedürfnis nach wärmenden Geschmacksrichtungen, so wie Ingwer. Die, die sowieso schon »heiß laufen«, werden sich, wenn sie im Gleichgewicht sind, nach der Ruhe und Kühle der Geschmacksrichtungen süß, bitter und zusammenziehend sehnen, beispielsweise nach einem grünen Saft.

Vielleicht finden Sie, dass manche als rajasisch klassifizierte Nahrungsmittel nicht sauer oder scharf schmecken. Dennoch haben sie eine erhitzende Wirkung auf den Darm und können zu geistiger Erregung in Form von Gereiztheit oder einem überaktiven Geist führen. Ein Zustand von »Unbehagen«, wie Gita sagt, ist ablenkend und manchmal überfordernd und fördert nicht die Harmonie im Geist.

NAHRUNGSMITTEL, WELCHE DIE ERREGBARKEIT IM GEIST STEIGERN

NAHRUNGSMITTEL	RAJASISCH
Obst	Saures Obst: Orangen, Zitronen (im Übermaß), unreife Mangos, Tamarinde, Guave Obst aus der Dose | getrocknete Datteln
Gemüse	Oliven, Knoblauch, Zwiebel, weiße Kartoffeln, Paprika, Aubergine, Tomaten, Chilis, scharfer Rettich, scharfes Blattgemüse und Kreuzblütler-Gemüse (im Übermaß), eingelegtes Gemüse
Getreide	Weizenmehl | trockene Getreidesorten (im Übermaß): Mais, Hirse, Buchweizen

Bohnen	Große Bohnen: Kichererbsen, Cannellini, Kidneybohnen
Milchprodukte	Eier, Sauerrahm, Hüttenkäse, gekaufter/saurer Joghurt, harter oder reifer Käse, Sahne, Eiscreme
Fette	Kürbiskerne und Avocado (im Übermaß), Frittiertes
Gewürze	Salz, Essig, scharfe Soßen, Cayennepfeffer, schwarzer Pfeffer
Extras	Kombucha, Kaffee, Koffein, fermentierte Nahrungsmittel (außer selbstgemachten), kohlensäurehaltiges Wasser, Alkohol, abgepackte Snacks
Süßigkeiten	weißer Zucker, brauner Zucker, Melasse

TAMASISCHE NAHRUNGSMITTEL

> **»Essen, das abgestanden, verkocht, geschmacklos, verunreinigt ist, das stinkt, verdorben und faulig ist, das ist dem Tamasischen lieb.«**
> *–Bhagavad Gita*

Das hört sich ziemlich extrem an, darum möchte ich das ein wenig an unsere Zeit anpassen. Durch Nahrungsmittel, die die lethargische, stagnierende Energie von Tamas steigern, wird man selbst langsam, der Darm wird verklebt und der Körper nicht genährt, sondern strapaziert. Nahrungsmitteln, die alt, matschig, verbrannt oder frittiert sind oder viele chemische Geschmacksstoffe, Konservierungsmittel oder hydrierte Pflanzenöle enthalten, mangelt es an Prana. Werden sie regelmäßig konsumiert, haben sie eine abstumpfende Wirkung auf Körper und Geist. Das kann zu Benommenheit, Depressionen und mangelndem Antrieb führen. Vergleichen Sie mal die matten Farben und Aromen von Essensresten mit dem lebendigen Aussehen und dem Aroma frisch gekochter Speisen. Wenn Sie häufig Reste essen, dann fällt Ihnen das vielleicht gar nicht auf. Aber wenn Sie regelmäßig frische, geschmackvolle Nahrungsmittel essen und sich nach deren Verdauung klar und voller Energie fühlen, verlieren Reste ihren Reiz.

Ist man in einem Zustand der Stagnation, kann man diesen durch etwas Rajas ausgleichen, damit die Dinge ins Laufen kommen. Es ist schwer, den Zustand von Stagnation in Zufriedenheit zu wandeln, ohne sich dafür ein wenig zu betätigen, beispielsweise Aerobic zu machen.

NAHRUNGSMITTELGRUPPEN

Im Ayurveda wird erklärt, dass die Natur eines Nahrungsmittels sich durch dessen Verarbeitung verändern kann. Beispielsweise ist die Qualität eines Weizenkorns und seine Wirkung auf das menschliche System ganz anders, nachdem es zu Mehl verarbeitet wurde, und erst recht, falls es gebleicht wurde. Noch ein Beispiel: Die aufblähenden Eigenschaften von Bohnen können reduziert werden, indem diese vorher eingeweicht werden. Eine Bohne und ein Weizenkorn können also unterschiedliche Wirkungen haben, je nachdem in welcher Form sie serviert und zubereitet werden. Das sind allgemeine Richtlinien, wie Sie aus den üblichen Grundnahrungsmitteln einer modernen Lebensweise das Beste herausholen können.

GETREIDE. Gentechnikfreie, »alte« Getreidesorten sind natürlicher als im großen Stil angebaute Getreidesorten. Um »saftiges« Getreide zu servieren, wie es in der Bhagavad Gita empfohlen wird, sollten Sie es so lange kochen, bis es weich ist, und nicht beim Wasser sparen. Lockern Sie es vor dem Servieren mit einer Gabel auf, damit Sie schöne, luftige Getreidekörner bekommen.

BOHNEN. Der Clou liegt darin, kleine Bohnen zu essen, beispielsweise Mungobohnen, denn die sind leichter zu verdauen. Beim Kochen werden sie schnell weich und enthalten genug Feuchtigkeit. Werden zu viele große Bohnen, wie Kichererbsen oder Kidneybohnen, gegessen, füllt sich der Verdauungstrakt mit Luft, was den Körper beschwert und irritiert - und damit auch den Geist. Manche Menschen können problemlos Bohnen essen, andere dürfen sogar kleine Bohnen nur in Maßen genießen. Weichen Sie Bohnen immer über Nacht ein und kochen Sie sie gut mit ein paar Gewürzen sowie einer Fettquelle, um die leichten, trockenen Eigenschaften auszugleichen.

MILCHPRODUKTE. Die Milch von früher war anders als die, die es heutzutage im Allgemeinen zu kaufen gibt. Falls verfügbar, kommt Rohmilch am ehesten an die frische Milch von der Familienkuh heran. Moderne Milch ist homogenisiert und pasteurisiert. Zwar wurde im Ayurveda immer empfohlen, die Milch vor dem Verzehr zu kochen, aber bei der Massenpasteurisierung werden manche der Enzyme in der Milch abgetötet, wodurch sie schwerer zu verdauen ist. Durch die Homogenisierung wird die Struktur der Fettmoleküle in der Milch verändert. Diese werden dabei zerteilt und verkleinert und setzen sich daher nicht oben ab, wie es bei Rohmilch der Fall ist. Während das traditionelle Ayurveda beschreibt, wie das Fett von der Milch getrennt (siehe Rezept für Lassi auf Seite 202) und auf spezielle Art und Weise zum gesundheitlichen Nutzen verwendet wird, ist es beim modernen Homogenisierungsverfahren so, dass die Fettmoleküle anschließend oftmals schwer zu verdauen sind und, was wahrscheinlicher ist, die feinen Körperkanäle verklumpen und somit Ama bilden. Beides führt zu Tamas.

Wenn Sie keine Rohmilch frisch vom Bauernhof bekommen können, sollten Sie nicht homogenisierte Bio-Heumilch kaufen, die man immer öfter im Supermarkt findet. Sollten Sie auch diese Milch nicht gut verdauen können, finden Sie in den meisten Rezepten milchproduktefreie Alternativen.

FLEISCH. Jede Form von Fleisch wird als tamasisch angesehen, weil es tot ist. Es gibt nichts, was lethargischer ist. Je größer und langsamer das Tier, desto mehr Tamas verleiht es (Kühe stehen ganz oben auf der Liste). Außerdem ist Fleisch säurebildend und schwer, was sowohl Rajas als auch Tamas fördert. Das Fleisch von Tieren und Fischen wird bei Mangelerscheinungen als Medizin verwendet, ansonsten sollte es vermieden werden.

FETTE. Schlechte Fette, davon bin ich dank meiner Erfahrung überzeugt, sind das Schlimmste, was man seinem Körper antun kann. Nicht nur, dass unverdauliche Fette den Körper fett machen, sie verklumpen auch die Kanäle, verhindern die Bewegungen von Prana und vernebeln den Geist. Fette sind »schlecht«, wenn sie nicht verdaut werden, was der Fall ist, wenn Öl ranzig ist oder eine Mahlzeit mehr Fett enthält, als der Körper gleichzeitig aufspalten kann. Frittiertes Essen ist niemals gut. Fragwürdig sind auch abgepackte Backwaren minderer Qualität. Beim Kochen sollten Sie auf hitzebeständige Öle, wie Kokosnussöl und Ghee, achten. Raps-, Oliven- und massengefertigte Pflanzenöle sind fragwürdig. Es ist sehr wichtig, Bio-Sauerrahmbutter und Öl in kleinen Größen zu kaufen (wenn möglich, aus dem eigenen Land, sodass die Transportzeit kurz ist) und Ghee selbst herzustellen.

NÜSSE UND KERNE. Werden Nüsse geröstet, ändert sich ihre Wirkung auf den Körper, weil die Öle schlagartig altern. Achten Sie darauf, dass die Nüsse frisch bleiben und Kerne im Kühlschrank aufbewahrt werden. Rösten Sie sie immer frisch und zuhause. Die meisten Nüsse haben eine leicht erhitzende Wirkung und sollten besser nur in Maßen gegessen werden. Eine Ausnahme stellen Mandeln dar, die deswegen gerne konsumiert werden, weil sie im Rohzustand nach dem Einweichen kühlend und feucht sind. Als Faustregel gilt, dass Kerne wie Hanfsamen, Sonnenblumenkerne und Leinsamen leichter als Nüsse und auch einfacher aufzuspalten sind.

GEMÜSE. Durch Kochen wird Gemüse weich, feucht und geschmeidig – alles beruhigende Eigenschaften. Wird Gemüse in kleinen Mengen und regional fermentiert und eingelegt, kann es in der richtigen Menge und bei kälterem Wetter die Verdauung unterstützen. Eine Handvoll Gemüsesorten, insbesondere Tomaten, wirkt sich wärmend auf den Körper aus, wodurch bei täglichem Konsum die Reaktionsfähigkeit des Geistes gesteigert wird. Wählen Sie regionales, leuchtendes, saftiges Gemüse und lassen Sie die Finger von welken oder farblosen Sorten.

OBST. Die meisten Obstsorten haben, wenn sie Saison haben und reif sind, eine nährende, zufriedenstellende Wirkung auf Körper und Geist. Früchte, die außerhalb der Saison oder außerhalb ihres natürlichen Klimas gekauft werden, sind niemals richtig reif und süß. Manches Obst, wie zum Beispiel Zitrusfrüchte, kann sich bei täglichem Konsum nach der Verdauung sauer auswirken, den Körper erhitzen und den Geist überstimulieren.

GEWÜRZE. Frisch ist am besten! Im Ganzen ist ein Gewürz bis zu ein Jahr lang wirksam. Ist es gemahlen, ist es bis zu drei Monate lang brauchbar. Kaufen Sie Gewürze lose und in den Mengen, die Sie leicht aufbrauchen können.

Frische Kräuter sind toll, um dem Essen Aroma zu verleihen, und sie sind leicht selbst anzubauen. Die kühlenden Kräuter Minze und Koriander werden in der sattvischen Ernährung hochgepriesen.

NAHRUNGSMITTEL, DIE DIE SCHWERE IM GEIST VERSTÄRKEN

NAHRUNGSMITTEL	TAMASISCH
Obst	Gefrorenes oder überreifes Obst oder Obst, das keine Saison hat
Gemüse	Pilze, Kürbis (im Übermaß) Gemüse, das gefroren, gentechnisch verändert oder welk ist oder keine Saison hat
Getreide	Weizen
Bohnen	Isoliertes Sojaprotein
Milchprodukte	Alle Käsesorten, Eier, verarbeitete Milch, kalte Milch, Eiscreme
Fette	Margarine, Rapsöl, Schmalz, Erdnüsse, ranzige Fette (altes Fett oder Pflanzen- und Nussfette, die stark erhitzt wurden), geröstete Nüsse, abgepackte Backwaren
Gewürze	Mononatriumglutamat (MNG)
Extras	Fleisch, Fisch, Frittiertes, Fast Food, Reste, Essen aus der Mikrowelle, Drogen und Alkohol, Kartoffelchips
Süßigkeiten	Weißer Zucker, Softdrinks, künstliche Süßstoffe, erhitzter Honig

DER MITTELWEG BEI DEN RESTEN

Ich kenne einige Menschen, die sich über das Essen von Resten Sorgen machen. In einer Familie, wo alle arbeiten, ist es wahrscheinlich erforderlich, dass die Mahlzeiten einen oder zwei Tage später mittags wieder aufgewärmt werden müssen. Als Faustregel sollte gelten: Versuchen Sie, jeden Tag etwas Einfaches zu kochen und nur an einem Tag Reste zu essen. Sie und die Ihren werden den Unterschied spüren.

DIE WAHRHEIT ÜBER VERARBEITETE LEBENSMITTEL

Unser guter Freund, das Essen, wird in Stahlbehältern gestapelt, in Turbinen und auf Fließbändern herumgeschleudert, durch Filter in Plastiktüten gedrückt, gehackt, bestrahlt, aufgespalten, isoliert und im Flugzeug transportiert. Bei jedem dieser Schritte nehmen die Elemente der Natur immer weiter ab. Je einfacher und regionaler Ihre Ernährung, desto präsenter ist das Herz der Natur auf dem Teller und strömt durch Ihren Körper. Ein harmonischer Zustand des Geistes kommt durch harmonische Essenserfahrungen, und Prana auf dem Teller schafft Prana im Geist.

ESSEN IST LIEBE

Intention und Einstellung sind sehr wichtige Aspekte beim Verdauungsprozess sowie bei der Bedeutung des Essens für Körper und Geist. Bei der Auswahl der Speisen auf Freude und allgemeines Wohlbefinden zu achten, ist besser, als Angst zu haben, »alles richtig zu machen«. Essen ist Liebe, und wird es liebevoll gehandhabt, nährt es Sie auf jeder Ebene.

HAFERSCHROT
HAFERFLOCKEN
HIRSE
QUINOA
BULGUR
BASMATIREIS
WILDREIS
BUCHWEIZEN
BRAUNER
BASMATIREIS

HALBE GELBE
MUNGOBOHNEN
GRÜNE
MUNGO-
BOHNEN
FRANZÖSISCHE
LINSEN
KICHER-
ERBSEN
GRÜNE
LINSEN
ROTE
LINSEN

ZIMTSTANGEN
KURKUMA
ROSA
HIMALAYASALZ
STERNANIS
AJOWAN
SESAM-
SAMEN
NELKEN
KARDAMOMSAMEN
½ TEASPOON
FRISCHER
INGWER
ASANT
KREUZ-
KÜMMEL-
SAMEN
FENCHEL-
SAMEN
SENF-
SAMEN
BOCKS-
HORNKLEE
KORIANDER-
SAMEN

WIE MAN SICH SATTVISCH ERNÄHRT

Wie Sie essen, ist genauso wichtig wie *was* Sie essen. Die besten Ergebnisse erzielen Sie, wenn Sie bei der Zubereitung und beim Essen an Ihre eigene Zufriedenheit denken und auf gesunde, verdauungsfördernde Maßnahmen achten.

Ahara Rasa, der nahrhafte Saft, der entsteht, wenn Essen im Magen zersetzt wird, ist der Baustein für einen ausgeglichenen Körper. Funktioniert Ihre Verdauung nicht richtig, kann das ein Ungleichgewicht mit sich bringen. Unvollständige Verdauung kann daher rühren, dass Sie zu viel essen, essen, obwohl Sie keinen Hunger haben oder abends zu schwer essen. Indem Sie sich die folgenden Gewohnheiten aneignen, kann die Verdauungskraft gesteigert werden, sodass sich nach den Mahlzeiten ein zufriedenes Gefühl einstellt.

MACHEN SIE LANGSAM. Achten Sie vor den Mahlzeiten auf Ihren Körper. Wie fühlt sich Hunger an? Spüren Sie bestimmte Eigenschaften stärker als andere, beispielsweise Hitze oder Kälte, trockenen Mund oder trockene Nase oder Haut? Kommen bestimmte Emotionen hoch, wie Gereiztheit, Traurigkeit oder Angst? Achten Sie ohne Bewertung darauf, wie Sie sich in diesem Moment fühlen. Indem Sie Ihre Aufmerksamkeit auf Ihren Körper und weg von der Arbeit am Morgen oder Nachmittag lenken, wird Ihr Urteilsvermögen gestärkt, wodurch Sie bessere Entscheidungen hinsichtlich des Essens treffen werden und es Ihnen leichter fallen wird, die folgenden Praktiken umzusetzen.

SETZEN SIE SICH HIN. Sich beim Essen hinzusetzen, ist sowohl für die Verdauungsorgane als auch den Geist wichtig. Die Organe entspannen und bereiten sich auf ihre Aufgabe vor, wenn Sie sitzen. Holen Sie dreimal tief Luft, fokussieren Sie sich auf die vor Ihnen liegende Aktivität und danken Sie, ehe Sie anfangen, für das Essen.

WERDEN SIE RUHIG. Beim Sprechen wird Energie aus Ihrem Mund geschickt, während gleichzeitig das Essen hinein kommt. Wenn Sie schweigend essen, wird die nach unten gehende Energie durch das Kauen, Schlucken und Verdauen auch nach unten gelenkt. Versuchen Sie, Treffen oder Anrufe, Fernsehen oder Lesen während des Essens zu vermeiden.

ESSEN SIE MITTAGS MEHR FETTE UND PROTEINE UND ABENDS EINE LEICHTERE MAHLZEIT. Nehmen Sie sich mittags die Zeit für eine solide Mahlzeit, damit der Körper richtig »betankt« wird und das Essen im Laufe des Nachmittags vollständig verdaut ist. Wenn Sie nicht ausreichend essen, kann das dazu führen, dass Sie sich bis zum Abendessen mit Stimulanzien oder Adrenalin vollpumpen, was Rajas im Geist steigert. Dann langsam zu essen, damit das Essen über Nacht verdaut wird (Käse, Weißbrot, Frittiertes, Fleisch) steigert Tamas im Geist, indem die schwere Eigenschaft gesteigert wird. Dieser Teufelskreis kann schon zur Mittagszeit verhindert werden.

BREATHE

HINWEIS: Für Frühaufsteher, insbesondere wenn sie schon früh Sport treiben, kann das Frühstück eine genauso wichtige Mahlzeit sein.

ESSEN SIE NUR, WENN SIE HUNGER HABEN. Das kann ein wenig Übung erfordern, ist aber die Nummer eins, wenn es darum geht, dafür zu sorgen, dass das Verdauungsfeuer weiter lodert. Es ist eine häufige Gewohnheit zu essen, um einen überaktiven Geist zu betanken. Fangen Sie so an, dass Sie vor einem Snack auf Ihren Magen achten - verspüren Sie ein Hungergefühl? Noch besser wäre es, Sie würden sich in Ihren Magen hineinversetzen und dann zehn Minuten warten. Es ist gut möglich, dass der Drang, etwas zu essen, dann abklingt. Häufig kommt dieser Drang auch abends auf, wenn der Geist noch überaktiv vom Tag ist. Der Körper möchte Tamas steigern, sich entspannen, ausruhen. Darum lässt er im Körper das Gefühl aufkommen, dass er am Ende des Tages die schweren Eigenschaften von Wohlfühlessen braucht, um sich zu stabilisieren und aufzutanken. Doch ein sattvisches Empfindungsvermögen schaut erst einmal nach erholsamen Betätigungen, wenn der Körper Appetit auf schweres Essen hat, und füllt dadurch die Energie wieder auf, ohne den Darm zu beanspruchen.

ACHTEN SIE AUF REGELMÄSSIGE MAHLZEITEN. Das ganze System aus Körper und Geist reagiert sehr gut auf Routine. Regelmäßige Mahlzeiten trainieren die Verdauungssäfte, sodass sie genau zur richtigen Zeit auf der Matte stehen und für die Verdauung bereit sind. Der Geist entspannt sich bei dieser Routine und macht sich keine Sorgen, wann und was die nächste Mahlzeit sein wird. Regelmäßige Mahlzeiten bauen Vertrauen zwischen Körper und Geist auf, indem dem Körper gezeigt wird, dass die Aufmerksamkeit auf die richtige Ernährung gelenkt wird. Denken Sie nur mal daran, wie verwirrt Hunde sind, wenn sich ihre normale Fressenszeit ändert. Auf einer subtileren Ebene kann uns das auch passieren.

ESSEN SIE, WENN SIE WÜTEND ODER ÄNGSTLICH SIND, ETWAS LEICHTES ODER GAR NICHTS. Das Ayurveda führt Geisteszustände auf, die für die Verdauung nicht ideal sind. Zwei »ganz Große«, Sorge und Wut, sind bei vielen Menschen häufige Zustände. Wenn der Geist mit solchen Turbulenzen beschäftigt ist, wird nichts gut verdaut. Dann ist es am besten, warme Getränke zu sich zu nehmen und abzuwarten, bis sich die Dinge wieder beruhigen, und erst dann zu essen.

TRINKEN SIE GETRÄNKE WARM ODER BEI ZIMMERTEMPERATUR. Lassen Sie das gemütliche Gefühl in Ihrem Darm weiter bestehen, indem Sie nichts Kaltes, sondern warmes Wasser trinken. Warmes Wasser bewirkt Wunder und versorgt den Körper mit Flüssigkeit und beruhigt ihn.

ACHTEN SIE AUF SAISONALE UND REGIONALE NAHRUNGSMITTEL. Steigern Sie Prana, indem Sie frische Nahrungsmittel essen, die nur minimal verarbeitet wurden und nicht so weit gereist sind. Saisonale Nahrungsmittel liefern die Eigenschaften, die notwendig sind, um die aktuelle Umgebung auszugleichen. Wenn es draußen kalt ist, kochen Sie Ihr Essen!

AHARA: TRADITIONELLE TIPPS FÜR EINE GESUNDE VERDAUUNG

Damit Ihre Verdauung ohne Blähungen, Sodbrennen oder Entzündungen abläuft, sollten Sie auf die folgenden Punkte achten:

- Trinken Sie keine eiskalten Getränke, insbesondere nicht zu den Mahlzeiten. Bitten Sie im Restaurant um normales Wasser.
- Trinken Sie warmes Wasser und nehmen Sie statt der Wasserflasche eine Thermoskanne mit - vor allem, wenn es draußen kalt ist!
- Essen Sie lieber warme, gekochte Speisen und nur selten Reste.
- Warten Sie nach einer Mahlzeit zwei Stunden ab, ehe Sie viel trinken.
- Verteilen Sie Ihre Mahlzeiten gut, am besten machen Sie dazwischen immer mindestens drei bis vier Stunden Pause, sodass die letzte Mahlzeit vollständig verdaut ist, ehe Sie wieder essen. Hören Sie auf zu naschen. Ihr Verdauungsfeuer kann mit ständigem Input niemals Schritt halten.
- Lassen Sie sich beim Essen Zeit und ruhen Sie danach zehn Minuten. Schlafen Sie aber nicht nach dem Essen!
- Machen Sie nach dem Essen einen entspannenden Spaziergang.
- Wenn Sie sich eine Süßigkeit gönnen, dann sollten Sie das beim Mittagessen machen, wenn Ihr Verdauungsfeuer am stärksten ist. Essen Sie anschließend bis zum Abendessen nichts mehr.
- Fleisch und Fisch sollten Sie nicht zusammen mit Milch konsumieren, weil alle drei schwer zu verdauen sind und in Kombination zu Ama, Vergiftung, führen können.
- Vermischen Sie kein rohes Obst, insbesondere keine Melonen und Bananen, mit Kuhmilchprodukten. Das kann zu säurebedingten Beschwerden und Blähungen führen. Aber die warmen, süßen Eigenschaften von Datteln passen sehr gut zu Milch.

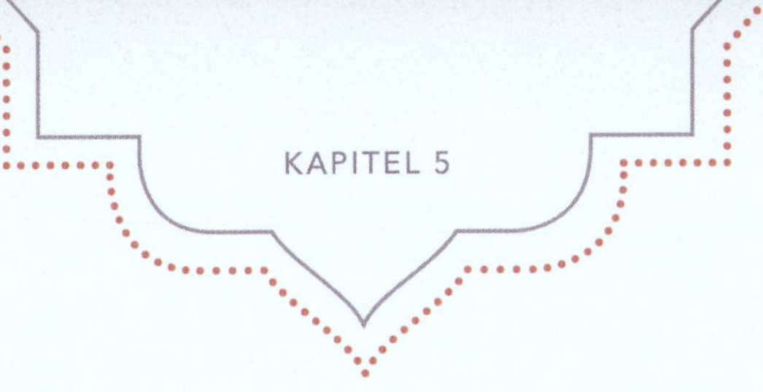

Die sattvische Lebensweise

WIE SIE IHRE ÄUSSERE UND INNERE WELT VERSCHÖNERN

In klassischen Ayurveda-Texten wird viel über »die Sinne erfreuen« geschrieben. Früher trug man zu diesem Zweck frische Blumen im Haar, band täglich Blumengirlanden für das Haus und den Tempel, genoss gute Gesellschaft und aß frische, duftende Speisen und Gewürze. In diesem Kapitel werden einige Methoden vorgestellt, um Ihre Küche, Ihr Heim und Ihren Arbeitsplatz zu verschönern. Ein ausgeglichener Geist kann von innen nach außen sowie von außen nach innen gefördert werden. Vergleichen Sie einmal, wie Sie sich beim Anblick eines vollgestopften Büros fühlen, und wie es ist, in ein aufgeräumtes Büro zu kommen. Oder denken Sie an den gefühlsmäßigen Unterschied, der beim Betreten einer dreckigen Küche im Vergleich zu einer blitzblanken entsteht. Schaffen Sie die Grundlage für Entspannung und Produktivität und beruhigen Sie Ihren Geist, indem Sie sich mit den richtigen Energien umgeben. Farben, Beschaffenheit, Geräusche, Aromen und Absicht führen den Geist sanft (oder weniger sanft) zu einer bestimmten Erfahrung, ehe die Arbeit oder das Kochen überhaupt begonnen hat. Eine natürliche, angenehme Umgebung sorgt für einen natürlichen, angenehmen Geisteszustand.

Manchen fällt es am Anfang leichter, von außen nach innen vorzugehen, um somit den Weg zu Gleichgewicht zu ebnen. Bei anderen ist es genau andersherum. In diesem Kapitel finden Sie für beide Fälle Hinweise und praktische Tipps. Das äußere Leben ist meist einfacher zu verändern, weil es greifbarer ist. Das Ergebnis, wenn man die Küche geputzt oder ein riesiges Chaos veranstaltet hat, ist meist sofort zu sehen. Den Geist von seinen Gewohnheitsmustern zu reinigen, ist eine subtile Sache, die ein aufmerksames inneres Auge benötigt. Die meisten von uns haben diese Art des Sehens sorgsam bewahrt. Wenn der Geist gereinigt ist, erstrahlt die Schönheit der inneren Welt. Für die Anfänger in der ayurvedischen Lebensweise ist das einfache Organisieren und Verschönern der Küche eine Tätigkeit, die Stabilität verleiht. Legen Sie los, lesen Sie weiter, und wenn Ihnen eine Sache ins Auge springt, dann ist das ein guter Punkt, an dem Sie anfangen können. Und denken Sie daran - sich vorwiegend sattvisch zu ernähren, erleichtert die innere und äußere Reinigung, also machen Sie sich auch an die Rezepte.

Ihre äußere Welt: Sattva bei sich Zuhause und auf der Arbeit kultivieren

Das Sanskrit-Wort *Sukha* bedeutet »Glück, guter Platz«. Im Ayurveda wird der »gute Platz« in der inneren und äußeren Welt gefördert - Ihr Körper, Ihr Geist und Ihre Umgebung. Ob Sie Kinder aufziehen oder alleine leben, nehmen Sie sich ein wenig Zeit, um natürliche Schönheit in Ihrem Lebensraum zu schaffen. Dadurch werden positive Schwingungen im Geist gefördert. Es geht nicht darum, alles umzuräumen und neu zu dekorieren. Es reicht, Ihre Aufmerksamkeit auf inspirierende Anblicke, Gerüche, Geräusche, Geschmäcker und Betätigungen zu richten. Vielleicht haben Sie den Eindruck, mit diesen Empfehlungen noch eine weitere Aufgabe bekommen zu haben, die Sie erfüllen müssen. Betrachten Sie es einfach als guten Vorsatz für einen umfassenden Frieden in Ihrem Geist.

Ein paar Streicheleinheiten für Ihr Zuhause verändern langsam die Landkarte Ihres Geistes. Dabei handelt es sich um eine zweifache Transformation: (1) Sie sorgen dafür, dass Ihre Umgebung ein wunderbarer Ort ist, an dem man gerne ist, und (2) indem Sie an der Verschönerung Gefallen finden, schaffen Sie einen »guten Platz« in Ihrem Inneren. Dazu ist möglicherweise ein veränderter Blick auf die Hausarbeit nötig. Wir alle müssen irgendwie aufräumen und sauber machen, warum das Ganze also nicht als eine Gelegenheit sehen, Schönheit zu erschaffen? Ich mag nicht gerne abwaschen, aber gerade darum ist der Abwasch eine gute Gelegenheit, um Sukha zu praktizieren. *Manchmal* kann ich mich entspannen und es genießen! Fangen Sie mit etwas an, das machbar erscheint, und nicht mit der Aufgabe, die Ihnen am wenigsten liegt.

KÜCHE

Investieren Sie die Zeit, Ihre Küche auf Vordermann zu bringen, damit sie einladend ist – ein Ort, an dem Sie gerne sind. Versuchen Sie es mit den folgenden Tipps, um Sattva zu fördern:

- **BLUMEN UND PFLANZEN:** Stellen Sie eine Blütenpflanze oder frische Blumen in die Küche. Blumen bleiben länger frisch, wenn Sie die Enden der Stängel abschneiden und täglich das Wasser wechseln.
- **FARBEN:** Einfache, natürliche Farben, insbesondere weiß, blau, gelb und Pastelltöne, steigern Sattva. Verrückte Bilder in der Küche führen zu keiner entspannenden Atmosphäre.
- **MATERIALIEN:** Vermeiden Sie Utensilien aus Plastik und nehmen Sie, wenn möglich, Produkte aus natürlichen Materialien. Verwenden Sie Rühr- und Servierutensilien und Schneidebretter aus Bambus und Holz, Edelstahltöpfe und gusseiserne Töpfe und Pfannen. Ersetzen Sie Küchenpapier durch waschbare Geschirrtücher, und benutzen Sie Naturschwämme.
- **REINIGUNGSPRODUKTE:** Nehmen Sie einen natürlichen Reiniger, um die Arbeitsplatte und alle sichtbaren Oberflächen abzuwischen. Zusatztipp: Essig funktioniert gut gegen Ameisen, und ein paar Tropfen Eukalyptus-, Zitronen- oder Balsamöl in Ihrem Reiniger sorgen für einen frischen Duft.

VORRATSSCHRANK

Ein gut geordneter Vorratsschrank ist ein Ort der Ruhe. Sammeln Sie leere Marmeladengläser oder kaufen Sie eine Kiste mit Einmachgläsern. So sieht es ordentlich aus, wenn Sie trockene Nahrungsmittel stapeln und lagern. Nüsse, Kerne, Getreide und Hülsenfrüchte sollten in Glasbehältern aufbewahrt werden. Ich nehme am liebsten die Variante für 500 ml oder sogar noch größer, denn da passt genug rein und Sie können wieder nach Bedarf frisch nachkaufen.

Kaufen Sie nicht in zu großen Mengen ein und vermeiden Sie es, dass die trockenen Nahrungsmittel länger als ein Jahr bei Ihnen lagern, weil sie dadurch ihr Prana verlieren. Gewürze sollten Sie ebenfalls in Glasbehältern aufbewahren und außerdem frisch und unverpackt in einem Geschäft kaufen, in dem aufgrund hoher Käuferzahl die Ware immer frisch ist. Eine indische Gewürzbox ist die traditionelle Art, kulinarische Gewürze aufzubewahren; in ihr befinden sich sieben kleinere Gefäße, sodass man die ganze Gewürzpalette immer griffbereit hat. Lagern sie nach Möglichkeit keine Nahrungsmittel in Plastiktüten, denn darin werden sie schnell schlecht.

Der Inhalt des Vorratsschranks sollte jede Saison aufgefrischt werden. Gehen Sie die Nahrungsmittel durch, wenn sich das Wetter ändert, und stellen Sie die geeigneten Nahrungsmittel nach vorne, sodass Sie entsprechend der jeweiligen Saison essen können.

BOMBAY
Basmati
rice

AM TISCH

Ob Sie für zehn Personen oder nur für sich selbst den Tisch decken - es ist immer gleich wichtig, den Tisch schön zu decken. Ich höre häufig von Menschen, dass es ihnen keinen Spaß macht, nur für eine Person zu kochen, weshalb sie es schleifen lassen. Aber Sie kochen für das Universum! Wir alle kennen den Spruch »Dein Körper ist ein Tempel«, der besagt, dass er ein Vehikel für gute Taten ist und viel Liebe und Respekt verdient. Sich hinzusetzen und das Essen zu genießen, wird bei den Mahlzeiten häufig vergessen, worunter die Verdauung leidet. Sich während des Essens hinzusetzen, ist entscheidend für eine gute Verdauungsgesundheit, und eine schöne Umgebung verhilft zu einer wohltuenden, ruhigen Mahlzeit.

Achten Sie darauf, dass Sie Form und Beschaffenheit Ihres Geschirrs mögen. Ich mag zum Beispiel die regionalen Töpfereierzeugnisse; ich bin ein großer Fan von breiten Schüsseln, keinen tiefen Schüsseln; und ich habe großen Spaß an Göffeln und Löffeln mit langen Griffen. Benutzen Sie, wenn möglich, Stoffservietten und dazu passende Tischsets. Stellen Sie eine Pflanze oder frische Blumen auf den Esstisch. Dieser sollte, wenn es geht, unter einem sonnenbeschienen Fenster stehen - es ist wunderbar, hinaus in die Natur zu schauen, während man isst. Ich rate auch zu bequemen Stühlen, die eine gute Haltung ermöglichen. Hilfreich finde ich Stühle mit Armlehne, weil ich mich dann zwischen den einzelnen Bissen zurücklehnen und entspannen kann, statt meine Ellbogen auf den Tisch zu stützen und mich über den Teller zu beugen. Geben Sie das Essen am Herd auf den Teller und gehen Sie dann damit zum Tisch, um sich zum Essen dorthin zu setzen, oder stellen Sie die einzelnen Speisen auf den Tisch und setzen Sie sich dann hin und fangen an zu essen.

Falls Sie nicht das Budget haben, um neue Produkte zu kaufen oder die Küche zu überholen, sollten Sie daran denken, dass Absicht und Einstellung die wirksamsten Veränderungen sind, die Sie vollbringen können. Die Möbel für das Abendessen können kreativ gestaltet werden: Nehmen Sie einen niedrigen Tisch und Kissen oder schieben Sie einfach einen Schreibtischstuhl an den Wohnzimmertisch. Alles mit einer Zimmerpflanze aufzupeppen, muss nicht teuer sein, denn sie braucht nur Aufmerksamkeit und Wasser.

Auf dem Sprung? Investieren Sie in eine wasserfeste Lunchtasche, die in Ihre Arbeits-/Reisetasche passt, sowie in einen verschließbaren Behälter oder einen Thermosbehälter aus Edelstahl für das Essen (wenn Sie sich im Bioladen umschauen, finden Sie dort jede Menge Möglichkeiten für natürliche Behälter). Nehmen Sie dann noch Besteck aus Bambus oder Holz sowie eine Stoffserviette mit und schon können Sie jederzeit einen nahrhaften Gourmet-Moment genießen.

BADEZIMMER

Das moderne Ayurveda empfiehlt, nichts auf Ihren Körper zu schmieren, was Sie sich nicht auch in den Mund stecken würden. Im Badezimmer finden sich viele fragwürdige Chemikalien – in Reinigern, Seifen und Kosmetik. Chemikalien sind dem Körper fremd, und sie können sich störend und sogar unglaublich schädlich auf Körper und Geist auswirken.

Für optimale Gesundheit und Wohlbefinden sollten Sie einmal ausprobieren, die folgenden Chemikalien durch natürliche Mittel zu ersetzen:

- **BLEICHMITTEL:** Probieren Sie es mit natürlichen Desinfektionsmitteln.
- **SEIFE:** Nehmen Sie eine einfache Olivenölseife, die für alles geeignet ist. Befüllen Sie die Spender am Waschbecken und in der Dusche mit einer entsprechenden Flüssigseife. In den meisten Reformhäusern finden Sie auch Naturseifenstücke mit Ayurveda-Kräutern für die verschiedenen Hauttypen.
- **MAKEUP UND HAARE:** In diesem Bereich kommen immer mehr natürliche Möglichkeiten auf den Markt. Halten Sie Ausschau nach sulfatfreien Produkten und lesen Sie auf jeden Fall die Liste mit den Inhaltsstoffen. Bei Makeup sollten Sie auf natürliche Inhaltsstoffe achten und die meisten Produkte nach sechs Monaten austauschen, weil sie dann häufig Bakterien enthalten. Makeup kann großen Spaß machen, aber vergessen Sie nicht, dass Ihr Wahres Selbst auch ohne bereits schön ist. Eine gesunde Ernährungsweise ist das beste Kosmetikum, und wenn Sie mehr darauf achten, was in Ihren Körper hinein kommt, wird Ihr Körper sich von selbst verändern. Beispielsweise ist Kokosnussöl für viele Hauttypen eine hervorragende Feuchtigkeitscreme und das Deodorant kann bei sattvischer Ernährung (durch die kein Schweißgeruch entsteht) in den meisten Fällen weggelassen werden. (Siehe Anhang 1 für weitere Informationen zu natürlicher Körperpflege.)
- **BADEPRODUKTE:** Verschönern Sie Ihren Körper, indem Sie ihn regelmäßig einer Selbstmassage unterziehen. (Informationen dazu, wie Sie eine solche in Ihren täglichen Tagesablauf integrieren können und welche Öle Sie verwenden sollten, finden Sie in Anhang 1). In den alten Texten heißt es, dass die Ölmassage das beste Verfahren für Langlebigkeit ist und sie den Körper stärkt und gegen Krankheiten immun macht.

Müssen Sie sparen? Benutzen Sie weniger Sachen. Wir leben in einer Kultur, in der die Werbung für viele unnötige Produkte verspricht, genau die Unsicherheiten zu kaschieren, die von der Werbung überhaupt erst in unsere Köpfe gesetzt wurden. Der Körper wird als etwas angesehen, was verändert werden muss, als ob etwas falsch wäre an Augenbrauen und Achselhöhlen. Denken Sie daran, dass Gesundheit und Schönheit wirklich durch ein Gleichgewicht zwischen Körper und Geist entstehen.

ARBEITSPLATZ

Egal, ob Sie von zuhause aus, in einem Lastwagen oder einem Büro arbeiten, wenn Sie Ihrem Arbeitsplatz ein wenig Seele einhauchen, verhindert das, dass die Dinge stagnieren oder zu chaotisch werden. An Ihrem Arbeitsplatz muss etwas stehen, das Sie an Ihr Herz erinnert. Stellen Sie Fotos Ihrer Liebsten oder von schönen Landschaften, zu denen Sie eine Verbindung haben, auf, und schmücken Sie Ihren Arbeitsplatz mit Gegenständen aus der Natur. Je nach Jahreszeit können das beispielsweise Eicheln, Kiefernzapfen, Klee oder Blumen sein.

Ich hatte eine Klientin, die unter einer aggressive Arbeitsatmosphäre litt und langsam ihr Selbstvertrauen verlor. Daraufhin riet ich ihr, süß duftende Blumen auf ihren Schreibtisch zu stellen, damit diese sie an ihre eigene Schönheit und Süße erinnerten. Aber sie beschloss, stattdessen eine grelle, geschmacklose Weihnachtsdekoration auf ihren Schreibtisch zu stellen, damit sie lachen musste und sich ihren Sinn für Humor bewahrte! Nicht jeder mag Blumen, darum ist alles, was Sie an Ihr Wahres Selbst erinnert, wunderbar an Ihrem Arbeitsplatz.

Ihre innere Welt: Reinigung des Geistes

Ihre innere Welt ist im Grunde ein guter Platz. Im Ayurveda heißt es, dass die eigentliche Ursache des geistigen Ungleichgewichts darin liegt, dass wir uns mehr mit psychischem Stress als mit kosmischem Bewusstsein identifizieren. Wir vergessen, was real ist. Stellen Sie sich vor, Sie wachen jeden Morgen mit dem Gedanken auf: »Ich bin Teil des Lebenskreises«, anstatt zu denken: »Ich muss heute so viel erledigen.« Stellen Sie sich vor, Sie fahren im Auto und sehen Reklametafeln mit schönen Fotos der Natur, unter denen Sätze stehen, wie »Genießen Sie Ihre Fahrt«, anstatt der Werbung für Autoversicherungen oder einer Erinnerung, dass Sie in einen Unfall verwickelt werden könnten. Stress wird durch das Tempo des modernen Lebens noch verstärkt. Wenn der gute Platz des reinen Bewusstseins jedoch von Stress belegt ist, vergisst man leicht, wie sich »gut« anfühlt. Die innere Welt zu reinigen, ist ein langsamer Umprogrammierungsprozess, indem kontinuierlich die Eigenschaften von Einfachheit und Verbundenheit eingeführt werden. Mit der Zeit erkennt der Geist immer öfter, was wahr ist.

Das geschieht nicht in wenigen Tagen oder Wochen, aber sobald man das Gefühl von Klarheit im Geist einmal erfahren hat, *sogar, wenn es nur manchmal so ist,* wird es immer mehr zur Gewohnheit und ist leichter abzurufen. Die gute Neuigkeit ist, dass Yoga und Ayurveda uns für diese Reise eine hervorragende Straßenkarte bereitgestellt haben.

Die Sinnesfähigkeiten bzw. Indriyas sind die Fenster zu unserer inneren Welt. Zu den Indriyas gehören Augen, Ohren, Nase, Zunge und Haut. Sie bestehen aus zwei Teilen: dem physischen Sinnesorgan und der *Energie*, die den jeweiligen

Sinn belebt. Die Organe selbst können ohne Prana nicht funktionieren. Wenn wir beispielsweise fernsehen oder Musik hören, geht unsere Aufmerksamkeit durch Augen und Ohren und verbindet sich mit den bildlichen Eindrücken und den Geräuschen. Gehirn und Nervensystem verdauen dann, was gesehen und gehört wurde. Fernsehen benötigt tatsächlich unsere Energie! Wenn wir ständig etwas sehen oder hören und niemals etwas Ruhe und Stille genießen, verlässt uns Prana. In diesem Zustand des Ungleichgewichts erhält die innere Welt nicht ausreichend Energie. Zu den ayurvedischen Heilmitteln für diesen Zustand gehören, Prana durch Atemübungen bewusst nach innen zu lenken, Yogaübungen, Meditation und Visualisierungsübungen.

ACHTEN SIE AUF IHRE SINNE

Besteht das Ungleichgewicht über eine längere Zeit, sind die Sinnesorgane irgendwann überlastet und fangen an, nicht mehr richtig zu funktionieren. Die Sinne stumpfen ab, so wie zum Beispiel beim Raucher, der auf alles Unmengen an Salz streuen muss, der Schlagzeuger, der keine Ohrstöpsel trägt und außerhalb der Bühne nichts hören kann, oder der Computerprogrammierer, der am Ende des Tages nur noch verschwommen sieht. Langsam funktionieren die Sinnesorgane nicht mehr richtig und ein Hörgerät oder eine Brille soll ihre Lebensdauer verlängern. Gibt man jedoch besser auf sie acht, können Lebensdauer und Funktion dieser Organe verbessert werden. Hier sind ein paar allgemeine Tipps, wie Sie die Belastung Ihrer Sinnesorgane reduzieren können:

PRATYAHARA: TRAINIEREN SIE IHRE AUFMERKSAMKEIT

Stellen Sie sich vor, Sie versuchen, sich auf ein Buch zu konzentrieren, und Ihr Nachbar hört laut Musik oder kocht Chilis, die Ihre Nase reizen. Es wird immer schwerer, aufmerksam zu sein, weil Sie durch den Geruch oder Lärm abgelenkt werden. Wenn Sie es üben, können Sie Ihre Aufmerksamkeit fokussieren, doch die untrainierte Energie der Sinnesorgane ist ziemlich unordentlich, insbesondere wenn die Stimulation von allen Seiten kommt. Die Organe können nicht helfen, weil sie immer weiter Informationen sammeln, die dann vom Geist verarbeitet werden müssen. Es ist regelmäßiges Üben nötig, aber Pratyahara (die Yogadisziplin, bei der die Sinnesorgane diszipliniert werden) lehrt die Schüler, die Bewegungen der Sinne zu erkennen und zu mäßigen. Achten Sie bei Ihrer nächsten Yogastunde darauf, ob Sie auf andere Menschen oder aus dem Fenster schauen, und richten Sie Ihre Augen dann wieder auf einen Punkt auf Ihrem eigenen Körper. Richtig angeleitet, können Sie mit der Zeit Ihre Sinne so trainieren, dass sie sich entspannen und weniger auf die Reize um Sie herum reagieren. Mit diesem Können reduzieren Sie dann Ihr allgemeines Stressniveau.

HÖREN: Tragen Sie besser keine Kopfhörer. Außerdem sollten Sie, wenn möglich, weniger Zeit am Telefon verbringen und stattdessen Ruhe genießen.

SEHEN: Reduzieren Sie so gut es geht die Zeit, die Sie vor Computer, Smartphone und Fernseher verbringen. Achten Sie darauf, wie viele Minuten am Tag sich angemessen anfühlen. Gönnen Sie Ihren Augen Ruhe, indem Sie sie ab und an schließen und ein paar Mal tief Luft holen. Wenn Ihnen das schwer fällt, können Sie sich auch ein paar Minuten lang hinlegen und eine Schlafmaske anziehen, um sich gegen das Licht abzuschirmen.

SCHMECKEN: Essen Sie natürliche, weniger raffinierte Nahrungsmittel ohne zusätzliche Geschmacksstoffe, weißen Zucker oder zu viel Salz. Gewöhnen Sie Ihre Geschmacksknospen an den sanften Geschmack natürlicher Nahrungsmittel. Üben Sie die »Rechte Rede«; achten Sie darauf, wie viel Sie jeden Tag sprechen und ob Sie zu Kritik oder Tratsch neigen. Mit ein wenig Übung wirkt Schweigen beruhigend.

BERÜHREN: Reiben Sie Ihre Haut täglich mit Öl ein, um die Nervenenden zu beruhigen (siehe Seite 302). Benutzen Sie am besten natürliche Öle, wie Sesam-, Sonnenblumen-, Kokos- und Mandelöl statt einer herkömmlichen Feuchtigkeitscreme. Ziehen Sie sich warm genug an. Umarmen Sie die Menschen, die Sie lieb haben.

RIECHEN: Verwenden Sie weniger Produkte mit chemischen Duftstoffen. Bei Parfüms eignet sich der Duft frischer Blumen mit einem Hauch ätherischer Öle. Sie werden allerdings feststellen, dass Sie durch die sattvische Ernährung schon von alleine gut riechen werden.

MÄSSIGER MEDIENKONSUM

Sie müssen nicht jederzeit für jeden verfügbar sein. Produktivität ist nicht der einzige Zweck des Lebens. Schalten Sie ab und an Telefon und Computer aus und genießen Sie die stillen Freuden, die Ihre Sinne aufnehmen können, indem Sie Ihre Aufmerksamkeit auf den Lichteinfall, die Farben der Welt um Sie herum oder einfach auf einen Schluck Kräutertee richten. Gehen Sie raus, lenken Sie Ihre Aufmerksamkeit vom inneren Geplapper des Geistes weg und betrachten Sie die größere Welt.

STRESSREDUZIERUNG

Noch aus den Urzeiten, in denen es um das nackte Überleben ging, ist es tief in unserer Psyche verankert, ständig in Alarmbereitschaft zu sein. Wenn unser Nervensystem überlastet ist, lösen sogar geringe Stressfaktoren unseren Überlebensinstinkt aus. Versuchen Sie es mit den Vorschlägen in diesem Abschnitt, um Ihr allgemeines Stressniveau zu reduzieren, damit es den Zustand der Alarmbereitschaft gar nicht erreicht.

Es ist ganz normal, dass man sich überfordert fühlt, wenn einem vorgeschlagen wird, seine Lebensgewohnheiten erheblich zu ändern. Solange man nicht lernt, seine Aufmerksamkeit nicht auf die To-Do-Liste oder die ständigen Stressfaktoren, sondern auf sein starkes, in sich ruhendes Selbst zu richten, das »Ich schaffe das!« sagt, wird sich kein Gleichgewicht einstellen. Denken Sie daran, dass langanhaltender Stress ein Zustand des Ungleichgewichts ist. Gelüste in diesem Zustand spiegeln das Ungleichgewicht wider. Beispielsweise ist der Wunsch, weiterzuarbeiten oder weiterzuessen, obwohl eine leise Stimme sagt: »Ich brauche eine Pause«, ein Anzeichen dafür. Es braucht Übung, um sich von alten Mustern zu lösen, aber der Weg beginnt mit dem Wunsch nach Veränderung. Halten Sie inne, holen Sie Luft, schließen Sie die Augen und hören Sie auf Ihr innerstes Selbst, um unausgewogene Gelüste und Gewohnheiten zu überwinden. Sobald die natürliche Intelligenz ein wenig den Kurs ändert, wird es leichter. Es sind wiederholte Anstrengungen nötig und manchmal macht man zwei Schritte vor, einen zurück, aber die Veränderung kommt auf jeden Fall. Schauen Sie sich die folgenden Tipps zur Stressreduzierung an; vielleicht springt Ihnen einer oder sogar zwei direkt ins Auge. Fangen Sie dann genau damit an.

SCHLAF: Im Ashtanga Hridaya heißt es: »Glück und Kummer … Wissen und Unwissenheit, Leben und Tod – alles hängt vom Schlaf ab«. Die richtige Menge Schlaf, zur richtigen Zeit, sorgt für einen harmonischen Geisteszustand. Abends lange aufbleiben (weit nach 22 oder 23 Uhr), tagsüber schlafen (außer bei Angst, Überreizung oder Krankheit) sowie zu viel oder zu wenig Schlaf sind Gründe für ein Ungleichgewicht. Der richtige Schlafrhythmus für optimale, ausgeglichene Energie sieht so aus, dass man gegen 22 Uhr schlafen geht und den Wecker auf ungefähr 6 Uhr stellt. Nicht alle benötigen gleich viel

Schlaf und auch nicht jeder besitzt die Freiheit, sich an einen idealen Schlafrhythmus halten zu können. Aber wenn Sie mal früher einen Gang zurückschalten und eine richtige Pause machen können, sollten Sie die Gelegenheit nutzen. Schauen Sie sich an, was Sie abends wach hält; wenn es sich dabei um die Erledigung aufgeschobener Dinge, Surfen im Internet oder um Fernsehen handelt, kann man dagegen etwas tun. Nach meiner Beobachtung erlauben sich viele Menschen selbst nicht, ausreichend zu schlafen oder sie nehmen ihren Schlaf nicht wichtig genug.

PRAXISTIPP: Um Ihre Schlafenszeit zu verschieben, sollten Sie die Zeit, zu der Sie ins Bett gehen und/oder aufstehen, jeweils um fünfzehn Minuten alle zwei Wochen verändern, bis Sie die gewünschte Zeit erreicht haben. Sollten Sie nach zwei Wochen allerdings noch immer Probleme mit der Uhrzeit haben, bleiben Sie bei diesem Fünfzehn-Minuten-Abschnitt. Nehmen Sie sich die Zeit, bis Sie bereit sind. Halten Sie sich dann an den Rhythmus.

EINE BALANCE AUS ARBEIT UND ENTSPANNUNG FINDEN: Eine grundsätzliche Ursache des Ungleichgewichts zwischen Arbeit und Entspannung ist die kulturelle Norm, dass Arbeit das Wichtigste sei. Überdenken Sie einmal den Satz: »Nehmen Sie sich Zeit für sich selbst.« *Nehmen*? Wer hat gesagt, dass die Zeit für einen selbst kein fest verwurzelter Aspekt des täglichen Lebens sein sollte? Da liegen wir alle falsch und bringen uns durch ein hohes Stressniveau selbst in Schwierigkeiten. Wie wäre es mit »Erwarten Sie Zeit für sich selbst.« Hätte das nicht einen ganz anderen Stellenwert? Man hätte keinen Grund, sich schlecht zu fühlen, wenn man eine Ölmassage oder die Ruhe beim Yoga genießt – hey, schließlich macht das jeder!

Leider macht das nicht jeder, und es fühlt sich an, als ob man Berge versetzen würde oder egoistisch wäre, wenn man Entspannung sucht. Natürlich kann es immer einen Mangel an Zeit geben, aber ich denke, die Hauptursache für das Ungleichgewicht zwischen Arbeit und Entspannung ist unsere Ansicht über Arbeit und deren überragende Bedeutung. Wenn sich Ihre grundlegenden Ansichten verändern, verändert sich auch Ihr Tagesablauf, auch wenn das momentan unmöglich erscheint.

PRAXISTIPP: Mir ist aufgefallen, dass es mir, wenn ich mehr zu tun habe, schwer fällt, mich zu entspannen und beispielsweise auf dem Boden zu liegen, einen Roman zu verschlingen oder mich mit Freunden zu treffen. Manchmal muss ich mich richtiggehend darauf konzentrieren, mich dabei wohl zu fühlen, mir Zeit »zu nehmen«, obwohl immer noch etwas zu tun ist. Diese freie Zeit fülle ich mit Stille, Freunden, einer luxuriösen Ölmassage oder erholsamem Yoga/Herumliegen.

SPIELEN: Spaß zu haben, ist eins der besten Dinge, die Sie für Ihre allgemeine Gesundheit tun können. Denn bei all dem Gerede über Achtsamkeit und den Geist fokussieren dürfen Sie nicht vergessen, dass sich der Geist durch freies Spielen wie von selbst ausdehnt und seinen Horizont erweitert. Draußen ist es am einfachsten – herumrennen, lachen und die Schönheit der Natur genießen. Heben Sie Äpfel auf, fahren Sie Rad, spielen Sie mit Haustieren und kümmern Sie sich um Ihre Pflanzen.

PRAXISTIPP: Achten Sie darauf, ob Sie die Spielzeit ausfallen lassen, weil Sie »zu beschäftigt« sind. Ersticken Sie diese Tendenz direkt im Keim und verabreden Sie sich so bald wie möglich zum Spielen. Sogar ein zwanzigminütiger Spaziergang zur Mittagszeit kann spielerisch sein. Ich rede zum Beispiel gerne mit Eichhörnchen.

MEDITATION UND YOGA. Traditionell soll eine sattvische Ernährung zur Unterstützung bei Yoga und Meditation dienen. Es ist nicht nötig, körperliche Hochleistungen zu vollbringen oder sich in Enthaltsamkeit zu üben, um von Yoga profitieren zu können. Wenn Sie anfangen, sanfte Yogaübungen zu machen, kann sich dadurch eine Beziehung zwischen Geist und Körper entwickeln, die Ihnen beibringt, auf die Bedürfnisse Ihres Körpers zu hören. Durch Konzentration und Meditation können Sie irgendwann auf Ihren Geist hören und verstehen, was darin vorgeht und das wahre Selbst als etwas wahrnehmen, was von all den ablenkenden Geräuschen getrennt ist. Wenn die mentale Ebene deutlich wird, werden der Alltag, die großen Entscheidungen und die engen Beziehungen immer klarer und Sie fühlen sich Ihrem wahren Selbst immer näher. Am besten machen Sie die Yoga- und Meditationsübungen mit einem erfahrenen Lehrer.

PRAXISTIPP: Eine erste Konzentrationsübung, beispielsweise zehnmal zu atmen, ohne abzudriften, kann der erste Trainingsschritt für den Geist sein und die Sinne beruhigen. (Sie brauchen sich nicht schlecht zu fühlen, wenn Ihnen das nicht gelingt. Die meisten Menschen schaffen am Anfang nicht mehr als drei Atemzüge.)

GEMEINSCHAFT: Die Umgebung spielt eine wichtige Rolle bei der Bewegung der Maha Gunas. So oft wie möglich Zeit an schönen Orten oder mit Menschen, die Ihre Stimmung heben, zu verbringen, kultiviert den höheren Geist. Nehmen Sie sich die Zeit, darauf zu achten, wie Sie sich nach Aktivitäten und Zeit mit anderen Menschen fühlen, und gehen Sie jenen Aktivitäten nach, nach denen Sie sich ausgeglichen und genährt fühlen.

PRAXISTIPP: Achten Sie darauf, welche Art von Restaurants oder Geschäften Sie häufig aufsuchen. Wenn Sie in Geschäften/Restaurants kaufen bzw. essen, die in lokaler Hand sind und die ihre Waren bewusst auswählen, fördern Sie Sattva. Falls Sie sparen müssen, sollten Sie versuchen, seltener auswärts zu essen und häufiger selbst zu kochen und sich außerdem mit Freunden zum Essen treffen, bei denen jeder etwas mitbringt. Zuhause zu essen und andere einzuladen, um das, was Sie gekocht haben, zu teilen, verbreitet ein positives Gefühl.

SAISONALE REINIGUNG: Ayurveda empfiehlt saisonale Reinigung, um die Auswirkungen einer sich verändernden Umgebung auf die Gesundheit einzuschränken. Durch eine einfachere Ernährung beim Wechsel der Jahreszeiten kann der Körper die überschüssigen Eigenschaften ausstoßen, die sich in der vergangenen Jahreszeit angesammelt haben, wie zum Beispiel die Hitze des Sommers oder der Schleim des Winters. Der Körper ist gut darin, Dinge loszuwerden, solange Sie ihm dafür ein wenig Raum geben. Eine einfache Ernährung und Ruhe ermöglicht genau das. Der Jahresrhythmus der saisonalen Reinigungen unterstützt das Immun- und Verdauungssystem. Weitere Informationen über saisonale Reinigungen finden Sie in *Das Ayurveda-Kochbuch für jeden Tag: köstlich und typgerecht essen nach den Jahreszeiten*.

Auch der Geist braucht eine Pause von all dem Input und die Möglichkeit, Dinge loszuwerden. Bei einer »Reinigung« muss es nicht nur um Essen gehen. Denken Sie daran, dass der Geist Sinneseindrücke, Erfahrungen und Emotionen verdauen muss. Wenn im Leben viel los ist, wird der Geist überreizt, sodass es zu einem Rückstau an geistiger »Nahrung« kommt. Etwas Ruhe, Selbstpflege und der deutliche Wunsch, den Geist zu entspannen, sind nötig, um Raum für die geistige Verdauung zu schaffen. Denken Sie auch daran, wie geschäftig die digitale Welt der Telefone und Computer sein kann, und planen Sie darum auch eine Medienpause ein. Es kann auch hilfreich sein, den externen Raum zu reinigen. Mentalen Raum können Sie schaffen, indem Sie Ihr Auto, den Kleiderschrank oder die Wandschränke aufräumen oder eine Bestandsaufnahme der Gewohnheiten machen, die nicht mehr günstig für Sie sind.

Wichtig ist es, auf den Rhythmus des Jahres zu achten: Reinigen Sie sich zu einem Zeitpunkt im Jahr, der für Sie für einen Neustart, eine Entrümpelung oder einen Rückzug geeignet ist. Ansonsten wird man zu leicht vom geschäftigen Leben mitgeschwemmt und vergisst die Selbstpflege. (Ein dreitägiges Geist-Reinigungsprogramm finden Sie in Anhang 2.)

Das waren viele Ratschläge. Klopfen Sie sich selbst auf die Schulter, wenn Sie auch nur einen einzigen ausprobieren.

FÜNF WEGE, IHREN GEIST ZU REINIGEN

Versuchen Sie es einmal mit einem dieser Tipps für einen Tag der geistigen Reinigung. Suchen Sie sich einen aus, den Sie mögen, und setzen Sie ihn einmal die Woche in die Tat um, um Ihr mentales Gleichgewicht zu fördern.

- Den Stecker ziehen: Nehmen Sie sich einen kompletten Tag Auszeit von sämtlicher Technologie: E-Mail, Telefon, Computer und TV.
- Abschalten: Schalten Sie alle Monitore vor dem Abendessen aus und lassen Sie sie die ganze Nacht über ausgeschaltet.
- Ölmassagentag: Reservieren Sie sich morgens oder abends Zeit, um auf leeren Magen mit der Ölmassage am Kopf zu beginnen. Ölen Sie anschließend den gesamten Körper ein (siehe Anhang 1 auf Seite 296). Lassen Sie das Öl dreißig bis fünfundvierzig Minuten auf dem Körper und gönnen Sie sich anschließend eine heiße Dusche.
- Einen Moment der Stille genießen: Kein Telefon, Radio, TV oder Gespräch, bis Sie offiziell mit dem Arbeitstag beginnen.
- Spieltag: Machen Sie den ganzen Tag lang nur Dinge, die Sie möchten und die Ihnen Spaß machen.

Ein Tag im Leben: Tägliche Richtlinien für einen ausgeglichenen Geist

Lassen Sie sich von diesen täglichen Richtlinien bitte nicht überfordern. Bei der Heilung des Geistes geht es nicht um Perfektion – es geht um Selbstwahrnehmung. Ihren eigenen Prozess von Gleichgewicht zu Ungleichgewicht sowie andersherum zu erforschen oder die täglichen Auslöser herauszufinden, die zu Überreizung oder Benommenheit im Geist führen, ist der beste Weg anzufangen. Ich bin mir sicher, dass Ihnen mindestens ein Punkt dieser Liste ins Auge springen wird. Werfen Sie einen ehrlichen Blick auf die Muster in Ihrem Leben, die bestimmten Gewohnheiten zugrunde liegen.

Unser täglicher Rhythmus besteht aus einer Matrix von ineinander verwobenen Aktivitäten. Wenn Sie sich ernsthaft daran machen, sowohl Gewohnheiten in Ihrer internen als auch externen Welt zu verändern, werden Sie feststellen, dass jede Veränderung einen Dominoeffekt nach sich zieht. Die Reise zu einem starken, gesunden Geist beginnt mit einer einzigen Veränderung, am besten einer einfachen, die Ihnen zweifelsohne den nächsten Schritt weist, wenn der richtige Zeitpunkt gekommen ist.

ERWEITERN SIE IHREN GEIST BEIM AUFWACHEN. Widerstehen Sie dem Drang, direkt morgens Ihre E-Mails zu checken oder sich in die Arbeit zu stürzen. Erlauben Sie Ihrem Geist, sich in der Natur zu erweitern, wenn Sie aufstehen. Schauen Sie in den Himmel, achten Sie auf die Elemente, die an dem Tag vorherrschen; verbinden Sie sich mit der größeren Welt.

LASSEN SIE SICH ZEIT FÜR DEN MORGENDLICHEN STUHLGANG. Ein leerer Darm bedeutet einen klaren Geist. Gönnen Sie sich Zeit, Ruhe und eine Tasse heißes Wasser, vielleicht mit etwas Zitrone. Lassen Sie sich morgens Zeit, damit die Körperfunktionen richtig vonstattengehen können. Schieben Sie nicht sämtliche Hausarbeit auf die Morgenstunden und drücken Sie beim Wecker nicht auf »Snooze«, um dann wie verrückt herumzurennen, bevor Sie das Haus verlassen. Morgendliches Dösen ist Zeitverschwendung – diese zehn Minuten könnten den Unterschied zwischen Stress und einem angenehmen Start in den Tag ausmachen.

BADEN SIE MORGENS. Im Schlaf entgiftet Ihr Körper. Wenn Sie morgens baden, entfernen Sie die Giftstoffe und können den Tag wie ein unbeschriebenes Blatt beginnen.

PLANEN SIE IHRE MAHLZEITEN. Bereiten Sie sich abends vor, indem Sie das Getreide für das warme, morgendliche Müsli einweichen oder Gemüse für das Mittagessen schneiden. Wenn Sie Mahlzeiten auslassen, obwohl Sie hungrig sind, führt das zu Instabilität des Geistes.

ESSEN SIE ZU MITTAG. Erden und nähren Sie sich am Mittag, wenn das Verdauungsfeuer am stärksten ist, sodass Sie das Essen als Treibstoff für den Rest des Tags verbrennen. Isst man abends zu viel, steigert dies Tamas und führt zu Gewichtszunahme und Benommenheit.

SEIEN SIE ORDENTLICH. Gewöhnen Sie sich an, die Dinge wegzuräumen, nachdem Sie sie benutzt haben, und achten Sie darauf, dass es für alles einen Platz gibt. Kaufen Sie nur das, wofür Sie Platz haben.

NEHMEN SIE SICH NICHT ZU VIEL VOR. Manchmal hängt unser Selbstwertgefühl davon ab, für wie beschäftigt wir uns halten oder wie stark wir in beruflichen oder sozialen Kreisen involviert sind. Es kann einen allerdings verrückt machen, wenn man versucht, mit diesen externen Indikatoren für den Selbstwert Schritt zu halten. Achten Sie darauf, ob Sie dazu neigen, alles tun oder bei allem dabei sein zu wollen. Halten Sie sich in Ihrem Kalender Raum und Zeit für *sich* frei.

MACHEN SIE EINE PAUSE AM SPÄTEN NACHMITTAG. Der späte Nachmittag ist ein wichtiger Zeitpunkt, um die Kreativität der Raum- und Luftelemente zu nutzen. Schaffen Sie Raum, indem Sie einen kurzen Spaziergang machen, sich auf den Boden und die Beine an die Wand legen oder auch eine Pause von drei Minuten machen, in der Sie bewusst atmen. Wenn Sie die Aktivität des Geistes für ein paar Minuten unterbrechen, können sich Raum und Luft ausdehnen und der Geist wird erfrischt und verjüngt. Sie werden feststellen, dass dies ein hervorragender Ersatz für die Angewohnheit des nachmittäglichen Snacks ist. Snacks verändern die Energie genauso wie eine geistige Pause. Häufig greifen wir nicht aufgrund von Hunger zu einem Snack, sondern weil eine Energieveränderung nötig ist. Möglicherweise ist Ihnen schon einmal aufgefallen, dass Sie mehr Essen benötigen, wenn Sie übermüdet sind.

BERUHIGEN SIE AM ABEND IHRE SINNE. Aktivitäten, bei denen die Sinne am Abend ausruhen können, sind ideal. Nach dem Abendessen sollten Sie es ruhig angehen, damit Sie gut schlafen und am nächsten Tag ausgeruht sind. Fernsehen, viel Reden oder stimulierende Musik sollten ein besonderes Vergnügen, aber nicht die allabendliche Beschäftigung sein. Entspannen Sie mit Ihren Lieben, hören Sie sich eine geführte Meditation an, gehen Sie spazieren oder einem computerfreien Hobby nach (beispielsweise Ölmassage oder Dehnungsübungen), um die Energie des Tages auszugleichen.

STELLEN SIE DAS TELEFON AUS. Schauen Sie nach 21 Uhr auf keine Bildschirme mit Hintergrundbeleuchtung, weil diese einen länger wach halten und den Schlaf stören.

Veränderungen des Lebensstils brauchen Zeit. Den größten Erfolg erzielen Sie, wenn Sie sie schrittweise einführen. Mit diesen Tipps aus dem Ayurveda gebe ich Ihnen einen umfassenden Überblick darüber, wie das Konzept von Sattva Vijaya funktioniert, über die psychologischen Ursachen des Ungleichgewichts und die mentalen Muster sowie deren Heilung, welche durch konsequenten, teilnahmsvollen Fokus möglich ist.

Und das Beste ist, dass die ayurvedische Heilstrategie, bei der eine Einheit aus Körper, Geist und Seele angestrebt wird, durch Lebensstil oder Ernährung verfolgt werden kann – idealerweise aber durch beides in Kombination. Manchen fällt es leichter, zuerst ihre Ernährung zu verändern, weil diese greifbar ist und man sie schmecken kann und man sich sofort gut fühlt. Sattvisch zu kochen, ist einfach und ich bin mir sicher, dass Sie die Prinzipien ziemlich leicht umsetzen können, sobald Sie es sich vorgenommen haben.

TEIL ZWEI

DIE SATTVISCHE KÜCHE

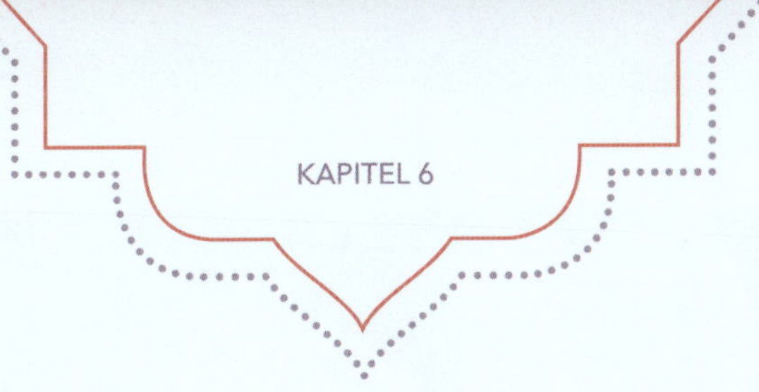

KAPITEL 6

Kochen für mehr Klarheit

HEILEN SIE IHREN GEIST DURCH NAHRUNG

Das Essen, das Sie zu sich nehmen, kann den Zustand Ihres Geistes verändern. Wow! Wir müssen alle essen, warum das Essen also nicht zu unserer Medizin machen? Die Nahrungsmittel, die Sie täglich zu sich nehmen, führen sowohl dem Geist als auch dem Körper die entsprechenden Eigenschaften zu. Ein Beispiel: Käse ist schwer und Honig ist leicht – wenn Sie zu viel Käse essen, obwohl Sie sich bereits schwer fühlen, werden Sie wenig später wahrscheinlich ein Gefühl von Trägheit und Benommenheit im Geist verspüren. Essen Sie allerdings stattdessen selbstgemachte Honig-Mandel-Bissen ohne Mehl, fühlen Sie sich satt, aber gleichzeitig ist Ihr Verstand hell und scharf. Heilung erfolgt dadurch, dass Sie bemerken, wie Sie sich nach dem Essen fühlen, und dadurch die richtigen Entscheidungen treffen.

Wie die Rezeptabschnitte zu benutzen sind

Alle Rezepte in diesem Buch sind Bestandteil einer sattvischen Ernährung. Das bedeutet, dass sie ohne Fleisch, Eier, Knoblauch, Zwiebeln und weißen Zucker sind. In keinem der Rezepte werden saure, scharfe oder denaturierte Nahrungsmittel im Übermaß verwendet. In Kapitel 7 lernen Sie, ein paar Grundnahrungsmittel herzustellen, wie beispielsweise Nussmilch, Mehl und Joghurt, damit Sie nicht die vorgepackten Nahrungsmittel verwenden müssen. Möglicherweise dauert es eine Weile, bis Sie einen Unterschied spüren, denn das Gleichgewicht stellt sich nicht über Nacht ein. Je länger Sie sich in einem Ungleichgewicht befunden haben, desto länger braucht der Körper/Geist, um wieder zu seiner Mitte zu finden. Doch irgendwann werden Sie das erreichen. Haben Sie also Geduld und konzentrieren Sie sich auf Ihr Ziel: Gesundheit und Glücksgefühl.

REZEPTE FÜR MEHR ZUFRIEDENHEIT

In Kapitel 8 geht es um das sattvische Kochen. Die Rezepte basieren auf natürlich ausgewogenen Aromen und Farben vollwertiger Nahrungsmittel, wie beispielsweise Hülsenfrüchte, Getreide, reifes Obst und frisches Gemüse. Alle verwendeten Aromen und Gewürze gleichen wärmend mit kühlend aus, und die Gerichte sorgen nicht nur für einen klaren Geist, sondern schmecken auch hervorragend und machen satt. Damit die Köche den Spaß genießen können, jeden Tag frisch zu kochen und weniger Reste zu haben, sind die Rezepte – mit Ausnahme einiger weniger Gerichte für besondere Gelegenheiten – so gestaltet, dass sie keine so große Menge ergeben und sehr einfach vorzubereiten sind. Bei dieser Rezeptsammlung für Gerichte, Getränke und Süßigkeiten werden Nahrungsmittel aus allen Jahreszeiten verwendet. Eignet sich ein Gericht besonders für ein bestimmtes Wetter, wird das extra erwähnt. Essen aus diesem Kapitel erdet und stabilisiert Körper und Geist und sorgt für nachhaltige Energie sowie geistige Klarheit.

REZEPTE ZUR BERUHIGUNG DES GEISTES

Essen, das beruhigend wirkt und den Körper verjüngt, hilft bei der Reduzierung von Rajas oder unruhiger Energie und kann somit zu einer ruhigeren Stimmungslage beitragen. Nahrungsmittel, die vorwiegend sauer, salzig und scharf sind, können den Geist stimulieren und den Körper überhitzen. Für die Rezepte in Kapitel 9 werden leicht süßliche, kühlende Nahrungsmittel, wie Mandeln, Kokosnuss und Trauben verwendet, um eine möglicherweise zu feurige innere Umgebung auszugleichen. Gewürze wie Koriander, Minze und Kurkuma enthalten diese kühlenden Eigenschaften in konzentrierten Mengen, und die Rezepte sprühen vor aufregenden Aromen, ohne für ein Ungleichgewicht zu sorgen. Da es einem stimulierten Geist wahrscheinlich nach Nahrungsmitteln gelüstet, welche die

Bewegung noch weiter aufrecht halten, habe ich versucht, Alternativen zu finden, wenn das Verlangen nach stimulierenden Nahrungsmitteln, wie zum Beispiel Kaffee (siehe Löwenzahn-Latte auf Seite 246) und Zuckerhaltiges (siehe Bombay-Karotten-Halwa auf Seite 243) eintritt. Wenn Sie sich überarbeitet, gereizt oder nervös fühlen, sollten Sie die Rezepte in diesem Kapitel probieren, um einen Gang runter zu schalten, Ruhe zu bewahren und die Unruhe im Geist zu besänftigen.

REZEPTE FÜR MEHR VITALITÄT UND MOTIVATION

Um vom Zustand der Trägheit und Lethargie zum Zustand ruhiger Zufriedenheit zu gelangen, müssen Sie *zuerst die Energie in Gang bringen*. Langsamer, träger mentaler Raum braucht Motivation, und zwar mehr als alles andere. Die Rezepte in Kapitel 10 nutzen saure und würzige Aromen, beispielsweise Zitrone, Chili und Essig, um den Geist zu wecken und alles in Fluss zu bringen. Wenn ein festgefahrener körperlicher Zustand die Schwere im Geist noch verstärkt, wird Klarheit durch Nahrungsmittel, die für mehr Leichtigkeit im Körper sorgen und diesen reinigen, gefördert. Das sind zum Beispiel Rüben, Sprossen, Beeren und Blattgemüse. Zusammenziehende, scharfe und bittere Speisen sorgen für einen hellen und aktiven Geist, indem Agni gesteigert wird. Dafür eignen sich zum Beispiel die Rezepte Würzige Kurkumalimonade (siehe Seite 293) und Zitronen-Petersilien-Quinoa (siehe Seite 265). Kochen Sie die Rezepte in diesem Kapitel nach, wenn Ihr Appetit oder mentaler Zustand träge sind, um den Geist zu beleben und Ihre Produktivität zu fördern. Sobald die Flamme des Geistes durch diese leicht feurigen Gerichte entzündet ist, können Sie sich daran machen, ruhige Klarheit zu erzielen, ohne sich müde oder traurig zu fühlen.

Diese Rezeptsammlung bietet für jeden etwas, und die meisten Gerichte sind leicht zuzubereiten. Sie müssen dabei nicht besonders streng oder perfekt sein. Probieren Sie es einfach mit dem sattvischen Kochen aus und schauen Sie, wie viel besser Sie sich fühlen! Haben Sie Spaß, benehmen Sie sich wie ein verrückter Wissenschaftler in der Küche und machen Sie sich ans Kochen!

KURZ GEFASST: KOCHEN FÜR DEN GEIST

Jedes der Rezeptkapitel beginnt mit grundlegenden Tipps für einen Ernährungs- und Lebensstil, um die Maha Gunas auszugleichen. Gut zu essen, ist entscheidend für eine solche Balance, aber wenn Sie die Tipps zum Lebensstil ausprobieren, steigt Ihr Erfolg exponentiell. Die Rezepte und täglichen Empfehlungen aus Kapitel 8 zu integrieren, kann zu Gleichgewicht führen, indem ein ruhiger, klarer Zustand der Aufmerksamkeit kultiviert wird. Falls Sie aber Unruhe, Angst oder feurige Energie im Geist oder Körper verspüren, sollten Sie einen Blick in Kapitel 9 werfen. Bei Lethargie und einer überwiegend schweren, trägen Energie, ist Kapitel 10 das richtige. Für den Fall, dass Sie nicht sicher sind, was gerade los ist, fängt jedes Kapitel mit einer Tabelle mit den Anzeichen für Gleich- bzw. Ungleichgewicht an, damit Sie sofort erkennen können, welche Energien den Geist bewegen.

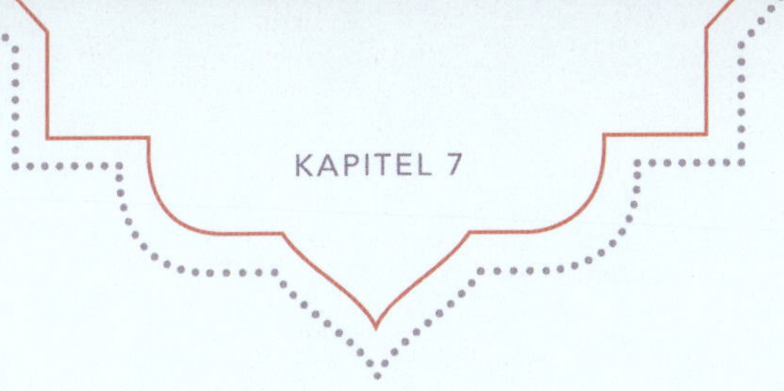

Grundrezepte der sattvischen Küche

GRUNDREZEPTE

Diese Rezepte sind die Grundlage für sattvische Suppen, Backzutaten, Gewürze und Soßen. Auch in meiner eigenen Küche versuche ich, diese nahrhaften Grundnahrungsmittel – eine kleine Auswahl an Getreide, Nüssen, Hülsenfrüchten und Kernen – auf kreative Art und Weise zu verwenden. In diesem Kapitel lernen Sie, wie man etwas zum Keimen bringt, kultiviert, einweicht sowie frische Milch und Mehl herstellt. Ich greife immer auf diese nährenden Grundnahrungsmittel zurück und nehme dann jedes Mal, wenn ich einkaufen gehe, anderes Obst und Gemüse, sodass das Einkaufen einfach und mein Essen frisch ist.

Bei vielen dieser Grundnahrungsmittel handelt es sich um solche, die Sie sonst wahrscheinlich immer abgepackt gekauft haben, beispielsweise Apfelmus, Gewürzmischungen und Mandelmilch. Aber warten Sie ab, bis Sie sie das erste Mal selbst gemacht haben – Sie werden merken, dass es etwas vollkommen anderes ist. Die Verwendung frisch hergestellter Grundnahrungsmittel garantiert nicht nur, dass Ihr Essen voller Geschmack ist, sondern auch voller Prana. Sie werden feststellen, dass alle Grundnahrungsmittel leicht zu machen und die Mühe wert sind. Sobald Sie Ihren Rhythmus gefunden haben und alle paar Tage eine Nussmilch oder einmal im Monat eine Gewürzmischung machen, werden Sie diese Produkte gar nicht mehr im Geschäft kaufen wollen.

MILCH

Mein Partner, Rich, zieht mich immer mit meiner Milchbesessenheit auf – ich schaue ständig nach, wie viel Milch noch übrig ist, weil ich es niemals erleben möchte, dass keine Milch für meinen morgendlichen Tee mehr übrig ist (das ist früh am Morgen!). Ich habe immer zwei Sorten frische Nussmilch vorrätig, weil ich die eine für Tee oder mein Gute-Nacht-Getränk und die andere für Suppen verwenden könnte. Für jede Milch habe ich meine Lieblingsverwendung aufgeführt, und Sie werden feststellen, wie gut sie sich für viele Ayurveda-Gerichte eignen.

HINWEIS: Alle Milchsorten halten sich bis zu 7 Tage im Kühlschrank. Vor Gebrauch gut schütteln.

Mandelmilch

ergibt 1 Liter

Eingeweichte Mandeln, die leicht kühlend und für jeden ausgleichend wirken, versorgen laut Ayurveda das Gehirn mit guten Fetten, wodurch man ruhig und beständig wird. Bestens geeignet ist diese Milch als abendliche, warme Milch oder als cremige Suppenbasis. Kühl serviert und mit Ahornsirup und Kardamom gesüßt, ist sie herrlich erfrischend bei heißem Wetter.

- 90 g rohe Mandeln, über Nacht eingeweicht, abgetropft und abgespült
- 1 l Wasser
- 1 Prise Salz (optional)

Mit einem Pürierstab oder in einem Standmixer die eingeweichten Mandeln mit 250 ml Wasser glatt pürieren. Restliche 750 ml Wasser sowie das Salz hinzugeben. Erneut pürieren, bis die Milch glatt ist und schäumt. Milch durch ein feinmaschiges Sieb, doppelt gelegtes Käsetuch oder ein sauberes Küchentuch filtern (zweimal filtern, wenn Sie sie sehr samtig mögen).

Den übrigbleibenden Mandeltrester können Sie verwenden, um Suppen, Chutneys und Smoothies ballaststoffreicher zu machen. Dafür den Trester auf einem Backblech verteilen und 1 Stunde lang bei rund 90 °C trocknen. Der Trester kann für die spätere Verwendung eingefroren werden. Bei Rezepten, bei denen Mandelmehl verwendet werden soll, können Sie 3,5 EL Mandelmehl durch höchstens ca. 50 g Trester ersetzen, denn durch die faserige Beschaffenheit des Tresters wird das Endprodukt beeinträchtigt, wenn er nicht sparsam verwendet wird.

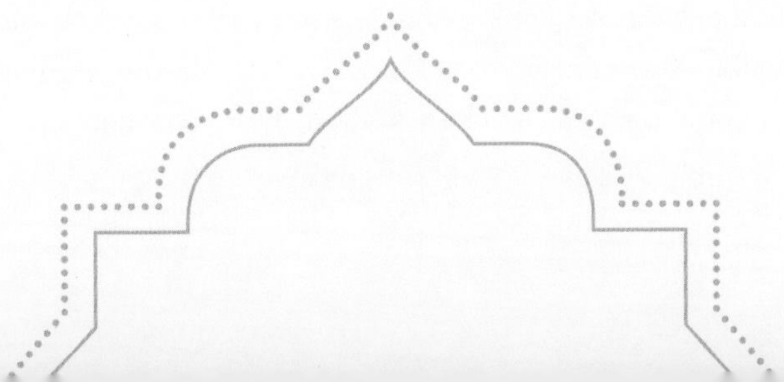

Reismilch

ergibt 1 Liter

Von allen Milchsorten ist Reismilch am leichtesten und am einfachsten zu verdauen. Ein Glas von ihr erfrischt und belebt; dem Frühstücksmüsli verleiht sie eine cremige Note.

- 220 g brauner oder weißer Reis, ungekocht, über Nacht eingeweicht, abgetropft und abgespült
- 1 l Wasser

Eingeweichten Reis und Wasser in einen Mixer geben und glatt pürieren. Milch durch ein feinmaschiges Sieb, doppelt gelegtes Käsetuch oder ein sauberes Küchentuch filtern. Hält sich bis zu 7 Tage im Kühlschrank.

Für ein reines und wärmendes Frühstück kochen Sie den übrigbleibenden Reistrester in ein wenig Wasser mit Rosinen und süßer Gewürzmischung (siehe Seite 125).

DAS BESTE VON DER KUH?

In meinem allerliebsten Weihnachtsfilm gießen Bing Crosby und Rosemary Clooney dicke, cremige Milch aus einem Krug in Gläser. Bei dieser Szene muss ich daran denken, wie viele Kinder ihre Nährstoffe aus diesem täglichen Glas Milch beziehen mussten. Noch vor einer Generation trug in vielen Ländern die Propaganda der Weizen-, Fleisch- und Milchprodukteindustrie zur Entwicklung einer problematischen Ernährungspyramide bei. Heute stellt sich die Frage: Brauchen wir diese Milch oder nicht?

In vielen Kulturen ist Kuhmilch noch immer fester Bestandteil der Ernährung, obwohl wir sie nur schwer verdauen können. Um die allgemeine Wirkung eines Nahrungsmittels auf unsere Gesundheit beurteilen zu können, wird im Ayurveda nicht nur auf die natürlichen Eigenschaften eines Nahrungsmittels, sondern auch auf die Art der Verarbeitung geachtet. Die meisten von uns können homogenisierte Milchprodukte schlechter verdauen als frische Milch, bei der die Fettmoleküle noch intakt sind. Denaturierte Fette sind aus Sicht des Ayurveda definitiv eine schlechte Idee, weil sie sich leicht in Ama bzw. Giftstoffe wandeln.

Ich finde, die Milch von grasfressenden Kühen schmeckt am ehesten wie die Milch, die ich in Indien immer trinke. Für Chai oder heiße Schokolade im Winter kaufe ich immer jene Milch. Falls Sie Rohmilch bekommen können, umso besser! In der ayurvedischen Ernährung ist Kuhmilch eine homöopathische Substanz und nichts, was man ständig zu sich nehmen sollte. Also ist kein 250-ml-Glas am Tag erforderlich. Die richtige Menge Milch hängt von Ihrer persönlichen Konstitution, Ihrer Verdauung sowie der aktuellen Jahreszeit ab (trocken und kalt = mehr Milchfette).

Hanfmilch

ergibt 1 Liter

Die Mineralien und Fettsäuren in den Hanfsamen reparieren Hirngewebe und verbessern das Gedächtnis. Aus ihnen kann man die nährstoffreichste und am meisten nach Nuss schmeckende Milch herstellen. Hanfmilch macht Getränke und Suppen vollmundig und ist meine Lieblingsmilch. Die wohltuenden Öle in den Hanfsamen gehen bei hohen Temperaturen kaputt, weshalb Sie die Milch nicht kochen sollten. Stattdessen eignet sie sich perfekt für Smoothies oder leicht erhitzt für abendliche Stärkungsmittel sowie cremige Suppen.

85 g Hanfsamen, geschält

1 EL Ahornsirup

1 l Wasser

Hanfsamen und 250 ml Wasser in einen Mixer geben und auf höchster Stufe glatt pürieren. Restliches Wasser und den Ahornsirup hinzugeben; erneut pürieren, bis alles gut vermischt ist. Milch durch ein feinmaschiges Sieb, doppelt gelegtes Käsetuch oder ein sauberes Küchentuch filtern.

Trester entsorgen oder im Kühlschrank aufbewahren und innerhalb von drei Tagen in ein warmes Müsli geben.

GETREIDE

Vollkorngetreide ist einer der Eckpfeiler der ayurvedischen Ernährung. Fast alle Hauptgerichte bestehen aus einer Portion Vollkorngetreide und kleineren, geschmackvollen Beilagen und Würzmitteln. Hier finden Sie ein paar Möglichkeiten für Getreide mit unterschiedlichen ayurvedischen Eigenschaften, sodass Sie das aussuchen können, welches am besten für Sie geeignet ist, und es mit einem der Hülsenfrucht- und Gemüsegerichte kombinieren können. Zur besseren Bekömmlichkeit sollten Sie darauf achten, dass das Getreide durchgekocht ist. Dann ist es weich und feucht, nicht trocken und klebrig. Ihr Verdauungsfeuer ist optimal, wenn Sie unraffinierte, komplexe Kohlenhydrate in einer warmen Mahlzeit, zu der Sie sich hinsetzen, konsumieren. Langsamere, schwerfälligere Verdauungssysteme benötigen weniger Getreide, weshalb dann mehr gekochtes Gemüse und Hülsenfrüchte gegessen werden sollten.

Basmatireis

ergibt 650 Gramm

Geschälter (weißer) Basmatireis, der König unter den Getreidesorten, wird für seine gute Verdaulichkeit aufgrund seiner leichten, kühlen Eigenschaften geschätzt. Im Gegensatz zu den klebrigen, dichten Eigenschaften von Rundkornreis oder verarbeitetem Reis, lassen sich die feinen Basmatikörner sauber verdauen, was einen scharfen Verstand fördert. Nehmen Sie dieses weiche, sanfte und beruhigende Getreide, wenn Sie unter schlechter Verdauung leiden, damit der Körper optimal ernährt wird, ohne zu schwer arbeiten zu müssen. Basmatireis eignet sich hervorragend, wenn Sie gestresst sind und etwas Süßes und Einfaches brauchen. Ich gebe beim Kochen gerne noch ¼ TL Ghee hinzu, damit der Topf nicht überkocht und die trockenen Eigenschaften des Getreides ausgeglichen werden.

HINWEIS: Haben Sie eine starke Verdauung, sollten Sie braunen Basmatireis nehmen, diesen aber 45 Minuten kochen.

215 g weißer Basmatireis

500 ml Wasser

¼ TL Ghee

¼ TL Salz

Den Reis in einem feinmaschigen Sieb unter kaltem, fließendem Wasser abspülen. Das Sieb mit dem Reis in eine Schüssel mit kaltem Wasser geben und 30 Minuten einweichen lassen. Reis abtropfen und noch einmal unter kaltem Wasser abspülen, bis das Wasser klar bleibt.

Reis mit 500 ml Wasser, Ghee und Salz in einen mittelgroßen Topf geben. Bei mittlerer bis hoher Temperatur zum Kochen bringen. Abdecken, Hitze auf niedrige Temperatur stellen und 17 Minuten köcheln lassen. Lassen Sie den Reis in Ruhe, während er kocht – nicht unter den Deckel schauen oder umrühren! Nach 17 Minuten vom Herd nehmen und 5 Minuten mit Deckel ruhen lassen.

Deckel abnehmen, mit der Gabel auflockern und servieren.

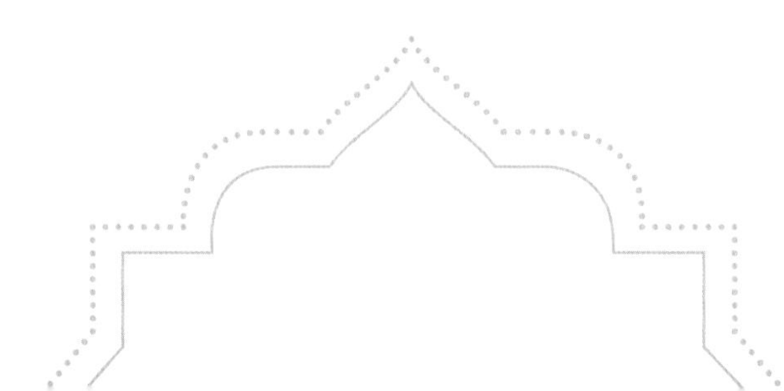

Quinoa

ergibt 630 Gramm

Quinoa sind sozusagen Supersamen und ein altes Nahrungsmittel aus den Anden. Sie sind bei Vegetariern ziemlich beliebt, weil sie alle essentiellen Aminosäuren enthalten. Quinoa hat die leichten Eigenschaften von Samen und nicht die dichten, schweren Qualitäten von herzhaften Getreidesorten, wie beispielsweise Weizen und Hafer. Dadurch eignet es sich hervorragend bei warmem Wetter. Außerdem ist Quinoa schneller durchgekocht als die meisten Getreidesorten!

HINWEIS: Achten Sie darauf, die Quinoa zwei oder drei Mal gründlich unter kaltem, fließendem Wasser abzuspülen, weil die in der Samenschale enthaltenen Saponine zu Verdauungsproblemen führen können.

210 g Quinoa

500 ml Wasser

Quinoa in einem engmaschigen Sieb unter kaltem Wasser abspülen. Abgespülte Quinoa und 500 ml Wasser in einen mittelgroßen Topf geben. Wasser und Quinoa bei hoher Temperatur zum Kochen bringen, anschließend auf niedrige Temperatur stellen, abdecken und 15-20 Minuten köcheln lassen. Wenn die gesamte Flüssigkeit aufgesogen wurde, vom Herd nehmen. Abgedeckt 5 Minuten ruhen lassen.

Deckel abnehmen, mit der Gabel auflockern und servieren.

Gerste

ergibt 620 g

Ich bezeichne Gerste oft als »Nasennebenhöhlen-Befreier«, weil sie die Fähigkeit besitzt, überschüssiges Wasser aus dem Körper zu holen. Besonders hilfreich ist das, wenn es um Gewichtsverlust, Verstopfung, Benommenheit und ein allgemeines Gefühl von Schwere geht. Die leichten, trockenen Eigenschaften reduzieren die Abgeschlagenheit im Körper und Geist. Ich esse dieses Getreide, immer wenn sich mein Kopf wie verklebt anfühlt, und zwar täglich zu ein oder zwei Mahlzeiten, bis das Problem gelöst ist. Weichen Sie die Gerste vor dem Kochen über Nacht ein, dann wird sie schön weich und cremig.

100 g Gerste

750 ml Wasser

Die Gerste in einem Sieb unter kaltem, fließendem Wasser abspülen. Abgespülte Gerste mit 750 ml Wasser in einen mittelgroßen Topf geben. Bei hoher Temperatur zum Kochen bringen, anschließend auf niedrige Temperatur stellen und bei geschlossenem Deckel 40-50 Minuten köcheln lassen. Wenn sich das Volumen der Gerste verdreifacht hat, vom Herd nehmen. Abgedeckt 10 Minuten ruhen lassen. Deckel abnehmen, überschüssige Flüssigkeit abgießen und mit der Gabel auflockern. Die Gerste sollte eher weich sein.

Wenn Sie die Gerste vorher einweichen, reduziert sich die Garzeit um die Hälfte.

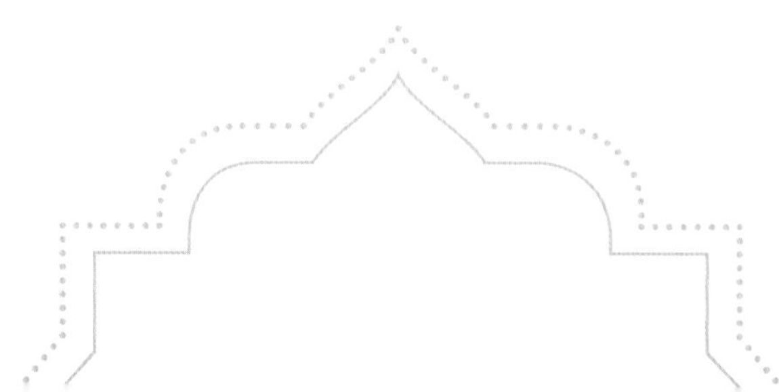

MEHLE

Die sattvische Natur unseres Essen steigt mit der Liebe und Umsicht, die wir ihm beim Kochen entgegenbringen. Getreide selbst zu Mehl zu verarbeiten, dauert nur ein bis zwei Minuten, und man bekommt ein frisches, nährstoffreiches Produkt. Es ist wirklich einfach, darum empfehle ich Ihnen, jedes Mal, wenn Sie eines der Rezepte mit einer dieser Mehlsorten kochen, das Mehl frisch zu mahlen. Achten Sie darauf, dass der Mixer vor dem Mahlen richtig trocken ist.

Hafermehl

ergibt 75 Gramm

Zum Backen verwende ich meistens Hafermehl. Es hat einen natürlichen süßen Geschmack, lässt sich gut vermischen und man kann damit köstliche Kekse und Riegel zaubern.

75 g Haferflocken

Ungefähr 5 Sekunden in einem trockenen Mixer auf höchster Stufe verarbeiten, bis aus den Haferflocken feines Mehl geworden ist.

Buchweizenmehl

ergibt 150 Gramm

Dieses Mehl hat einen stärkeren Geschmack als Hafer- oder Reismehl, weshalb ich es beim Backen nur in kleinen Mengen verwende, es aber mein Lieblingsmehl für Dosa ist. Ein Dosa aus Buchweizenmehl hat einen kräftigen, nussigen Geschmack, der sehr gut zu einem würzigen Chutney passt.

150 g Buchweizenschrot, roh

Ungefähr 5 Sekunden in einem trockenen Mixer auf höchster Stufe verarbeiten, bis aus dem Buchweizenschrot feines Mehl geworden ist.

HINWEIS: Sie können auch gerösteten Buchweizen (*Kashi)* verwenden, aber der starke Röstgeschmack übertüncht möglicherweise die anderen Geschmacksrichtungen. Mit rohem Buchweizen sind Sie auf der sicheren Seite. Außerdem ist er sattvischer.

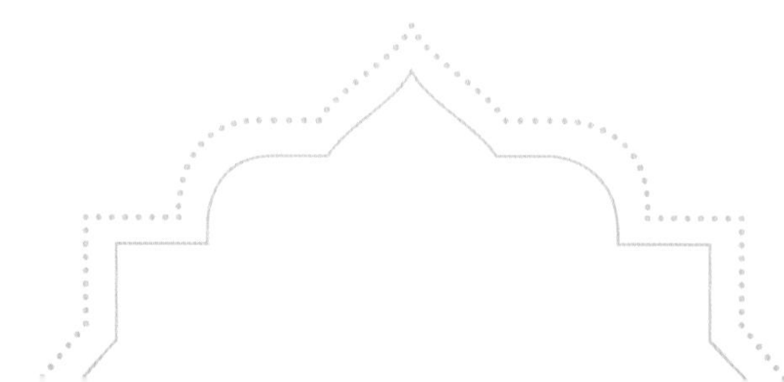

Reismehl

ergibt 200 Gramm

Um Reis zu mahlen, benötigen Sie einen sehr leistungsstarken Standmixer. Wenn Sie keinen haben, sollten Sie Reismehl kaufen. Am besten aus den großen Spendern von Bioläden.

Ich habe für alle Rezepte weißes Reismehl genommen. Sie können das Mehl auch aus 100 g braunem und 100 g weißem Reis machen. Dann wird es etwas grobkörniger. Ich persönlich mag Dosas und Klöße etwas herzhafter, aber das ist nicht jedermanns Sache. Für den Anfang empfehle ich Ihnen weißes Reismehl.

200 g weißer Reis

Reis rund 15 Minuten in das Gefrierfach stellen. Gekühlten Reis in einen Mixer geben und ein paar Sekunden auf niedrigster Stufe verarbeiten, dann auf hohe Geschwindigkeit steigern. Wenn der Reis aufbricht, den Mixer anhalten und den Inhalt durchrühren. Vorgang noch ein- bis zweimal wiederholen, bis der Reis zu einem feinen Mehl gemahlen ist.

Mandelmehl

ergibt 150 Gramm

Falls Sie noch nie mit Mandelmehl gebacken haben, sollten Sie das unbedingt ausprobieren. Sie können ganz einfach proteinreiche, ballaststoffreiche Süßigkeiten zaubern, die es problemlos mit herkömmlichen Keksen aufnehmen können.

150 g Mandeln, roh

Mandeln in einem Mixer oder einer Küchenmaschine ein paar Sekunden auf höchster Stufe zu einem feinen Mehl verarbeiten. Übertreiben Sie es beim Mixen nicht, denn sonst haben Sie am Ende Mandelmus, weil sich die Öle trennen und sich im Mehl Klumpen bilden.

SPROSSEN

Durch das Ziehen von Sprossen steigert sich der verfügbare Nährwertgehalt der Hülsenfrüchte und die Gasbildung wird reduziert, weil die Bohnen »vorverdaut« werden. Im Ayurveda werden Sprossen als Medizin angesehen, weil jede kleine Hülsenfrucht die gesamte potenzielle Energie besitzt, die nötig ist, damit aus einem Samen eine Pflanze wird. Durch den Konsum von Sprossen erhalten *Sie* diese potenzielle Energie; außerdem sind sie hervorragende Mentalmotivatoren! Falls Sie Bohnen nicht gut verdauen können, könnte dies eine sehr gute Methode sein, um Ihre Ernährung dennoch durch eine vegetarische Proteinquelle zu bereichern.

Es gibt so viele Bohnen und Samen, die man zum Sprossen bringen kann. Insbesondere führe ich hier Mungobohnen und Linsen auf, denn ich habe alles Mögliche zum Keimen gebracht, aber mit diesen beiden Nahrungsmitteln geht es besonders einfach und schnell. Ich gebe sie zu Kichari und jeglicher Art von Getreidegerichten. Zwar treiben eingeweichte Mandeln nicht wirklich Sprossen, aber sie durchlaufen einen ähnlichen Prozess der Vorverdauung und sind ein toller Snack.

Achten Sie darauf, dass die Bohnen nicht alt oder schal sind. Kaufen Sie sie aus den Spendern für lose Lebensmittel von Geschäften, bei denen der Inhalt der Spender immer wieder frisch ist – das ist meist ein Laden, der allgemein gut besucht ist und eine große Abteilung mit losen Lebensmitteln hat. Alte Bohnen treiben keine Sprossen, weil sie ihre Lebensenergie verloren haben.

Gekeimte Mungobohnen

ergibt 260 g

85 g Mungobohnen, grün

375 ml Wasser

Bohnen über Nacht in Wasser einweichen. Am Morgen die Bohnen in einem Sieb abtropfen und abspülen. In einer dünnen Schicht auf dem Boden des Siebs ausbreiten, eine breite Schüssel darunter stellen, um die Tropfen aufzufangen, und mit einem Tuch bedecken. Einen Tag und eine Nacht zum Keimen auf der Küchenzeile stehen lassen.

Am nächsten Morgen die Sprossen wieder abspülen und abtropfen. Mit einem Tuch abdecken und Vorgang wiederholen. Innerhalb von rund 48 Stunden (je nachdem, wie warm es in Ihrer Küche ist) wachsen den Bohnen kleine weiße Schwänzchen. Die Keime am besten verzehren, bevor die Schwänzchen länger als 5 mm sind. Wenn Sie sie nicht sofort essen wollen, können Sie sie ein paar Tage in einem Behälter aus Glas im Kühlschrank aufbewahren.

Gekeimte Linsen

ergibt ca. 280 g

85 g Linsen, grün

375 ml Wasser

Linsen kann man mit der gleichen Methode keimen lassen wie Gekeimte Mungobohnen (siehe Seite 123). Innerhalb von 2 Tagen sollten Sie Linsenkeimlinge haben.

ALTERNATIVE METHODE IM EINMACHGLAS: Kaufen Sie einen Siebeinsatz für ein 1-Liter-Einmachglas mit breiter Öffnung. Dieses kleine Plastiksieb wird auf das Glas geschraubt, um das Abspülen und Abtropfen zu erleichtern. Sie können auch ein Käsetuch über die Öffnung des Glases spannen und mit dem Metallring befestigen. Nach dem Abspülen das Glas zum Abtropfen mit der Öffnung nach unten auf den Geschirrständer stellen. Die Keimlinge wachsen dann direkt dort neben der Spüle.

Eingeweichte Mandeln

ergibt 65 g

Wenn man Mandeln einweicht, werden Enzyme freigesetzt, durch die sie viel leichter zu verdauen sind. Die Nüsse eignen sich hervorragend als Reise-Snack oder als willkommener Proteinzusatz in Salaten und Smoothies.

35 g Mandeln, roh

250 ml kaltes Wasser

Mandeln 8 Stunden oder über Nacht im Wasser einweichen. Einweichwasser wegschütten, Mandeln abspülen und Haut abziehen. Sofort als energiebringenden Snack genießen.

Luftdicht verschlossen halten sie sich 2-3 Tage im Kühlschrank.

GEWÜRZMISCHUNGEN

Gewürze sind die wirkungsvollste Medizin. Frisch gemahlen kann ein scharfer Geschmack, wie beispielsweise der des Pfeffers, den Nebel im Kopf vertreiben, sodass Sie wieder motiviert sind. Ein Hauch von Bitterkeit, wie bei Koriandersamen, kann Aufgeregtheit mildern. Diese Gewürzmischungen gleichen Ihre Mahlzeiten und Gefühlslagen aus, indem Sie sich mit den Vorteilen der sechs Geschmacksrichtungen versorgen. Um Ihre eigenen Gewürzmischungen zu mahlen, brauchen Sie Mörser und Stößel, eine elektrische Gewürzmühle oder eine Kaffeemühle, die Sie eigens für diese Aufgabe verwenden.

Süße Gewürzmischung

ergibt ca. 5 El

Diese Mischung enthält die süß schmeckenden Gewürze, die für ihre Fähigkeit, Sattva durch sanfte, harmonische Aromen zu fördern, geschätzt werden. Außerdem unterstützt sie die Verdauung süßer Speisen, indem das Verdauungsfeuer sanft entfacht wird. Verwenden Sie die Gewürzmischung in warmem Müsli, Backwaren und immer wenn Sie einem Gericht mehr Wärme verleihen möchten.

- 2 EL Zimt, gemahlen
- 2 EL Ingwer, gemahlen
- 1 EL Kardamom, gemahlen
- 1 TL Muskatnuss, gemahlen (optional)

Alle Gewürze in einem Gewürzglas vermischen.

Sattvische Gewürzmischung

ergibt ca. 5 El

Unterstützen Sie das Gleichgewicht in Ihrem Geist durch harmonische Geschmacksverbindungen! Diese köstliche Gewürzmischung enthält alle sechs Geschmacksrichtungen, um vielseitige Eigenschaften zu fördern und Sie dabei zu unterstützen, sowohl den Körper als auch den Geist ins Gleichgewicht zu bringen. Asant wird traditionell aufgrund seines Zwiebelaromas verwendet und ersetzt die stimulierende Hitze der Zwiebeln durch eine geschmacksintensive, aber dennoch beruhigende Würze. Diese Gewürzmischung eignet sich besonders für Dals und Suppen.

1 EL Koriandersamen
1 EL Kreuzkümmelsamen
1 TL Fenchelsamen
½ TL Salz
2 TL Ingwerpulver
1 EL Kurkumapulver
¼ TL Asantpulver

Koriander-, Kreuzkümmel- und Fenchelsamen zusammen bei mittlerer Temperatur in einer Pfanne rösten. Rund 3-5 Minuten ständig umrühren, bis die Gewürze duften. Abkühlen lassen und anschließend die Gewürze zusammen mit dem Salz, Ingwer-, Kurkuma- und Asantpulver zu einem gleichmäßigen Pulver mahlen.

Beruhigende Gewürzmischung

ergibt 3 El

Jedes der Gewürze dieser Mischung besitzt die Fähigkeit, den Verdauungstrakt zu beruhigen. Zu viel Hitze stimuliert den Geist und kann zu Beschwerden im Körper führen. Diese köstliche Gewürzmischung sorgt für Kühle in Ihrem Verdauungstrakt, wodurch sowohl Ihr Darm als auch Ihr Geist beruhigt werden.

1 EL Koriandersamen
1 TL Fenchelsamen
1 TL Kreuzkümmelsamen
1 EL Kurkumapulver
½ TL Kardamompulver

Koriander-, Fenchel- und Kreuzkümmelsamen zusammen bei mittlerer Temperatur in einer Pfanne rösten. Rund 3-5 Minuten ständig umrühren, bis die Gewürze duften. Abkühlen lassen und anschließend die Gewürze zusammen mit dem Kurkuma- und Kardamompulver zu einem gleichmäßigen Pulver mahlen.

Vitalisierende Gewürzmischung

ergibt ca. 5 El

Wenn Sie Tamas anspornen oder den dichten, schweren Eigenschaften in Ihrem Geist mehr Schwung verleihen möchten, heizen Sie ihnen mit dieser Gewürzmischung ein! Die Schärfe dieser Mischung kann Widerstand und Trägheit zum Schmelzen bringen und gleichzeitig das Verdauungsfeuer entfachen.

- 1 TL Bockshornkleesamen
- 1 EL Koriandersamen
- 1 EL Kreuzkümmelsamen
- 1 EL Senfsamen
- ¼ TL Nelkenpulver (oder 1 ganze Nelke, wenn Sie selbst mahlen)
- 1 TL Zimtpulver
- 1 TL schwarzer Pfeffer, frisch gemahlen
- ¼ TL Asantpulver (optional)

Bockshornkleesamen rund 3-5 Minuten in einer kleinen Pfanne bei mittlerer Temperatur rösten. Abkühlen und anschließend mit Mörser und Stößel oder einer Gewürzmühle zu Pulver mahlen.

Koriander-, Kreuzkümmel- und Senfsamen zusammen bei mittlerer Temperatur in einer Pfanne rösten. Rund 3-5 Minuten ständig umrühren, bis die Gewürze duften. Abkühlen lassen und anschließend die Gewürze zusammen mit dem Bockshornklee und den restlichen Gewürzen zu einem gleichmäßigen Pulver mahlen.

THERAPEUTISCHE WIRKSAMKEIT

Nach dem Mahlen behält ein Gewürz noch einen Monat lang seine Wirksamkeit. Das bedeutet, dass die im Laden gekauften Gewürze alt sind. Natürlich können Sie die Gewürzmischungen trotzdem noch verwenden, aber sie verlieren langsam ihre Wirksamkeit. Den Unterschied können Sie leicht schmecken. Sie sollten Ihre Gewürzmischungen in einem kleinen, luftdichten Glasbehälter lagern. Ganze Gewürze sind vor dem Mahlen noch ungefähr ein Jahr lang gut.

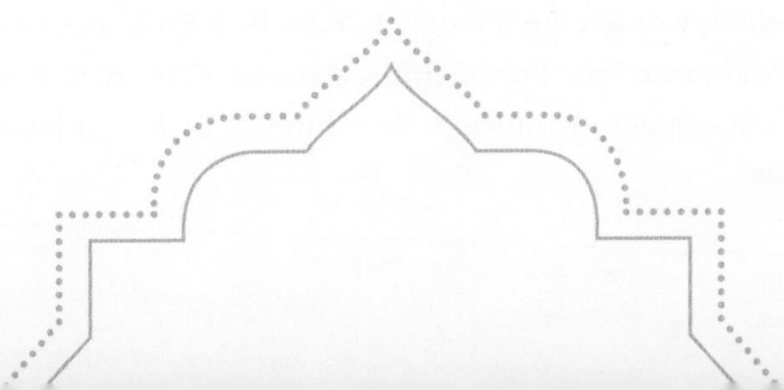

ANDERE NÜTZLICHE VORRÄTE

Diese grundlegenden Vorräte verwende ich sehr oft beim Kochen. Wenn Sie sie zuhause zubereiten, werden Sie feststellen, dass Ihre Ernährung dadurch eine ganz neue Qualität bekommt. Eine Suppe mit selbstgemachter Brühe oder Mandelmilch und verfeinert mit eigenem Vanilleextrakt schmeckt nicht nur besser, sondern nährt auch noch besser.

Gemüsebrühe

ergibt 875 ml

Gemüsebrühe kann man als Getränk zu einer Mahlzeit, zwischen den Mahlzeiten und während des Fastens einnehmen. Außerdem eignet sie sich als Suppengrundlage und zum Kochen von Getreide und Bohnen, um diesen mehr Aroma und Nährwert hinzuzufügen. Wenn möglich sollten Sie einen Beutel mit Gemüseabfällen (zum Beispiel der Strunk vom Grünkohl und die Schale von Süßkartoffeln) im Gefrierfach haben, um diese zusammen mit Kräutern oder frischem Ingwer zu einer Brühe zu kochen. Sie können die Brühe auch mit frischem Gemüse machen, aber ich nehme dafür lieber die Abfälle.

750 g grob gehacktes Gemüse, wie zum Beispiel Karotten, Kartoffeln, Lauch, Grünkohl, Pastinaken, Fenchel und/oder die gewaschene Schale von Bio-Gemüse

2 EL Ghee

1 Handvoll frische Kräuter, wie zum Beispiel Thymian, Rosmarin, Oregano, Salbei oder Petersilie (mit Stielen) oder ein 5 cm großes Stück Ingwer, gewaschen und in dicke Scheiben geschnitten

½ TL Salz

1 Prise schwarzer Pfeffer, frisch gemahlen

1.750 ml Wasser

In einem großen Topf mit schwerem Boden das Gemüse im Ghee 10 Minuten bei mittlerer Temperatur weich kochen. Dabei gelegentlich umrühren. Frische Kräuter oder Ingwer, Salz, schwarzen Pfeffer und Wasser hinzugeben; zum Kochen bringen. Auf niedrige Temperatur reduzieren und teilweise abgedeckt 60 Minuten köcheln lassen. Vom Herd nehmen und durch ein (Metall-)Sieb in eine Glasschüssel oder einen anderen hitzebeständigen Behälter abgießen. Mit der Rückseite eines Löffels auf das Gemüse drücken, damit so viel aromatische Flüssigkeit wie möglich freigesetzt wird.

Brühe abkühlen lassen und anschließend in Vorratsbehälter füllen. Bis zu 1 Woche im Kühlschrank aufbewahren. Bei Aufbewahrung im Gefrierschrank innerhalb von 1 Monat aufbrauchen.

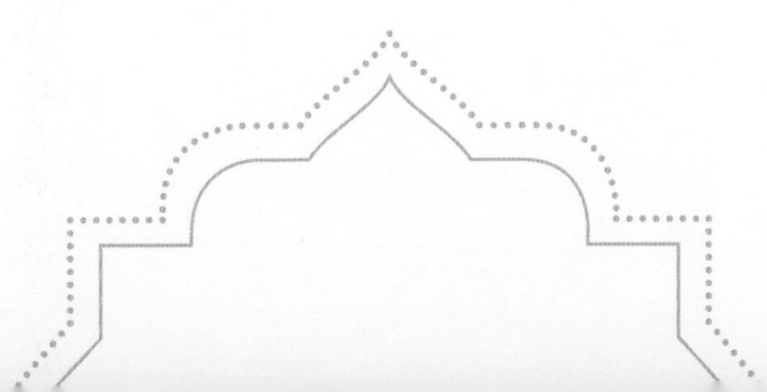

Apfelmus

ergibt 570-850 ml

Apfelmus ist ein einfaches und köstliches Essen. Aufgrund ihrer kühlenden, beruhigenden und entgiftenden Eigenschaften sind Äpfel ein Grundnahrungsmittel für langfristige Ausgeglichenheit. Ich mag es, wenn das Apfelmus rosa ist, darum lasse ich die Schale dran und profitiere noch von den gesunden Ballaststoffen.

HINWEIS: Falls Sie das Apfelmus zum Backen verwenden wollen, wie ich in manchen Rezepten vorschlage, sollten Sie die Äpfel schälen, damit die Backwaren keine Fasern enthalten.

4 Äpfel, geschält, entkernt und in 2,5 cm große Stücke geschnitten

125 ml Wasser

Äpfel und Wasser in einem mittelgroßen Topf zum Kochen bringen. Auf mittlere Temperatur reduzieren und teilweise abgedeckt 20–25 Minuten köcheln lassen. Vom Herd nehmen.

Je nach Apfelsorte müssen Sie das Apfelmus möglicherweise pürieren. Weichere Apfelsorten sind direkt aus dem Topf fertig. Das Mus hält sich in einem verschlossenen Glas bis zu 1 Woche im Kühlschrank.

Frischer Joghurt

ergibt rund 1 Liter

Frische Sauermilch ist ein Grundnahrungsmittel der sattvischen Ernährung. Insbesondere, wenn der Geist nicht geerdet ist, sind stabile Eigenschaften unerlässlich. In irgendeiner Form taucht sie bei jeder Mahlzeit auf und Sie werden sie auch in vielen meiner Rezepte finden. Frischer Joghurt ist eine reichhaltige Proteinquelle und ein tolles probiotisches Nahrungsmittel. Die positiven Wirkungen von selbstgemachtem Joghurt auf den Darm sind ziemlich tiefgreifend. Wenn Sie Milch nicht gut verdauen, können Sie sie möglicherweise in Form von Sauermilch wieder in Ihren Ernährungsplan aufnehmen. Rohmilch ist die allerbeste Option. Nicht homogenisierte Milch von grasfressenden Kühen ist am zweitbesten. Es ist wirklich der Mühe wert, seinen Joghurt selbst herzustellen – sobald Sie den Dreh einmal raus und die richtige Methode gefunden haben, steht Ihnen eins der tollsten und gesündesten Nahrungsmittel immer zur Verfügung.

1 l Bio-Vollmilch

60 g Vollmilchjoghurt mit aktiven Bakterienkulturen

Die Milch in einem schweren Topf mit Deckel bei mittlerer Temperatur (knapp 100 °C) bis kurz vor dem Kochen erhitzen. Währenddessen regelmäßig mit einem Metalllöffel umrühren, damit die Milch nicht am Boden anbrennt. Das beste Ergebnis erzielen Sie, wenn Sie mit einem Kochthermometer die Temperatur der Milch messen. Die Milch ist kurz vor dem Kochen, wenn Sie viel Dampf sehen und ein leises Brodeln hören können.

Milch vom Herd nehmen und auf circa 50 °C abkühlen lassen. Hierfür sollten Sie wieder das Thermometer benutzen. Die Milch ist fertig, wenn sie handwarm ist. Während sie abkühlt, die Milch weiterhin ab und zu umrühren, damit sich keine Haut bildet. Falls sich eine Haut bildet, diese vorsichtig mit einem Löffel entfernen und entsorgen. Seien Sie geduldig bei diesen Schritten, da Erwärmungs- und Abkühlzeit variieren. Seien Sie aufmerksam und genießen Sie den Prozess.

125 ml der warmen Milch mit dem Joghurt glatt verquirlen. In den Topf mit der warmen Milch zurückgeben und vorsichtig verquirlen, bis alles gleichmäßig verteilt ist. Deckel auf den Topf setzen, Topf in den Ofen stellen und Ofentür schließen (bei *ausgeschaltetem* Ofen). Durch den geschlossenen Ofen hält sich die Wärme im Topf, während die Kulturen ihre Arbeit verrichten und Joghurt machen. Falls es bei Ihnen eher kalt ist, den Topf in Handtücher wickeln und anschließend in den Ofen

stellen, damit der Topf warm genug ist und dickeres Joghurt entstehen kann. Den Topf auf eine Heizung zu stellen, funktioniert auch sehr gut.

4 Stunden oder über Nacht im Ofen stehen lassen. Je länger die Kulturen arbeiten, desto dicker und saurer wird der Joghurt. Wenn der Joghurt nach Ihrem Geschmack ist, aus dem Ofen nehmen, in einen sterilisierten Behälter aus Glas oder Edelstahl geben und bis zu 2 Wochen im Kühlschrank aufbewahren.

60 g des selbstgemachten Joghurts verwahren, um damit die nächste Portion zu machen. Nach ein paar Portionen müssen Sie möglicherweise ganz von vorne beginnen, weil die Kulturen ihre Wirkung verlieren.

HINWEIS: Verwenden Sie keine ultra-pasteurisierte Milch, da diese vor dem Verkauf noch einen zusätzlichen Erhitzungsprozess durchlaufen hat und die darin enthaltenen Kulturen nicht mehr so wirkungsvoll sind. Pasteurisierte Milch hingegen ist in Ordnung.

Gekaufter Joghurt enthält oftmals Pektine, um künstlich ein glatteres, dickeres Produkt herzustellen und die Haltbarkeit zu verlängern. Ihr selbstgemachter Joghurt hingegen sieht wahrscheinlich dünn, geronnen oder klumpig aus – und genauso soll er auch sein! Der Geschmack wird weitaus besser und viel frischer sein als bei jedem Produkt, das Sie im Supermarkt kaufen können.

KEIN THERMOMETER ZUR HAND?

Wenn Sie sich nicht dazu durchringen möchten, ein Thermometer zu kaufen, können Sie Folgendes probieren: Ich habe am Anfang Joghurt mit dem »Heißer-Finger-Thermometer« gemacht. Die Milch ist auf die korrekte Temperatur abgekühlt, wenn man den Finger bis zum zweiten Fingerknöchel in die Milch steckt und denkt, man würde sich verbrennen, was aber nicht der Fall ist. Das ist die perfekte Temperatur, um die Kulturen hineinzugeben. Tauchen Sie den Finger langsam ein, damit Sie sich nicht verletzen.

Ghee

ergibt 100 g

Ghee, auch als geklärte Butter bekannt, wird im Ayurveda als das gesündeste Garmedium betrachtet. Dieses Öl ist am hitzebeständigsten und leicht genug, um gut verdaut zu werden. Außerdem dringt es in alle Körpergewebe ein und bringt so die nötigen Nährstoffe an genau die Stellen, wo sie am meisten benötigt werden. Ghee kann man sich wie ein Transportmedium vorstellen, das Waren tief in den Körper hineinbringt, auch ins Gehirn. Qualitativ hochwertige Fette versorgen uns mit der richtigen Feuchtigkeit, um die mentalen Muskeln geschmeidig zu halten. Weil Ghee als Medizin gilt, sollte nur Biobutter bester Qualität für die Herstellung verwendet werden.

Bei der Herstellung werden die festen Bestandteile der Butter entfernt, sodass nur noch das goldgelbe, löffelbare Speiseöl übrig bleibt. Beim Kochen wird das Wasser in Form winziger Bläschen freigesetzt, die Feststoffe trennen sich und schwimmen oben (später sinken sie herab). Die Schwierigkeit besteht darin, diese aufzufangen, ehe das Ganze anbrennt. Darum müssen Sie während der ganzen 15 Minuten, die es bis zur Trennung braucht, neben der Butter stehen bleiben. Schauen Sie genau hin, damit Sie sehen, wenn die Feststoffe langsam bräunlich werden. Sobald Sie den Bogen heraus haben, können Sie das Rezept verdoppeln und einmal im Monat machen.

Ghee kann anstelle von Butter für fast alles verwendet werden – Toast, Eier, Backwaren, eingerührt ins Müsli etc. Allerdings hat es einen starken Geschmack und eine andere Konsistenz, weshalb es für herkömmliches Backen nicht geeignet ist, aber in meinen Rezepten für Backwaren wird es natürlich verwendet!

200 g ungesalzene Bio-Butter

Butter bei mittlerer Temperatur in einen Topf geben. Wenn die Butter vollständig geschmolzen ist, auf niedrige Temperatur stellen. Nach ungefähr 5 Minuten bildet sich oben auf der Butter weißer Schaum und man kann zischende Geräusche hören, wenn das Wasser verdampft. Weiterhin gut auf das Ghee achten; nicht vom Herd weggehen oder nebenbei etwas anderes machen. 10-15 Minuten köcheln lassen und genau hinhören. Achten Sie darauf, ob die zischenden Geräusche unterbrochen werden, denn dann müssen Sie aktiv werden.

Kontrollieren Sie, ob das Ghee fertig ist. Mit einem sauberen Metalllöffel vorsichtig den Schaum oder die Bläschen an die Seite schieben und auf den Topfboden achten. Sie sollten problemlos durch die gelbe Flüssigkeit hindurchschauen können; die Flüssigkeit ist nicht mehr trüb. Wenn die Feststoffe auf dem Topfboden langsam

goldbraun werden und das Ghee wie Karamell riecht, vom Herd nehmen.

Rund 15 Minuten abkühlen lassen, bis das Ghee nur noch warm ist. Durch ein feinmaschiges Metallsieb oder ein zweilagiges Käsetuch in ein sterilisiertes Glas gießen. Alle Schaumreste abschöpfen. Wenn es innerhalb eines Monats aufgebraucht wird, muss das Ghee nicht gekühlt werden. (Soll es länger haltbar sein, muss es im Kühlschrank aufbewahrt werden. Aber herausnehmen, sobald Sie zu kochen anfangen, damit es weich genug ist.) Einfach mit geschlossenem Deckel auf der Küchenablage aufbewahren. Das Ghee immer mit sauberem Besteck aus dem Glas nehmen.

Reiner Vanilleextrakt

ergibt rund 250 ml
Zubereitungszeit: 1 Monat

Vanilleextrakt herzustellen, ist leicht und eine hervorragende Methode, um ein wirklich reines Produkt zu erhalten. Verwenden Sie dafür einen Alkohol der Spitzenqualität und fair gehandelte Vanilleschoten. Die geschmacksintensivste Vanille kommt aus Madagaskar, dem weltweit führenden Produzenten. Bei der Qualität der Vanille Abstriche zu machen, rentiert sich am Ende nicht, und Sie werden feststellen, dass es letztlich preiswerter ist, seinen eigenen Vanilleextrakt herzustellen. Der Extrakt hält sich 1 Jahr lang, wenn Sie ihn in einer dunklen Flasche aufbewahren und vor Sonneneinstrahlung schützen. Selbstgemachter Vanilleextrakt in einem dekorativen Glas mit Schleife ist ein schönes Geschenk für Menschen, die gerne backen.

5 Vanilleschoten

250 ml hochwertiger Bourbon oder Wodka

Vanilleschoten der Länge nach aufschneiden und in 2,5 bis 7 cm große Stücke schneiden (kurz genug, dass sie im jeweiligen Gefäß komplett bedeckt sind). Vanilleschoten in ein sauberes Glas geben und den Bourbon oder Wodka darüber schütten. Glas gut verschließen und 1 Monat an einem kühlen, dunklen Ort lagern. Glas ab und an kräftig schütteln. Für ein noch intensiveres Aroma länger stehen lassen.

Wenn der Extrakt den gewünschten Geschmack hat, in ein braunes Glas füllen und an einem kühlen, dunklen Ort lagern. Falls Sie die Samen aus dem Extrakt aussieben möchten, die Flüssigkeit mit einem Kaffeefilter und einem Trichter in die neue Flasche umfüllen.

HINWEIS: Selbstgemachter Vanilleextrakt ist nicht so stark wie gekauftes Vanillekonzentrat, darum müssen Sie beim Backen möglicherweise etwas mehr nehmen.

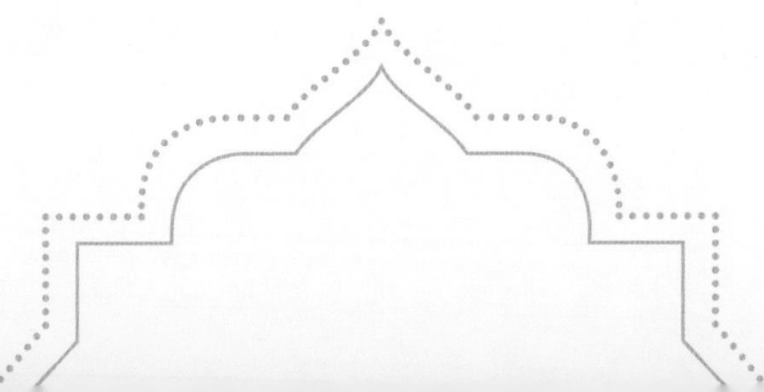

Selbstgeröstete Tahina (Sesampaste)

ergibt ca. 250 g

Mit Sesamsamen kann man hervorragend Kraft und Vitalität aufbauen, insbesondere im Reproduktionsgewebe. Die Paste ist sehr geeignet für reichhaltige Soßen und Dressings sowie als Bindemittel, wenn Sie nahrhafte, eifreie Süßigkeiten backen wollen. Selbstgeröstete Nüsse und Samen sind garantiert viel frischer und sattvischer als gekaufte.

150 g Sesamsamen, weiß

4-8 EL Sesamöl (ungeröstet)

Eine große Pfanne mit schwerem Boden bei mittlerer Temperatur erhitzen. Sehr gut geeignet sind dafür gusseiserne Pfannen. Sesamsamen hineingeben und bis zu 10 Minuten ständig umrühren, bis sie leicht braun sind und zu schimmern anfangen. Vom Herd nehmen und vollständig abkühlen lassen. Das geht schneller, wenn Sie die Samen in einen kühlen Topf umschütten.

Abgekühlte Samen in eine Küchenmaschine oder einen leistungsstarken Mixer geben und das Sesamöl darüber träufeln. Zu einer glatten Konsistenz verarbeiten und währenddessen die Seitenwände ab und an abschaben. Wenn die Paste zu dick ist, mehr Sesamöl hinzugeben, je einen Esslöffel, bis zu insgesamt 4 EL. Die Sesampaste sollte streichfähig, aber noch ein wenig flüssig sein.

Paste in einen luftdichtverschließbaren Behälter geben und bis zu 1 Monat im Kühlschrank aufbewahren.

HINWEIS: Ungeschälte oder braune Sesamsamen führen zu einem bitteren Endprodukt. Wenn Sie mehr Ballast- und Nährstoffe wünschen, können Sie zur Hälfte weiße und zur anderen Hälfte braune Sesamsamen nehmen. In diesem Rezept werden für eine feine, süße Paste nur geschälte, weiße Sesamsamen verwendet.

Serviervorschlag: Mit Schokolade überzogene Ojas-Riegel, Rezept auf Seite 193

Einfache Kokos-Schokocreme

ergibt rund 15 El

Dieses einfache Schokorezept ist die Grundlage für all meine Schoko-Leckereien, wie In extra viel Minzschokolade gedippte Erdbeeren (Seite 283) und Mit Schokolade überzogene Ojas-Riegel (Seite 193). Kokosmus bleibt auch bei hohen Temperaturen fest, ist aber nicht so leicht zu verdauen wie reines Kokosnussöl, das ein hervorragendes Fett ist. Das Problem mit der Hitzeempfindlichkeit löse ich dadurch, dass ich die Schoko-Süßigkeiten im Kühlschrank aufbewahre und meist bei kaltem Wetter mache, wenn die erwärmenden Eigenschaften des Kakaos erforderlicher sind.

- 90 g Kokosnussöl, geschmolzen
- 60 g Kakaopulver
- 3 EL Ahornsirup

Kokosnussöl schmelzen, indem das Glas in heißes Wasser gestellt wird. In einer kleinen Schüssel Kokosnussöl, Kakao und Ahornsirup verquirlen, bis eine glatte Konsistenz erreicht wurde.

Die Mischung in Pralinenförmchen gießen, auf einem Backblech mit Wachspapier ausbreiten, um Schokoriegel herzustellen, oder in einem Glas in den Kühlschrank stellen, um sie später zu verwenden und wieder zu schmelzen. Die Kokosschoko hält sich bis zu 6 Wochen im Kühlschrank.

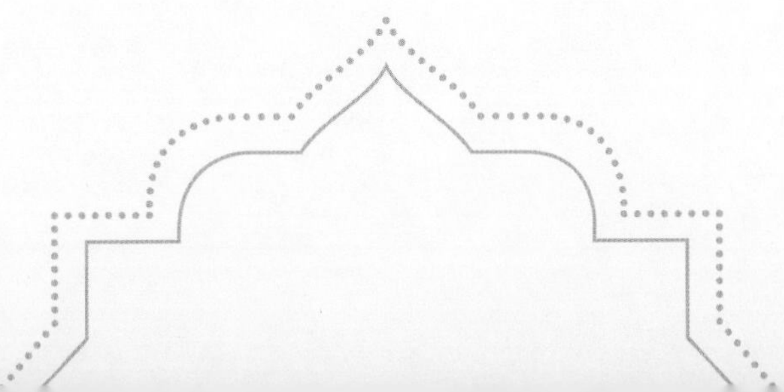

KAPITEL 8

Rezepte für Sattva Zufriedenheit und Klarheit

SATTVA

Ruhe im Geist zu finden, ist nicht kompliziert, sondern sogar ganz einfach. Es geht dabei um leichtes Atmen, an Rosen riechen und Bewegung mit gleichbleibender, angenehmer Geschwindigkeit. Das verbinde man mit reinem, nahrhaftem Essen und richte ein wenig Augenmerk auf die Selbstpflege. Manchmal spielt das Leben verrückt, ich weiß. Darum sind diese sattvischen Rezepte äußerst nahrhaft und wirklich einfach zuzubereiten. Genießen Sie warme Gemüsesalate, proteinhaltige Suppen und Eintöpfe, Leckereien ohne Mehl, ausgleichende Getränke und pikante Gewürze – die alle für Zufriedenheit sorgen! Verwenden Sie diese Rezepte, um die potenzielle Energie Ihres sattvischen Geistes zu nutzen und den Tag mit einer kreativen, nachhaltigen Stimmung zu begehen.

Frühstück

Hauptgang

Würze

Süßes

Getränke

Sattva kultivieren

So fühlt sich Sattva an: zufrieden, ruhig, friedlich, beständig, erfüllt

ANZEICHEN FÜR EINEN AUSGEGLICHENEN GEIST ODER STARKES SATTVA

- Fähigkeit, sich zu konzentrieren, aber auch die Aufmerksamkeit zu verlagern
- Fähigkeit, neue Ideen zu entwickeln und umzusetzen
- Selbstvertrauen
- Zufriedenheit
- Teilnahme an der Außenwelt sowie der inneren Welt
- tiefer Schlaf
- gesunde, angenehme Verdauung (regelmäßige Darmbewegungen, keine Übersäuerung)
- anhaltende Energie
- Mitgefühl mit einem selbst und mit anderen
- Balance zwischen Arbeit und Spiel
- stabile Emotionen

GESCHMACKSRICHTUNGEN, DIE SIE GENIESSEN SOLLTEN:

Süß, in kleineren Mengen sauer, salzig, scharf, bitter, zusammenziehend

Ernährungsempfehlungen

NAHRUNGSMITTEL, DIE SIE ESSEN SOLLTEN

- Vegetarisch
- Frisches, reifes, saisonales Obst
- Frisches, regionales, saisonales Gemüse (Kürbis, Süßkartoffeln, Wurzelgemüse)
- Rohe und selbst geröstete Nüsse und Samen
- Gut durchgekochtes Vollkorn
- Kleine Bohnen (besonders Mungobohnen)
- Öl in kleinen Mengen
- Ghee
- Selbstgemachte Nahrungsmittel

NAHRUNGSMITTEL, VON DENEN SIE WENIGER ESSEN SOLLTEN

- Reste (über Nacht)
- Tiefgefrorene, verpackte und verarbeitete Nahrungsmittel
- Welke oder alte Nahrungsmittel
- Restaurant-Essen
- Trockene Nahrungsmittel (Chips, Cracker, Popcorn, altes Müsli)
- Eier
- Zwiebeln und Knoblauch
- Weißer Zucker
- Zu salzige, saure, gewürzte oder zuckerhaltige Nahrungsmittel
- Drogen und Alkohol

ALLGEMEINE TIPPS FÜR DIE LEBENSWEISE

- Essen Sie meistens selbstgekochte Mahlzeiten.
- Unternehmen Sie kreative, spielerische Aktivitäten, und zwar meistens im Freien.
- Halten Sie sich an den Tagesrhythmus: Früh ins Bett und früh wieder raus.
- Halten Sie Ihre Wohnung und Ihren Arbeitsplatz sauber und ordentlich.
- Praktizieren Sie Yoga und Meditation.
- Nehmen Sie sich jeden Tag etwas Zeit für Ruhe und Besinnlichkeit.
- Machen Sie Geschenke und dienen Sie anderen.

Sattvischer Smoothie

ergibt 2 Portionen

Langanhaltende Energie durch gute Fette, eine Dosis Bittergeschmack und eine Prise Süßes machen diesen Smoothie, der alle sechs Geschmacksrichtungen beinhaltet, zu einem wahren Sattva-Star. Durch den niedrigen Zuckergehalt der Beeren sind diese sehr gut mit anderen Nahrungsmitteln zu kombinieren. Ich nehme lieber Wasser oder Kokoswasser statt Milch und süße mit Honig. Ingwer verleiht dem Smoothie die nötige Wärme und sorgt dafür, dass der Darm ihn besser verdauen kann. Besser keine Eiswürfel!

- 165 g Heidelbeeren
- 2 EL Hanfsamen
- ¼ Avocado
- 2 Grünkohlblätter
- 375 ml Kokosnusswasser oder normales Wasser
- ½ TL Ingwerpulver
- 1 TL Honig, roh (optional)

Zutaten in der angegebenen Reihenfolge in einen Mixer geben. Zuerst langsam verarbeiten, damit der Honig (falls Sie welchen verwenden) nicht nach oben steigt. Dann 1 Minute auf höchster Stufe verarbeiten. In 2 Gläser füllen und sofort servieren.

DIE AVOCADO-FRAGE

Avocados sind erdig, schwer und ölig, weshalb sie sowohl über rajasische als auch tamasische Eigenschaften verfügen. Gleichzeitig nährt ihr natürliches Pflanzenfett den Körper und kann als Ersatz für Milchprodukte dienen, wenn jemand diese nicht verträgt. In diesem Rezept habe ich nur eine kleine Menge Avocado – gerade einmal genug, um dem Smoothie etwas Grundlage und cremige Konsistenz zu verleihen – mit den sehr leichten Eigenschaften von Beeren und Grünkohl gepaart. Sie sollten ihn nicht jeden Tag als Frühstück verzehren, aber ich möchte Ihnen eine milchfreie Smoothievariante zeigen, die Ihren Darm nicht erfrieren lässt.

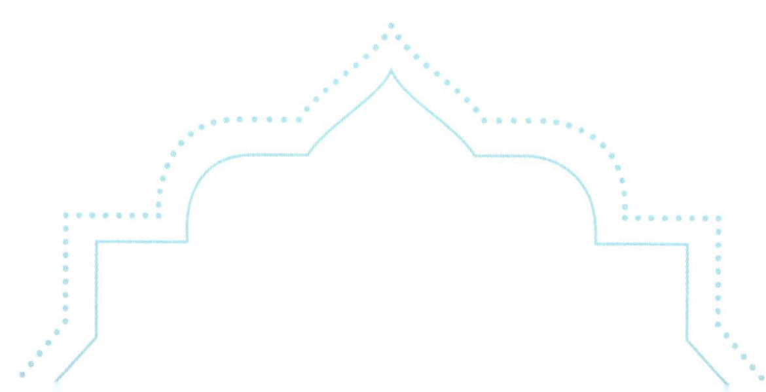

Ingwer-Karotten-Muffins

ergibt 6 Muffins

Ich liebe es, wenn meine Backwaren eine Mahlzeit für sich sind. Darum nenne ich diese hier eine »Muffin-Mahlzeit«. Statt der leeren Kalorien von mehl- und zuckerhaltigem Gebäck, die Ihnen unverzüglich einen vormittäglichen Energie-Crash bescheren, enthalten diese Muffins eine gute Dosis Proteine, Ballaststoffe, gute Fette und sogar Gemüse! Ein Frühstück, das für langanhaltende Energie sorgt, ist unverzichtbar für jene, die morgens ihren Geist erst einschalten müssen. Genießen Sie guten Gewissens einen Muffin und einen Milchtee zum Frühstück - oder Sie essen sie gleich und halten es ohne Snack bis zum Mittagessen aus.

1 EL Chiasamen, gemahlen

3 EL Wasser

75 g Mandelmehl

60 g Haferflocken

¼ TL Salz

¼ TL Kurkumapulver

½ TL Natron

1 TL Backpulver

4,5 EL Ahornsirup

125 g Apfelmus

2 EL Kokosnussöl, geschmolzen

Mix-ins

1 EL Ingwer, frisch, gehackt

60 g Karotten, geraspelt

25 g Rosinen

Ofen auf 175 °C vorheizen. Muffinformen mit Backförmchen bestücken.

In einer mittelgroßen Schüssel Chiasamen und Wasser verquirlen. 5 Minuten stehen lassen. In einer separaten Schüssel Mandelmehl, Haferflocken, Salz, Kurkuma, Natron und Backpulver vermengen.

Ahornsirup, Apfelmus und Kokosnussöl zu den Chiasamen geben und mit einer Gabel verquirlen, bis alles gut vermengt ist. Ingwer und geraspelte Möhre unterrühren. Die trockenen Zutaten zu den feuchten Zutaten geben und vermischen, dann die Rosinen unterziehen.

Teig auf 6 Muffinformen verteilen und in 25-30 Minuten goldbraun backen. Die Muffins am besten warm servieren.

DINACHARYA: INTEGRIEREN SIE TÄGLICHE SELBSTPFLEGE IN IHR LEBEN

Wenn wir schon beim Thema Frühstück sind, sollten wir auch darüber sprechen, was *vor* der ersten Mahlzeit des Tages geschieht. Dinacharya bedeutet »Tagesroutine«. Routinen, wie Abhyanga (Ölmassage), Nasendusche und Zungeschaben, unterstützen den Körper bei der Ausscheidung von Giftstoffen, die sich über Nacht angereichert haben, und bereiten ihn auf den Tag vor. Für Ihre allgemeine Gesundheit und Langlebigkeit sind hier Morgenrituale aufgeführt, die für die fünf Sinnesorgane sorgen: Haut, Augen, Ohren, Nase und Mund. (Anweisungen, wie man diese durchführt, finden Sie im Anhang 1.)

Frühstückskichari mit Datteln und Birnen

ergibt 3-4 Portionen

Die süße Kombination aus Datteln und Birnen ist etwas Großartiges. Die Birne ist leicht, kühl und wirkt auf alle Körpertypen ausgleichend, während Datteln die nötige Dichte hinzugeben, sodass Sie es problemlos bis zum Mittagessen aushalten. Der Witz dieses Rezeptes liegt darin zu lernen, wie man ein köstliches Kichari zum Frühstück zubereitet, um dann den ganzen Tag in den Genuss der gesundheitlichen Vorzüge dieses nährenden Superfoods zu kommen.

HINWEIS: Datteln können Sie gegen Rosinen eintauschen, falls Sie ein Gericht mit leichteren Eigenschaften wünschen.

100 g Basmatireis

90 g Mung Dal, gelb, halbiert, über Nacht oder mindestens einige Stunden eingeweicht

1 l Wasser

2 TL Süße Gewürzmischung

2 Birnen, entkernt und in 2,5 cm große Stücke geschnitten

4 Medjool-Datteln, entsteint und gehackt

½ TL Salz

1 EL Kokosnussöl

Reis und Mungobohnen gründlich abspülen. In einem mittelgroßen Topf das Wasser, den Reis und die Mungobohnen bei hoher Temperatur zum Kochen bringen. Temperatur reduzieren und ohne Deckel 15-20 Minuten köcheln lassen.

Gewürzmischung, Birnen und Datteln hinzugeben. Abdecken und weitere 15-20 Minuten köcheln lassen. Bei Bedarf mehr Wasser hinzugeben. Das Kichari sollte die Konsistenz von dickem Haferbrei haben. Wenn es die richtige Konsistenz hat, Temperatur ausschalten und Salz und Kokosnussöl einrühren.

Vor dem Verzehr 5 Minuten ruhen lassen.

KICHARI: NICHT NUR ZUM REINIGEN

Dieses Gericht kann man als komplettes Protein bezeichnen und man kann es ganz leicht in nur einem Topf kochen. Es erstaunt mich, wie häufig ich von Menschen zu hören bekomme: »OK, ich weiß jetzt, wie Suppen und Kichari gehen, aber wenn es um warmes Frühstück geht, hänge ich noch immer beim alten Kram fest.« Wenn Sie sich vom gewohnten kalten Frühstück verabschieden und Haferbrei sich etwas zu schwer anfühlt oder Sie mehr Proteine wünschen, sollten Sie dieses Rezept oder Frühstückskichari mit Äpfeln und Rosinen (Seite 214) ausprobieren, um mit einem kreativen, ausgleichenden Frühstück zu beginnen.

Frühstückscrêpe (Dosa) aus Reismehl mit herzhaftem Kokosnuss-Chutney

ergibt 2-3 Portionen

Dosa ist ein tolles Essen! Diesen indischen Crêpe kann man zu jeder Mahlzeit genießen. Als herzhaftes, veganes Frühstück kann er es gut mit brotartigen, zuckerhaltigen Pancakes aufnehmen. Ich serviere dieses Dosa gerne zu Dal, damit ich eine komplette Proteinquelle habe. Wenn Sie es leichter mögen, passt auch jedes der Rezepte für Chutney und eingelegtes Gemüse sehr gut zum Dosa. Der Teig hält sich 5 Tage im Kühlschrank. Möglicherweise müssen Sie ihn dann mit ein wenig Wasser verdünnen. Wenn Sie den ersten verhunzen: Keine Sorge, das geht uns allen so!

FRÜHSTÜCKSCRÊPE AUS REISMEHL

- 165 g Reismehl
- 125 g Vollmilchjoghurt, mit der Gabel verquirlt
- ¼ TL Kreuzkümmelsamen
- ¼ TL Salz
- 1 EL fein gehackte Korianderblätter (optional)
- 175 ml Wasser
- Kokosnussöl oder Ghee zum Braten

Reismehl, Joghurt, Kreuzkümmelsamen, Salz und Koriander (falls verwendet) zu einer glatten Masse vermischen. Nach und nach jeweils 4 EL Wasser hinzugeben, bis die Konsistenz etwas dünner als Pfannkuchenteig ist. Die Wassermenge kann je nach Reismehl unterschiedlich sein. 10 Minuten ruhen lassen.

Eine große, antihaftbeschichtete Keramikpfanne bei mittlerer Temperatur erhitzen. Ein paar Tropfen Wasser in die Pfanne träufeln; wenn das Wasser zischt, ist die Pfanne heiß genug. ½ TL Öl in die Pfanne geben.

1 Kelle Teig in die Pfanne geben und schnell mit dem Löffelrücken kreisförmig verteilen. Freie Stellen mit zusätzlichem Teig auffüllen. Beim Braten locker abdecken, sodass der Dampf entweichen kann. Rund 3-4 Minuten braten, bis der Rand braun ist und man mit einem Spatel unter den Dosa fahren kann. Wenden und rund 1 Minute von der anderen Seite braten.

Sofort servieren.

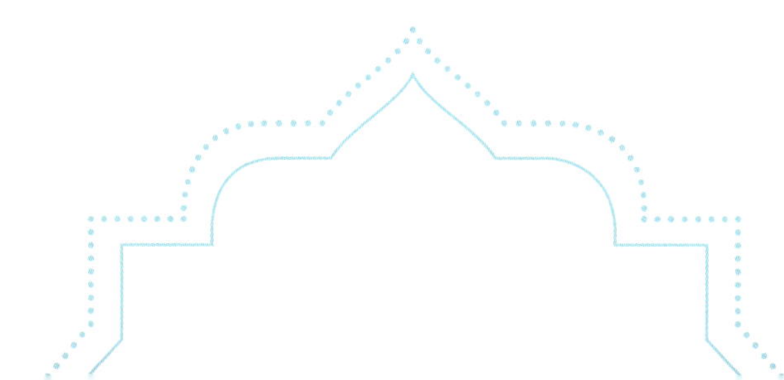

HERZHAFTES KOKOSNUSS-CHUTNEY

ergibt 4-6 Portionen

Kokosnuss-Chutney ist in Südindien allgegenwärtig und wird zum Frühstück, Abendessen und als Snack gegessen. Die gesunden Öle der Kokosnuss, gemischt mit wärmenden Gewürzen, ergeben ein einfaches, gut verdauliches Chutney, das hervorragend zu Dosas passt. Machen Sie nur die benötigte Menge, denn es hält sich nicht sehr lange.

135 g geraspelte Kokosnuss

375 ml warmes Wasser

1 grüne Peperoni, halbiert und entkernt (optional)

Ca. 1 cm frischer Ingwer, geschält

¼ TL Korianderpulver

½ TL Salz

Öl-Gewürzmischung (optional)

1 EL Kokosnussöl

1 TL schwarze Senfsamen

¼ TL Asant

In einer Küchenmaschine oder einem Mixer alle Chutney-Zutaten zusammen mahlen, bis eine glatte Paste entsteht. Zwischendurch den Mixer mehrmals anhalten und die Zutaten vom Rand herunterkratzen.

In einer kleinen Schale zum Dosa servieren.

HINWEIS: Wenn Ihr Mixer nicht so leistungsfähig ist und die Konsistenz zu stückig ist, sollten Sie die Kokosnuss vorher 20 Minuten einweichen.

MACHEN SIE ES NOCH RAFFINIERTER:

Geben Sie das Chutney in mehrere Servierschälchen.

In einer kleinen Pfanne Öl bei mittlerer Temperatur erhitzen. Senfsamen und Asant hinzugeben und sanft umrühren, bis sie zischen. Pfanne abdecken und 1 Minute braten. Vom Herd nehmen und die Öl-Gewürzmischung über jede Chutney-Schale gießen.

Sofort auf dem Teller neben dem Dosa servieren.

Eine frische, junge Kokosnuss ist außen grün. Im Inneren befindet sich die faserige, braune Schale. Die Schale wird trocken, wenn die Kokosnuss alt ist, und das Fleisch wird süß und eignet sich zum Raspeln und Kochen. Sie haben bestimmt schon harte, braune Kokosnüsse im Nahrungsmittelmarkt gesehen. Die meisten von uns haben nicht das nötige Werkzeug, um die Schale zu knacken und das Fruchtfleisch zu raspeln. Sollten Sie irgendwo leben, wo Kokosnüsse wachsen, werden Sie hoffentlich lernen, wie man sie verwendet und zubereitet. Der Rest von uns kann Kokosfleisch in gefrorenem Zustand in indischen Nahrungsmittelgeschäften und Reformhäusern kaufen. Ersatzweise kann auch getrocknete, ungesüßte Kokosnuss verwendet werden. Getrocknete Kokosnuss in ein paar Esslöffeln warmem Wasser einweichen, während Sie alles andere zubereiten. Dann verschmilzt sie wunderbar mit dem Chutney.

Kichari auf viererlei Art

Zu einer rein vegetarischen, sattvischen Ernährung gehört auch, sich regelmäßig zu Mahlzeiten hinzusetzen, die für eine vollwertige Ernährung sorgen. Im Vergleich zu den meisten modernen Ernährungsweisen ist diese sehr leicht, und Sie müssen gut auf sich achtgeben, damit Ihr Körper richtig genährt wird und Sie nicht zu Schokoriegeln und Burgern greifen oder am Ende völlig ausgezehrt sind, was nämlich wiederum zu einem ganz eigenen Ungleichgewicht in Körper und Geist führt. Bei diesen vier Rezepten wird alles in einen Topf gegeben - sie unterscheiden sich hinsichtlich Getreidesorten, Hülsenfrüchten und Geschmack, aber gleich ist jeweils, dass sie ein vollständiges Protein enthalten, einfach zuzubereiten sind und richtig satt machen. Probieren Sie nach und nach die einzelnen Kichari-Rezepte und Sie werden schnell mehrmals die Woche Kichari zum Frühstück, Mittag- oder Abendessen zubereiten und sich energiegeladen, wohl und im Gleichgewicht fühlen.

WARUM IST KICHARI SO WICHTIG?

Kichari, häufig auch Kichadi oder Kitchari geschrieben, ist eine Art Porridge aus Bohnen und Reis. Die traditionelle, reinigende Version besteht aus halbierten Mungobohnen und weißem Basmatireis, so wie im Beruhigenden Kichari (Seite 217). Wenn sie gut mit ausreichend Wasser, Ghee und verdauungsfördernden Gewürzen gekocht ist, nährt diese Kombination nicht nur den Körper, sondern reinigt ihn auch, ohne ein Ungleichgewicht jedweder Art zu fördern. Dieses leicht zu verdauende Gericht ist für alle Körpertypen und alle Jahreszeiten geeignet. Kichari funktioniert sehr gut, wenn die Verdauung irgendwie »außer Gefecht gesetzt ist« oder der Geist und die Emotionen instabil sind.

KICHARI-LIEBE

Wenn Sie sich einer »Kichari-Reinigung«, der modernen Variante der Reinigung aus Ayurveda-Perspektive, unterziehen, dürfen Sie Folgendes nicht vergessen: Zwar ist sie erdender und nährender als eine Saftdiät oder das Fasten, kann aber zu einer, sagen wir mal, Kichari-Aversion führen. So ging es mir am Anfang selbst und ich habe es von vielen meiner Kunden gehört. Halten Sie trotzdem durch - es mag vielleicht ein Jahr dauern, aber sobald Sie im Gleichgewicht sind, wird es Ihrem Körper nach dieser Superfood-Kombination gelüsten.

BUTTERNUTKÜRBIS-KICHARI

ergibt 4-6 Portionen

Dies ist eins meiner Lieblingsgerichte im Herbst. Der geröstete Kürbis verwandelt das Kichari in ein wahres süßes, cremiges, orangefarbenes Fest der Sinne. Achten Sie darauf, diesen Eintopf so lange zu kochen, bis richtiges Püree entstanden ist.

1 kleiner Butternutkürbis

Kokosnussöl

1 l Wasser

1 Dose Kokosmilch, vollfett

ca. 150 g Mung Dal, halbiert, über Nacht oder mindestens mehrere Stunden eingeweicht

ca. 150 g Basmatireis

1 EL Süße Gewürzmischung

1 TL Kurkumapulver

5 cm großes Stück Ingwer, frisch, geschält und fein geschnitten

1 TL Salz

20 g Kokosflocken, zum Garnieren

Zum Rösten des Kürbisses: Ofen auf 200 °C vorheizen. Kürbis halbieren, entkernen, ein paar Tropfen Kokosnussöl auf die aufgeschnittenen Seiten reiben und mit der offenen Seite nach oben auf ein Backblech legen. Rund 1 Stunde weich rösten. Aus dem Ofen nehmen.

In einem großen Topf 750 ml Wasser und die Kokosmilch bei hoher Temperatur zum Kochen bringen. Restliche 250 ml Wasser beiseitestellen, um es bei Bedarf während des Kochvorgangs hinzuzugeben.

Mungobohnen und Reis gründlich abspülen. Reis, Bohnen, Gewürzmischung, Kurkuma und Ingwer in das kochende Wasser geben. Auf hoher Temperatur lassen, bis die Flüssigkeit wieder kocht. Dann auf niedrige Temperatur stellen.

Kürbisfleisch mit einem großen Löffel aus der Schale heben und in Stücken in den Topf geben. Die Stücke brechen beim Kochen auseinander. Teilweise abgedeckt mindestens 40 Minuten köcheln lassen und bei Bedarf die beiseitegestellten 250 ml Wasser hinzugeben. Es ist fertig, wenn der Reis und die Mungobohnen weich sind; die Flüssigkeit ist suppenähnlich und die Kürbisstücke sind auseinandergefallen. Herd ausstellen und Salz einrühren. Abgedeckt 5 Minuten ruhen lassen.

In einer Pfanne die Kokosflocken bei mittlerer Temperatur erhitzen und umrühren, bis sie anfangen, braun zu werden. Sofort vom Herd nehmen. Kichari in einzelne Schüsseln geben und jede mit 1 EL Kokosflocken garnieren.

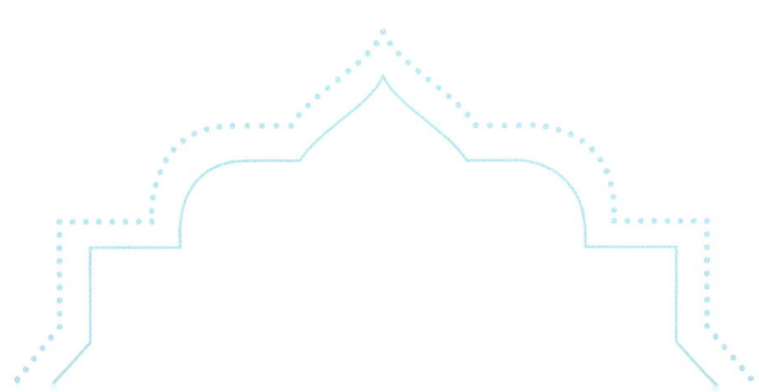

KICHARI AUS GEKEIMTEN MUNGOBOHNEN

ergibt 6 Portionen

In seiner Einfachheit ist dieses Gericht das beste Beispiel für die sattvische Ernährung: frische Sprossen, moderat gewürzt und einfach zubereitet. Es ist eins meiner Lieblingsrezepte, weil es so schnell und so nahrhaft ist – man bekommt all die guten Eigenschaften der Mungobohnen, ohne dafür eine längere Kochzeit auf sich nehmen zu müssen. Wenn Sie möchten, können Sie, während das Kichari köchelt, Gemüse obenauf legen, sodass dieses gedünstet wird. Mit Eingelegter Zitrone, einem Chutney oder einer Soße servieren.

1,5 L Wasser

90 g grüne Mungobohnenkeime (siehe Seite 123)

150 g Basmatireis

1 EL Sattvische Gewürzmischung

5 cm frischer Ingwer, geschält und fein gewürfelt

1 TL Salz

1-2 EL Ghee

Frischer Koriander, zum Garnieren

In einem großen Topf 1.250 ml Wasser bei hoher Temperatur zum Kochen bringen. Die restlichen 250 ml Wasser beiseitestellen, um sie bei Bedarf während des Kochens hinzuzugeben.

Mungobohnen mit Wasser bedecken und mit den Fingern durchrühren. Alle Schalen, die obenauf schwimmen, entfernen und das Wasser abgießen. Reis zweimal bzw. bis das Wasser klar bleibt, abspülen.

Reis, Bohnen, Gewürzmischung und Ingwer in das kochende Wasser geben. Auf hoher Temperatur lassen, bis das Wasser wieder kocht. Auf niedrige Temperatur stellen und teilweise abgedeckt 20-30 Minuten köcheln lassen, bis alles feucht und cremig ist. Wenn das Kichari zu trocken ist, etwas mehr heißes Wasser hinzugeben. Temperatur abstellen und Salz und Ghee einrühren. Abgedeckt 5 Minuten stehen lassen.

Mit frischem Koriander und einer Beilage aus saisonalem, gedünstetem Gemüse servieren. Ich nehme oft Grünkohl, Karotten oder Süßkartoffeln.

WARUM MUNGOBOHNEN?

Im Ayurveda sind Mungobohnen äußerst beliebt, weil sie bei keinem Körpertyp zu einem Ungleichgewicht führen. Diese kleinen, grünen, runden Wunder sind ein aufbauendes Nahrungsmittel, aber dennoch leicht zu verdauen. Darum werden Mungobohnen während Entgiftungsphasen verwendet, um den Körper zu nähren, während sich gleichzeitig der Darm reinigen kann. Wie Mungobohnen im Ganzen und halbiert aussehen, erkennen Sie auf diesem Foto.

WILDREIS-KICHARI

ergibt 6 Portionen

Ich gebe gerne Wildreis in das Kichari, weil er eine so schöne bissfeste Konsistenz hat. Dank Cranberries und Kürbis schmeckt dieses Rezept ein wenig nach Thanksgiving. Der entscheidende Punkt ist, genau die richtige Menge Wildreis zu verwenden. Wildreis ist ein aromatisches, bissfestes Getreide mit jeder Menge Geschmack, in Wahrheit aber die Frucht der Süßgräser-Gattung Zizania. Als solche hat Wildreis leichte, sattvische Eigenschaften. Einweichen ist ein absolutes Muss, damit die schwarze Hülse weich wird und die leicht verdaulichen Körnchen freigibt. Mungobohnen und Reis zusammen einweichen, um die Vorbereitungszeit zu verkürzen.

1,5 l Wasser

90 g Mung Dal, gelb, halbiert, über Nacht in 250 ml Wasser eingeweicht

50 g Wildreis, über Nacht in 250 ml Wasser eingeweicht

110 g weißer Basmatireis

1 EL Süße Gewürzmischung

135 g Butternutkürbis, gewürfelt

1 EL Ahornsirup

120 g frische (oder gefrorene) Cranberries, fein gehackt

1 TL Salt

1-2 EL Ghee

In einem großen Topf 1.250 ml Wasser bei hoher Temperatur zum Kochen bringen. Die restlichen 250 ml Wasser beiseitestellen, um sie bei Bedarf während des Kochens hinzuzugeben.

Bohnen und Wildreis abspülen und abtropfen. Basmatireis gründlich abspülen.

Beide Reissorten, Bohnen, Gewürzmischung und Kürbis in das Wasser geben. Auf hoher Temperatur lassen, bis das Wasser wieder kocht. Sofort die Temperatur reduzieren und teilweise abgedeckt 30 Minuten köcheln lassen. Nicht umrühren.

Nach 20 Minuten den Ahornsirup und die Cranberries hinzugeben. Wenn die Bohnen nicht vollständig bedeckt sind, weitere 250 ml Wasser hinzugeben, aber nicht umrühren. Abgedeckt weitere 10 Minuten köcheln lassen. Vom Herd nehmen. Salz und Ghee einrühren und gleichzeitig den gekochten Kürbis und die Cranberries zu einer gleichbleibenden Konsistenz vermengen.

Mit einem Esslöffel Cranberry-Orangen-Rosinen-Soße oder Cranberrysoße (optional) in Schüsselchen servieren.

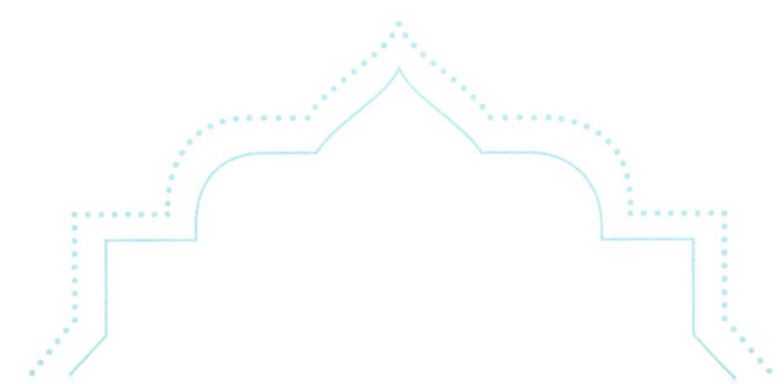

HERZHAFTES KICHARI AUS FRANZÖSISCHEN LINSEN

ergibt 6 Portionen

Dies ist ein herzhaftes, ballaststoffreiches Kichari gewürzt mit dem behaglichen, zufriedenstellenden Geschmack von Tamari und *Ajowan* (Königskümmel). Die Kombination aus den nährenden Französischen Linsen und braunem Reis mit Gewürzen und Grünkohl ergibt ein hervorragendes Kaltes-Wetter-Mittagessen, das Sie für den Rest des Nachmittags erdet und stärkt.

1,5 L Wasser

215 g brauner Basmatireis, abgespült und über Nacht eingeweicht

245 g Französische (Le Puy) Linsen, abgespült und über Nacht eingeweicht

1 EL Sattvische Gewürzmischung

70 g Grünkohl, gehackt und große Strunkstücke entfernt

1 EL Tamari

Frischer Koriander, zum Garnieren

Öl-Gewürzmischung

1-2 EL Ghee

½ TL Ajowan (optional; wenn Sie kein Ajowan bekommen können, stattdessen Kreuzkümmelsamen verwenden)

1 TL Senfsamen

In einem großen Topf 1.250 ml Wasser bei hoher Temperatur zum Kochen bringen. Die restlichen 250 ml Wasser beiseitestellen, um sie bei Bedarf während des Kochens hinzuzugeben.

Reis und Linsen abspülen und abtropfen. Gewürzmischung, Reis und Linsen ins Wasser geben. Auf hoher Temperatur lassen, bis das Wasser wieder kocht. Sofort die Temperatur reduzieren und teilweise abgedeckt 30 Minuten köcheln lassen. Nicht umrühren. Nach 20 Minuten kontrollieren, ob die Bohnen vollständig bedeckt sind. Wenn nicht, die übrigen 250 ml Wasser darüber gießen, aber nicht umrühren. Grünkohl zum Dünsten obenauf legen. Abdecken und weitere 10-20 Minuten köcheln lassen. Die Konsistenz sollte locker erscheinen und Reis und Linsen langsam aufbrechen.

Ghee in einer kleinen Pfanne bei mittlerer Temperatur erhitzen. Ajowan (falls verwendet) und Senfsamen hinzugeben. Wenn die Samen nach 2-3 Minuten aufplatzen, vom Herd nehmen und in das Kichari gießen. Tamari hinzugeben und gründlich umrühren. Abgedeckt ein paar Minuten ruhen lassen.

Als Eintopf serviert, sollte das Kichari eine weiche, suppenähnliche Konsistenz haben. Falls Sie welchen haben, mit frischem Koriander servieren.

Süßkartoffel-Dal mit Ingwer

ergibt 4 Portionen

Das Gericht werden Sie lieben! Nach einem stressigen Tag sorgt es für ein wohliges, stabilisierendes Abendessen. Die Mischung aus Linsen und Süßkartoffeln ist sehr gut, um Muskeln aufzubauen, und die unglaublich nahrhafte Suppe kann auch richtig großen Appetit stillen. Sie reicht für eine ganze Mahlzeit aus, insbesondere, wenn noch gedünstetes Blattgemüse als Beilage serviert wird.

1 EL Kokosnussöl

7,5 cm frischer Ingwer, geschält und grob gehackt

½ TL Zimtpulver

2 TL Sattvische Gewürzmischung

200 g rote Linsen

1 l Wasser

1 Süßkartoffel, geschält und in circa 1 cm große Würfel geschnitten (ungefähr 200 g)

180 ml Mandel-, Hafer- oder Kuhmilch

½ TL Salz

Frisch gemahlener schwarzer Pfeffer nach Geschmack

Kokosnussöl in einem großen Topf erhitzen. Ingwer, Zimt und Gewürzmischung im Öl sautieren, bis die Gewürze duften; vorsichtig umrühren, damit die Gewürze nicht am Boden haften bleiben.

Linsen hinzugeben und 1-2 Minuten sautieren, dabei umrühren, bis die Linsen bedeckt sind. Wasser und gewürfelte Süßkartoffel hinzugeben. Zum Kochen bringen, dann auf niedrige Temperatur stellen und teilweise abgedeckt 20-30 Minuten köcheln lassen. Vom Herd nehmen und Milch und Salz hinzugeben.

Mit einem Handmixer die Suppe pürieren, bis sie eine stückige Konsistenz hat. Das geht auch, indem Sie die Hälfte der Suppe mit einem Standmixer pürieren und anschließend zum Rest zurückgeben. Dabei muss die Mischung vor dem Mixen etwas abkühlen; die Milch sollte dafür ausreichen.

Zu Dosa oder Reis servieren.

WIE VIEL SOLLTE ICH ESSEN?

- Schon von alters her sollte die Essensmenge, die Sie pro Mahlzeit zu sich nehmen, in die Schüssel passen, die Sie formen können, wenn Sie Ihre Hände seitlich aneinander legen.
- Der erste Rülpser erfolgt, wenn die Luft sich im Inneren bewegt, um Platz zu schaffen, weil sich der Magen füllt. Das ist das Zeichen, die Mahlzeit zu beenden.
- Zu bemerken, wenn man satt ist, erfordert Aufmerksamkeit und Übung. Diese Gewohnheit muss sich erst langsam entwickeln.

Gedämpfte Reisknödel (Kolukattai) mit Rote-Bete-Chutney

ergibt 3-4 Portionen (rund 8 Knödel)

Keralas regionale Küche ist für ihre köstlichen Reis- und Kokosnussleckereien bekannt. Die Herstellung dieser Knödel mit Kokosnuss ist einfach und macht Spaß. Genießen Sie sie zu Gemüsesuppe oder packen Sie sie zusammen mit Chutney in Ihre Lunchbox.

GEDÄMPFTE REISKNÖDEL

- 20 g Kokosraspel
- 165 g Reismehl
- 1 TL Salz
- 1 EL Sattvische Gewürzmischung
- 750 ml Wasser
- 2 EL Koriander, gehackt
- 2 EL Kokosnussöl
- 1 TL Senfsamen
- 1 EL Mung Dal, halbiert, über Nacht oder mindestens mehrere Stunden eingeweicht

Kokosraspel in eine große Schüssel füllen und beiseitestellen. In einer großen Rührschüssel Reismehl, Salz und Gewürzmischung vermengen. 750 ml Wasser in die Mehlmischung einarbeiten, bis sich ein dicker Teig bildet. Mit einem Pfannenwender oder den Händen den Koriander in den Teig einarbeiten. Dabei bei Bedarf mehr Wasser hinzufügen, bis die Masse die Konsistenz von Teig hat.

In einer großen Pfanne oder einem Wok 1 EL des Öls bei mittlerer Temperatur erhitzen. Senfsamen braten, bis sie aufplatzen, dann die halben Mungobohnen (Mung Dal) hinzugeben und ständig umrühren, bis das Mung Dal langsam braun wird. In die große Schüssel mit Kokosraspel geben.

In der gleichen Pfanne den anderen 1 EL Öl bei mittlerer Temperatur erhitzen. Reismischung hinzugeben und unter Rühren 4-5 Minuten erhitzen. Die Mischung sollte trocken und krümelig aussehen. Vom Herd nehmen und in die Schüssel mit Kokosraspel, Mung Dal und Senfsamen geben. Ein paar Minuten abkühlen lassen.

Abgekühlten Teig mit einem Pfannenwender oder mit den Händen durchmischen, bis das Dal und die Kokosraspel gleichmäßig im Teig verteilt sind. Testen Sie den Teig, indem Sie eine Handvoll nehmen und in der Hand drücken, um zu sehen, ob er zusammenklebt. Sollte er zu trocken und klumpig sein, nach und nach je 1 EL Wasser hinzugeben, bis der Teig bearbeitbar ist. Teig sanft mit der Hand so drücken, dass halbmondförmige Knödel entstehen. Die Knödel werden Fingerabdrücke haben. Knödel in einen Dampfkorb mit ausreichend Wasser geben, um sie bei hoher Temperatur 5 Minuten zu erhitzen.

Heiß mit Rote-Bete-Chutney, Ihrem täglichen Dal oder Gemüse-Koriander-Raita servieren.

ROTE BETE-CHUTNEY

ergibt rund 200 g

Das cremige Pink dieses Chutneys ist ein wahrer Augenschmaus und sorgt auf einem Teller Getreide und Blattgemüse nicht nur für Farbe, sondern auch für einen verlockenden Hauch von Süße. Aufgrund seiner frischen, süßen und erdenden Eigenschaften ist es angenehm und ausgleichend. Wenn Sie welche bekommen können, sollten Sie unbedingt Curryblätter verwenden, egal, ob frisch oder gefroren.

- 1 EL Kokosnussöl
- 1 TL Kreuzkümmelsamen
- 1 TL halbierte Mungobohnen, über Nacht oder mindestens mehrere Stunden eingeweicht
- 3-4 Curryblätter oder Lorbeerblätter (ungefähr auf die Größe des Nagels Ihres kleinen Fingers zerbröseln)
- 125 g Rote Bete, gerieben
- 4 EL Vollfett-Kokosmilch

In einer mittelgroßen Pfanne das Öl bei mittlerer Temperatur erhitzen. Kreuzkümmelsamen, halbierte Mungobohnen und Curry- bzw. Lorbeerblätter rund 2-3 Minuten sautieren, bis sie duften. Rote Bete hinzugeben und unter ständigem Rühren erwärmen. Vom Herd nehmen und vollständig abkühlen lassen.

In einer Küchenmaschine die Kokosmilch zur Rote-Bete-Mischung geben und kurz zu einer Paste verarbeiten. Bei Zimmertemperatur zu Dosa, Knödeln, Reisgerichten und gedämpftem, bitterem Blattgemüse servieren.

Das Chutney hält sich bis zu 7 Tage im Kühlschrank.

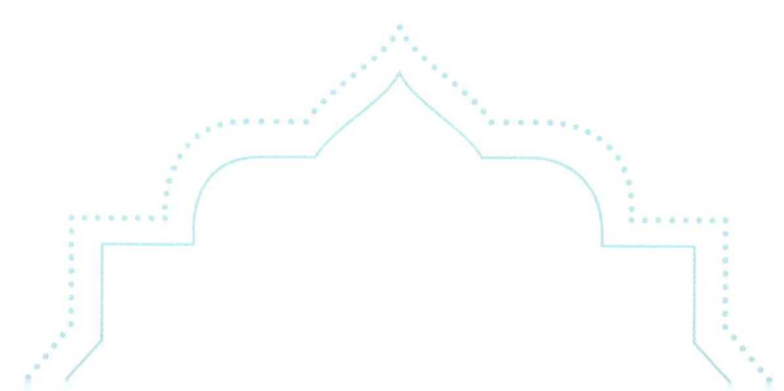

Gewürzter Ghee-Reis mit in Kreuzkümmel geröstetem Gemüse

ergibt 2-4 Portionen

Die Gewürze in diesem Reisgericht sorgen für ein luxuriöses Aroma und machen es zu einer herrlichen Beilage. Ich koche es, immer wenn ich meinem normalen Dal und Reis eine besondere Note verleihen möchte.

GEWÜRZTER GHEE-REIS

Wenn man Pfefferkörner mit dem Reis kocht, bekommt dieser Aroma, aber keine erhitzenden Eigenschaften. Durch die Zugabe von Ghee zum Reis werden die trockenen Eigenschaften reduziert und Verdauung und Aufnahme unterstützt. Falls Sie Ihnen zu scharf sind, können Sie die Pfefferkörner vor dem Servieren herausfischen. Sie steigen während des Kochens an die Oberfläche.

- 1 EL Ghee
- 2 TL Kreuzkümmelsamen
- 215 g Basmatireis, zweimal abgespült
- 500 ml Wasser
- 2 Zimtstangen
- 4 Pfefferkörner
- ½ TL Salz

Ghee bei mittlerer Temperatur in einem 2-Liter-Topf erhitzen. Kreuzkümmelsamen hinzugeben und 1-2 Minuten sautieren, bis sie duften. Reis hinzugeben und sautieren, bis die Körnchen bedeckt sind. Wasser, Zimtstangen und Pfefferkörner hinzugeben, auf hohe Temperatur stellen und zum Kochen bringen. Temperatur reduzieren und abgedeckt 20 Minuten köcheln lassen.

Vom Herd nehmen, Salz hinzugeben und mit einer Gabel auflockern. Zimtstangen vor dem Servieren herausnehmen.

IN KREUZKÜMMEL GERÖSTETES GEMÜSE

ergibt 2-4 Portionen

Auch wenn ich in diesem Rezept geschrieben habe, dass man Karotten verwenden soll, können Sie genauso gut jedes Herbstgemüse nehmen: Rote Bete, Süßkartoffeln, Pastinaken. Das Rösten bringt die Süße des Gemüses hervor, sodass man sie fast schon als Süßigkeit bezeichnen könnte. Hier zeigt sich deutlich, dass es oft Zeit braucht, um das Beste aus einem Nahrungsmittel herauszuholen. Ob Sie Essen kochen, um es zu einer Veranstaltung mitzubringen, oder einfach nur für sich selbst - durch Rösten können Sie jedes saisonale Gemüse mit Leichtigkeit aufwerten.

450 g Karotten, geschält

2 EL Ghee, geschmolzen

½ TL Kreuzkümmelsamen

½ TL Korianderpulver

¼ TL Salz

2 EL frischer Koriander, grob gehackt

Ofen auf 215 °C vorheizen. Karotten der Länge nach vierteln. In eine große Schüssel geben, Ghee darüber gießen und schwenken, damit die Karotten gut bedeckt sind. Mit Kreuzkümmelsamen, Korianderpulver und Salz bestreuen; wiederum schwenken, bis die Gewürze gleichmäßig verteilt sind. Zur Not mit der Hand vermengen. Auf einem großen Backblech verteilen und 20 Minuten rösten. Nach der Hälfte der Zeit durchrühren.

Aus dem Ofen nehmen und vor dem Servieren mit frischem Koriander bestreuen.

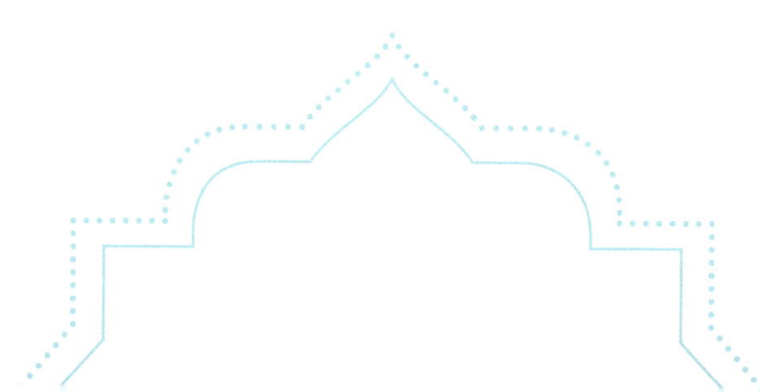

Herzhafter Mungobohnenkuchen

ergibt 4 Portionen

Dieser Mungobohnenkuchen ist für mich ein wahres Wohlfühlgericht, insbesondere, wenn ich nach einem anstrengenden Unterrichtstag etwas Stärkendes brauche. Das Rezept wurde durch einen nordindischen herzhaften, gebackenen Snack namens »Handvo« inspiriert. Dieser aus Gujarat stammende würzige Linsen-Gemüse-Kuchen ist eine sehr herzhafte Mahlzeit, zu der Mandel-Koriander- oder Minzchutney serviert wird. Durch die Zubereitung auf dem Herd erinnert er an eine Frittata mit Mungobohnen statt Eiern.

- 200 g Mungobohnen, grün, halbiert, über Nacht eingeweicht
- 1 EL Zitronensaft
- 2 EL frischer Joghurt
- ¼ TL Natron
- 2 EL Koriander, gehackt
- 2 Handvoll Spinat, gehackt
- 1 TL Sattvische Gewürzmischung
- ½ TL Salz

Öl-Gewürzmischung

- 1 EL + 1 TL Ghee
- ½ TL Senfsamen

Mungobohnen abspülen und abtropfen. In einer Küchenmaschine oder einem Hochleistungsmixer Bohnen, Zitronensaft und Joghurt pürieren. Mungobohnenmischung in eine mittelgroße Rührschüssel geben. Alle anderen Zutaten mit den gemahlenen Mungobohnen vermengen. Die Mischung sollte die Konsistenz von dickem Pfannkuchenteig haben. Falls er zu dick ist, nach und nach je 1 EL Wasser hinzugeben, bis die gewünschte Konsistenz erreicht ist.

Ghee in einer mittelgroßen, antihaftbeschichteten Keramikpfanne oder im Wok bei mittlerer Temperatur erhitzen. Senfsamen im Ghee sautieren, bis sie aufplatzen. Mungobohnenmischung über das Ghee gießen und mit der Rückseite eines großen Löffels gleichmäßig auf dem Pfannenboden verteilen.

Abdecken und bei mittlerer Temperatur 3-6 Minuten braten, bis die Seiten leicht bräunlich sind. Temperatur leicht reduzieren, falls die Seiten zu schnell braun werden und der Kuchen in der Mitte noch zu flüssig ist. Kuchen mit zwei großen Löffeln oder Pfannenwendern anheben und umdrehen, sodass er nicht durchbricht, aber beide Seiten gebraten werden. Abgedeckt weitere 10 Minuten goldbraun braten. Das Endprodukt sollte eine rund 20 cm große, 2,5 cm dicke Scheibe sein.

Vom Herd nehmen und auf einen Servierteller geben. In mundgerechte Stücke oder »Pizzastücke« schneiden. Zu Minzchutney servieren (siehe Seite 229).

Sattvische Nudelschüssel

ergibt 4 Portionen

Diese herrliche Nudelschüssel wird bei kälterem Wetter ganz bestimmt das Richtige sein. Farbenfroh, frisch und ohne unnötiges Salz und Essig, werden Sie sich warm, aber nicht überhitzt fühlen. Die warmen, feuchten Eigenschaften des Sesams dicken die Soße an und sorgen für langanhaltende Energie im Geist. Diese Nahrung fürs Hirn eignet sich perfekt für abends, wenn Sie zuvor viel lernen oder konzentriert arbeiten mussten. Manchmal gebe ich für die Extraportion an Proteinen auch noch Tofuwürfel in die Pfanne.

1 Brokkoli in kleine Röschen geschnitten (rund 200 g)

50 g Rotkohl, grob gehackt

1 EL Olivenöl

¼ TL Salz

Saft von ½ Limette

2 EL Sesamöl

60 ml Tahina

2 EL Tamari

1 TL Ingwer, frisch gerieben

1 Paket (rund 250 g) Soba-Nudeln aus Buchweizen

1 EL Sesamsamen, geröstet

½ Handvoll frischer Koriander, grob gehackt

Ofen auf 190 °C vorheizen. In einer mittelgroßen Schüssel Brokkoli und Rotkohl im Olivenöl schwenken; mit Salz besprenkeln. Auf einem Backblech mit Rand verteilen und 12-15 Minuten rösten; nach der Hälfte der Zeit kurz vermischen. Aus dem Ofen nehmen.

Während das Gemüse geröstet wird, die Soße machen. Limettensaft, Sesamöl, Tahina, Tamari und Ingwer in einem kleinen Einmachglas vermengen. Deckel zuschrauben und gründlich schütteln, bis alle Zutaten gut vermischt sind.

In der Zwischenzeit einen Topf Wasser zum Kochen bringen und Soba-Nudeln hineingeben. Laut Packungsanleitung al dente kochen. Gründlich abtropfen.

Gerösteten Brokkoli und Rotkohl in kleine Stücke hacken und zusammen mit den Nudeln und der Soße in einer großen Schüssel vermengen. Mit Sesamsamen und Koriander garnieren.

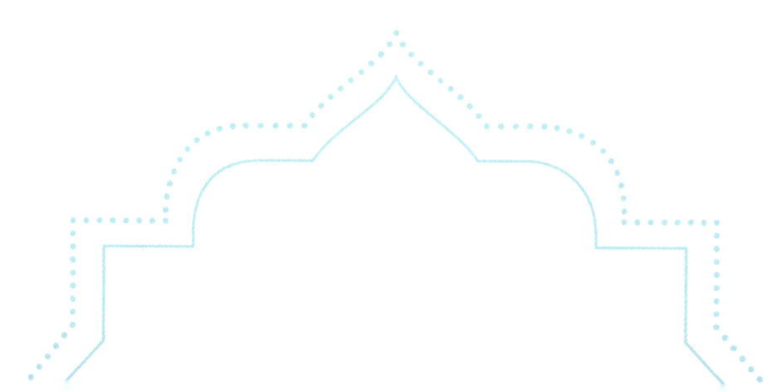

Gebackene Polenta mit Grünkohlpesto

ergibt 2-4 Portionen

Ich liebe diesen einfachen Auflauf, weil sein Geschmack mich so stark an New England erinnert. Mais ist eins der ursprünglichen Nahrungsmittel Amerikas und Basilikum wächst hier in jedem Kräutergarten. Regionale Nahrungsmittel kommen viel frischer auf den Tisch und Frische ist das Schlagwort, wenn es darum geht, in einer positiven Energiezone zu bleiben. Kaufen Sie, wenn möglich, nicht gentechnisch verändertes Maismehl und Olivenöl in kleiner Menge. Machen Sie Ihr eigenes Pesto ohne Knoblauch und frieren Sie einen Teil für das nächste Mal ein, weil zu viel Knoblauch den Geist aufregt. Ich empfehle dieses Gericht für ein Abendessen mit Gästen, weil es schick und farbenfroh aussieht, aber natürlich brauchen Sie keine Gesellschaft, um etwas Außergewöhnliches zu genießen.

Polenta

1 l Wasser

165 g Maismehl, grob gemahlen

1 TL Salz

2 EL Ghee

Pesto

½ Bund Grünkohlblätter, ungefähr 70 g

½ Bund Basilikumblätter, frisch

4 EL Walnüsse, geröstet

4 EL Natives Olivenöl extra

1 EL Zitronensaft

1 TL Honig, roh

¼ TL Meersalz

2 EL Nährhefe

Ofen auf 175 °C vorheizen. In einer Backform mit einem Fassungsvermögen von 2 Litern Wasser, Maismehl und Salz für die Polenta vermischen. Das Maismehl sinkt zu Boden, was völlig normal ist. Backform auf eine der oberen Schienen in den Ofen schieben und 45 Minuten backen. Aus dem Ofen nehmen und Ghee hinzugeben; umrühren, bis das Ghee geschmolzen ist. Wieder in den Ofen schieben und weitere 45-60 Minuten backen.

Während die Polenta bäckt, das Pesto zubereiten. In einer Küchenmaschine Grünkohl, Basilikum und Walnüsse fein hacken. Bei laufender Küchenmaschine Öl, Zitronensaft und Honig hinzugeben. Dann Salz und Nährhefe hinzugeben und verarbeiten, bis alle Zutaten gut vermengt sind.

Die Polenta ist fertig gebacken, wenn sie oben trocken wird und bei Berührung nur leicht wackelt. Aus dem Ofen nehmen und noch einmal durchrühren. 10 Minuten ruhen lassen.

In viereckige oder dreieckige Stücke schneiden und mit einem Klacks warmem Pesto servieren.

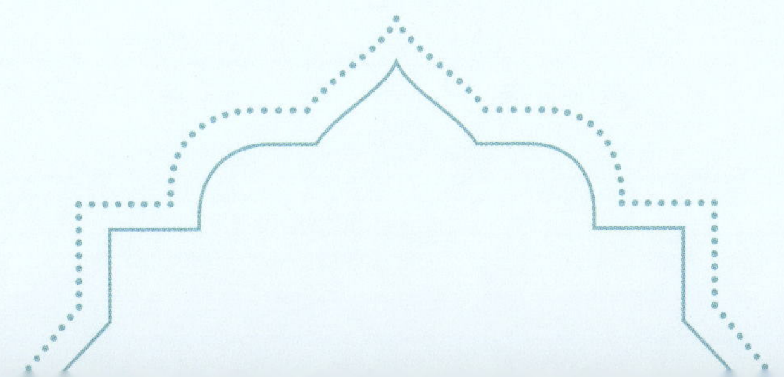

Erbsensuppe mit gerösteter Kokosnuss und Kreuzkümmel

ergibt 2 Portionen

Diese Suppe ist ein einfaches, köstliches Gericht, das perfekt für den Frühling und Herbst ist, wenn das Grüngemüse Saison hat. Erbsen können im Übermaß rajasisch sein und zu Blähungen führen. Am besten sollten sie frisch, warm und sanft gekocht genossen werden; außerdem empfehle ich in diesem Rezept, zur Hälfte Erbsen und zur anderen Hälfte grüne Bohnen zu verwenden, damit dies nicht passiert.

- 250 ml Wasser
- 250 ml Kokosmilch, vollfett
- ½ TL Salz
- ½ TL Kreuzkümmelsamen
- 115 g grüne Bohnen, grob gehackt
- 150 g frische Erbsen
- 2 EL Kokosflocken
- Schwarzer Pfeffer, frisch gemahlen, nach Geschmack

In einem mittelgroßen Topf Wasser, Kokosmilch, Salz und Kreuzkümmelsamen bei mittlerer Temperatur zum Kochen bringen. Gemüse hinzugeben, wieder aufkochen, dann die Temperatur reduzieren. Abgedeckt 10 Minuten köcheln lassen. Vom Herd nehmen und mit einem Pürierstab oder Hochleistungsmixer die Suppe glatt pürieren. Abdecken.

In einer kleinen Pfanne Kokosflocken unter ständigem Rühren bei mittlerer Temperatur leicht braun rösten. Das dauert nur wenige Minuten. Sofort vom Herd nehmen.

Suppe auf zwei Schüsseln aufteilen und jede mit 1 EL geröstete Kokosflocken und frisch gemahlenem Pfeffer nach Geschmack garnieren.

HINWEIS: Kokosraspel ist zu klein und darum nicht knusprig. Wenn möglich sollten Sie daher Kokosflocken verwenden, weil die größeren Stückchen die bessere Konsistenz für ein Suppen-Topping haben.

Sattvischer Caesar-Salat

ergibt 2 Portionen

Bei heißem Wetter erscheint knackiger, erfrischender, grüner Romanasalat genau das Richtige zu sein. Wenn Sie aber zu viel rohes Gemüse essen, ohne die erdenden Eigenschaften auszugleichen, wird der Geist irgendwann unruhig. Suchen Sie also nicht weiter nach dem perfekten Salat! Ich gebe etwas Grünkohl hinzu, um die tiefgrüne Energie zu bekommen. Dann schwenke ich ihn in cremigem Dressing und lasse ihn ein paar Minuten ruhen, während ich die Kürbiskerne röste. Die gebe ich über den Salat, solange sie noch heiß sind, damit das Gemüse etwas weicher wird. Für eine reichhaltige Mahlzeit gebe ich über diesen Salat »Einfaches pfannengebratenes Tofu« (siehe *Das Ayurveda-Kochbuch für jeden Tag*).

SALAT

Ein Kopf Romanasalat

70 g Baby-Grünkohl

40 g Kürbiskerne, geröstet

CAESAR-DRESSING

70 g Kürbiskerne, roh

2 EL Tahina

4 EL Oliven- oder Leinöl

2 EL Nährhefe

4 EL Zitronensaft, frisch

1 EL Apfelessig

1 TL Salz

½ TL schwarzer Pfeffer, frisch gemahlen

4 EL Wasser (sowie weitere 4 EL Wasser bei Bedarf für die Verarbeitung)

Spitzen vom Romana entfernen, falls sie braun sind. Untere 5 cm entfernen und Rest in mundgerechte Stücke hacken. Mit dem Baby-Grünkohl vermengen.

Alle Dressingzutaten in der hier aufgeführten Reihenfolge in den Mixer geben. Ein paar Mal kurz bei niedriger Geschwindigkeit verarbeiten, dann auf höchste Stufe stellen und 1 Minute mixen. Falls das Dressing zu dick erscheint, nach und nach je 1 EL Wasser hinzugeben, bis die gewünschte Konsistenz erreicht ist.

Dressing über den Salat gießen und schwenken. Mit gerösteten Kürbiskernen besprenkeln und sofort auf Teller geben.

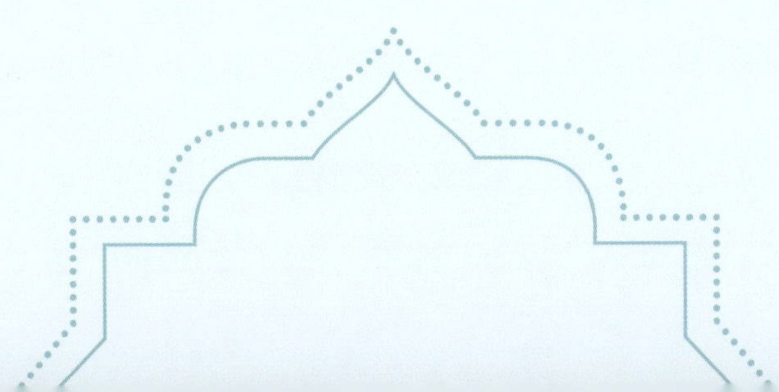

Sattvische Gemüse-Kofta

ergibt 4 Portionen (rund 20 Gemüsebällchen)

So viele meiner Freunde gehen in indische Restaurants, um dort Kofta zu essen, die zwar vegetarisch, aber zu schwer und zu stark gewürzt sind, um wirklich sattvisch zu sein. Darum habe ich Koftalight kreiert. Zwar sind sie immer noch etwas Arbeit und auch gebraten, aber das ist eines dieser speziellen Gerichte, die Sie zubereiten können, wenn Sie etwas ganz Besonderes haben möchten. Und wenn Sie bei der Herstellung dieser Bällchen erst den Bogen raus haben, können Sie diese Kugeln, die an Falafel erinnern, ohne Ende genießen. Für das Rezept habe ich einige der erhitzenden Zutaten weggelassen, wie beispielsweise Chili, Knoblauch und Zwiebeln, aber die Soße enthält noch viele der traditionellen Gewürze.

KOFTA-BÄLLCHEN

500 ml Wasser

200 g getrocknete Mungobohnen, über Nacht eingeweicht

1 EL Sattvische Gewürzmischung

½ TL schwarzer Pfeffer, frisch gemahlen

½ TL Ingwerpulver

½ TL Salz

2 EL Ghee

In einem großen Topf 500 ml Wasser bei hoher Temperatur zum Kochen bringen. Mungobohnen abspülen und abtropfen, dann ins Wasser geben. Temperatur reduzieren, abdecken und 45 Minuten köcheln lassen. Vom Herd nehmen und überschüssiges Wasser abschütten. Beiseitestellen und abkühlen lassen. Jetzt ist ein guter Zeitpunkt, um die Soße zu machen.

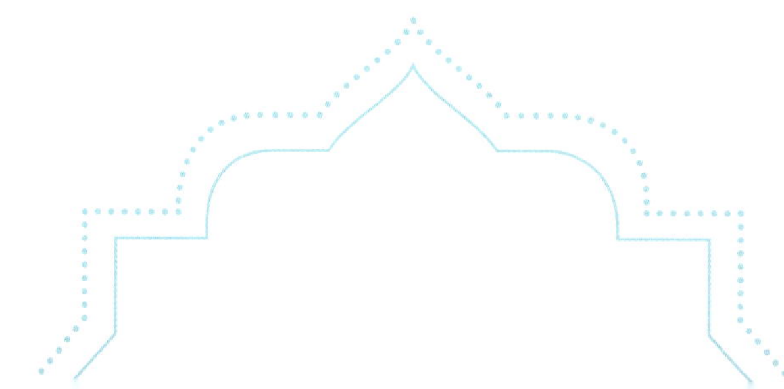

CURRY

1 Tomate

1 Lauch

4 Selleriestangen

10 cm Ingwer, frisch, geschält und fein gehackt

4 EL Wasser sowie weitere 750 ml

1 EL Ghee

3 grüne Kardamomkapseln, aufgebrochen

2 Gewürznelken

1 TL Senfsamen

3 Pfefferkörner

1 EL Sattvische Gewürzmischung

1 TL Kurkumapulver

1 TL Salz

Frischer Koriander zum Garnieren

Während die Mungobohnen abkühlen, Tomaten, Lauch und Sellerie grob hacken. Gemüse und Ingwer zusammen mit 4 EL Wasser in einer Küchenmaschine oder einem Mixer auf höchster Stufe verarbeiten, bis die Soße die Konsistenz von Salsa hat. Falls die Küchenmaschine mit der Verarbeitung Probleme hat, noch etwas mehr Wasser hinzugeben.

Ghee in einem mittelgroßen Topf bei mittlerer Temperatur erhitzen. Kardamom, Nelken, Senfsamen und Pfefferkörner im Ghee sautieren, bis die Senfsamen aufplatzen. Gemüsemischung hinzugeben und alles gut durchrühren.

750 ml Wasser, Gewürzmischung, Kurkuma und Salz hinzugeben und aufkochen. Auf niedrige Temperatur reduzieren und ohne Deckel mindestens 25 Minuten köcheln lassen, bis die Soße wieder die Konsistenz von Salsa hat.

Während die Soße köchelt, die Kofta-Bällchen zu Ende machen. Mit einem Kartoffelstampfer oder einer Gabel die Mungobohnen zusammen mit der Gewürzmischung, dem Pfeffer, Ingwer und Salz stampfen. Wenn Sie mit der Hand in den Teig drücken, sollte er seine Form bewahren und nicht auseinanderfallen oder krümeln. Falls er zu trocken ist, nach und nach je einen Esslöffel Wasser hinzugeben, bis Sie Bällchen formen können. 2 EL Teig in die Hand nehmen, daraus eine Kugel formen und diese leicht zu Medaillons flachdrücken. Der Teig sollte für ungefähr 20 Bällchen reichen.

Ghee in einer großen, antihaftbeschichteten Pfanne bei mittlerer Temperatur erhitzen. Bällchen im Ghee rund 3-5 Minuten braten, bis eine Seite durchgebraten ist, dann wenden und von der anderen Seite rund 2-3 Minuten braten. Vom Herd nehmen und teilweise abdecken, damit die Bällchen warm bleiben.

Fertige Soße in 4 Schälchen geben, 4-5 Kofta in jedes Schälchen legen und weitere Soße darüber löffeln. Mit frischem Koriander garnieren.

Aromatisch-würzige Kürbisfreuden

ergibt 2 Portionen als Hauptgericht oder 4 Portionen als Beilage

Ich denke, schon der Titel verrät, wie sehr ich Kürbis mag. Diese »Trockencurry«-Methode ist in der ayurvedischen Küche sehr beliebt. Das Gemüse kann je nach Jahreszeit variieren, aber ich empfehle Ihnen, diese Technik, bei der das Gemüse im Öl sautiert und anschließend geköchelt wird, bei allen Gemüsesorten anzuwenden.

- 1 Kabocha- oder vergleichbarer Kürbis
- 2 EL Kokosnussöl
- 1 TL Senfsamen
- 1 TL Kurkumapulver
- 1 TL Zimtpulver
- 20 g Kokosraspel
- ½ TL schwarzer Pfeffer, frisch gemahlen
- 250 ml Wasser oder Brühe
- ½ TL Salz (weglassen, falls Sie Brühe verwenden)

Kabocha waschen, halbieren und entkernen. Mit Schale etc. in 2,5 cm große Stücke hacken.

In einer großen Pfanne das Kokosnussöl bei mittlerer Temperatur erhitzen. Senfsamen, Kurkuma, Zimt, Kokosnuss und Pfeffer zum Öl geben und sautieren, bis die Senfsamen aufplatzen. Kabocha hinzugeben und durchrühren, bis alle Stücke mit dem Öl bedeckt sind. Weiter sautieren und umrühren, bis die Kürbisstücke nach 2-4 Minuten an der Pfanne haften bleiben.

Wasser oder Brühe und Salz (falls verwendet) hinzugeben und aufkochen. Auf mittlere bis niedrige Temperatur reduzieren und 20-25 Minuten abgedeckt köcheln lassen, bis der Kürbis weich ist. Falls noch viel Flüssigkeit in der Pfanne ist, Temperatur für ein paar Minuten auf mittlere bis hohe Temperatur stellen, bis der Großteil der Flüssigkeit verkocht ist.

Als Beilage zu Kichari oder Dal oder als leichtes Hauptgericht servieren.

MÖGLICHE KÜRBISPROBLEME

Leider kann es bei Kürbissen auch leicht zu viel des Guten sein. Denn die Kombination aus trockenen und dichten Eigenschaften in diesem ballaststoffreichen Gemüse kann – im Übermaß verzehrt (insbesondere, wenn im Körper sowieso schon die schweren Eigenschaften vorherrschend sind) – die *Srotas* verstopfen. Diese Kanäle transportieren Flüssigkeiten, Abfallstoffe, Nährstoffe, Energie und alles, was bewegt werden muss. Diese Kanäle für einen reibungslosen Transport frei zu halten, ist der Schlüssel zu optimaler Gesundheit. Glücklicherweise ist es so, dass wenn Kürbis in Maßen konsumiert wird (drei- bis viermal die Woche), er unsere Kanäle im Winter gut nährt, statt sie zu verklumpen.

Kohl mit cremiger Tahina

ergibt 2 Portionen

Dieses Rezept ist eine leichte und köstliche Methode, um gewöhnlichen Kohl aufzupeppen. Es ist wichtig, dass Ihre Ernährung immer ein paar bittere Gemüsesorten umfasst, und dies hier ist eins meiner Lieblingsgerichte, wenn es draußen kalt ist. Meistens nehme ich Palmkohl, weil er so zart ist. Die leichten Eigenschaften des Blattgemüses werden hier durch die nussige Tiefe der Tahina ausgeglichen. Bei kaltem Wetter sollten Sie dieses Gericht häufig essen und es mit einer Suppe oder einem Getreidegericht kombinieren.

1 Bund Palmkohl, gewaschen, Strunk entfernt und in 5 cm große Stücke gerissen

2 EL Wasser

2 EL Tahina

Saft von ½ Zitrone

Schwarzer Pfeffer, frisch gemahlen, nach Geschmack

Kohl mit 2 EL Wasser in eine Pfanne geben. Abdecken und bei mittlerer Temperatur 5 Minuten dünsten, bis der Kohl weich ist. Vom Herd nehmen.

Tahina und Zitronensaft in einer kleinen Schüssel vermengen. Soße über den gedünsteten Kohl gießen und schwenken, bis jedes Kohlstück bedeckt ist. Mit Pfeffer garnieren.

Reinigendes Kanji

ergibt 4 Portionen

Kanji gibt es in so vielen Varianten wie Schreibweisen. Es ist das beste Heilessen schlechthin. Traditionell und noch bis heute wird in Ayurveda-Kliniken die Darm-Gesundheit durch Getreidesuppe wieder hergestellt, wobei sie von immer dickerer Konsistenz ist, je besser es dem Patienten geht. Aber man muss nicht krank sein, um sie zu essen, und sie als heilendes Essen in die Ernährung aufzunehmen, kann ein Ungleichgewicht jeglicher Art ausgleichen.

2,5 l Wasser

200 g Basmatireis, braun

¼ TL Salz

Je ¼ TL Kreuzkümmel-, Kurkuma- und Ingwerpulver (oder ½ TL Süße Gewürzmischung)

Mix-ins (optional)

Datteln

Rosinen

Bei hoher Temperatur Wasser in einem großen Topf zum Kochen bringen. Reis, Salz und Gewürze hinzugeben. Auf niedrige Temperatur reduzieren und teilweise abgedeckt rund 1 Stunde köcheln lassen, bis der Reis aufbricht und die Suppe eine cremige Konsistenz hat. Gut umrühren und in Suppenschüsselchen füllen.

Als leichte Mahlzeit servieren oder während Sie fasten über den Tag verteilt essen, um für ausreichend Flüssigkeit zu sorgen und sich zu nähren.

WANN UND WIE SIE KANJI ESSEN SOLLTEN

Kanji ist leicht zu verdauen, weil das Getreide mit Wasser verdünnt und gut durchgekocht ist. Die Suppe kann zur Flüssigkeitszufuhr, zum Heilen und zum Nähren des Darms gegessen werden sowie um eine lethargische Trägheit im Geist auszugleichen.

- Als leichte Mahlzeit. Um etwas Leichtes zu essen, kann dieses Gericht statt Reis oder Brot gegessen werden und zu einer Gemüsebeilage, wie beispielsweise Kohl mit cremiger Tahina (siehe Seite 184) oder In Kreuzkümmel geröstetes Gemüse (siehe Seite 168), serviert werden.
- Als warmes Frühstück. Zusammen mit Datteln, Rosinen und Süße Gewürzmischung kochen und schon haben Sie ein warmes Frühstücksmüsli.
- In stressigen Zeiten. In einer Phase, in der Stress Ihren Darm schwächt, Sie aber dennoch essen müssen, wirkt Kanji beruhigend und stabilisierend.
- Als Kanji-Fastenkur. Um abzunehmen oder um nach einer Krankheit oder Unpässlichkeit den Darm wieder ins Lot zu bringen, sollten Sie eine eintägige Kanji-Fastenkur ausprobieren, bei der Sie einen Tag lang so viele Schüsseln voll essen, wie Sie benötigen. Dieses Rezept sollte für einen Tag ausreichen.

Eingelegte Rote Bete

ergibt 250 g

Eingelegte Rote Bete esse ich häufig, weil sie so leicht zu machen ist – und weil die heilende Wirkung der Roten Bete auf die Verdauung nicht zu unterschätzen ist! Es gibt schickeres, würzigeres eingelegtes Gemüse, aber wenn Sie Ihren Gerichten ein bis zwei Esslöffel hiervon hinzugeben, verleihen Sie ihnen ruckzuck gut verdauliche Süße, Säure sowie Salzigkeit. Durch einen Hauch Balsamicoessig wird das Ganze sogar noch süßer.

2 große oder 3 mittelgroße Rote Beten (circa 700 g), ohne die oberen Enden (um die oberen Enden zuzubereiten, siehe Rote Bete-Koriander-Suppe auf Seite 272)

1 EL hochwertiger Balsamicoessig

2 EL Apfelessig

½ TL Salz (optional)

In einem großen Topf ausreichend Wasser, um die Rote Beten zu bedecken, zum Kochen bringen. Rote Beten waschen und im Ganzen in das Wasser geben. Bei hoher Temperatur wieder zum Kochen bringen. Abdecken, Temperatur reduzieren und 45-60 Minuten köcheln lassen, bis sie weich sind. Die Zeit hängt von der Größe der Rote Beten ab. Nach 45 Minuten mit einer Gabel oder Messerspitze kontrollieren, ob sie weich sind.

Vom Herd nehmen. Rote Beten abkühlen lassen, indem Sie sie in eine Schüssel mit kaltem Wasser tauchen. Wenn sie kalt genug sind, um angefasst zu werden, in ein Sieb schütten, um das Wasser abzutropfen. Obere und untere Enden entfernen. Unter laufendem, kaltem Wasser die Haut der Roten Beten entfernen. Gekochte Beten in circa 0,5 cm dicke runde Scheiben schneiden und anschließend halbmondförmig oder in 1 cm große Stifte schneiden.

Rote-Bete-Stücke zusammen mit den Essigsorten und dem Salz (falls verwendet) in ein 500-ml-Glas geben. Vor dem Servieren umrühren.

In einem Glasbehälter 1 Woche im Kühlschrank haltbar.

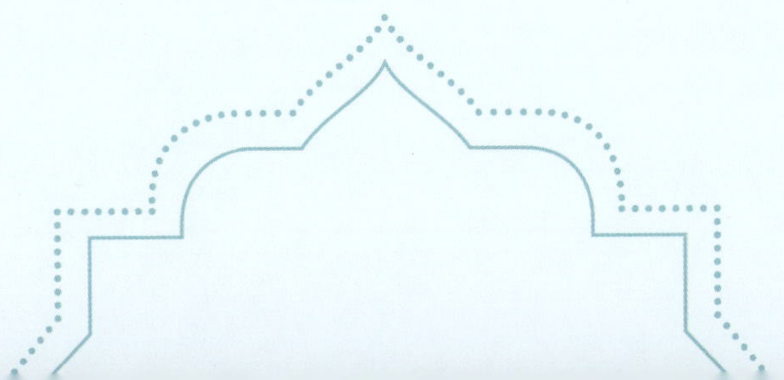

Karotten-Chutney

ergibt 300 g

Karotten sind ideal für die sattvische Ernährung. Süß, leicht würzig und simpel – dieses Chutney passt zu fast allem. Meistens genieße ich es zu Reis oder Buchweizen-Dosa, mit Cashew-Reis oder auf Kichari. Die Chili können Sie, falls Sie möchten, weglassen oder für weniger Schärfe halbieren und die Samen entfernen; der Ingwer sorgt schon von alleine für etwas Hitze. Die Extraarbeit, um die Öl-Würzmischung zu machen, lohnt sich! Wenn Sie etwas von dem Chutney im Kühlschrank aufbewahren, mischen Sie auch ein wenig von der Öl-Gewürzmischung in das Restemenü.

300 g Karotten, gehackt

125 ml Wasser

1 rote Chili, getrocknet (optional)

1 TL Kokosnussöl

1 TL Zitronensaft, frisch

1 TL Sattvische Gewürzmischung

2,5 cm Ingwer, frisch, geschält

½ TL Salz

Öl-Gewürzmischung

1 EL Kokosnussöl

1 TL Senfsamen

12 Curryblätter (falls Sie welche bekommen können)

In einer mittelgroßen Pfanne die Karotten 7-10 Minuten in einem Dampfgareinsatz dünsten. Beiseitestellen.

In einer großen Pfanne bei mittlerer Temperatur die ganze Chili (falls verwendet) und die Karotten in 1 TL Kokosnussöl sautieren und ständig durchrühren, bis sie leicht angebraten sind. Vom Herd nehmen.

In einer Küchenmaschine oder einem Mixer alle Chutney-Zutaten zusammen zu einer glatten Paste pürieren. Zwischendurch müssen Sie den Vorgang ein paar Mal unterbrechen, um die Mischung von den Seiten abzukratzen. In mehrere Servierschälchen umfüllen.

In einer kleinen Pfanne 1 EL Kokosnussöl bei mittlerer Temperatur erhitzen. Senfsamen und Curryblätter hinzugeben und vorsichtig durchrühren, bis die Samen aufplatzen. Pfanne abdecken und 1 Minute braten. Vom Herd nehmen und Öl-Gewürzmischung über jedes Chutney-Schälchen gießen.

Sofort zu Dosa servieren und einen großen Löffel voll als Beilage zu einem Reisgericht geben.

In einem Glasbehälter bis zu 5 Tage im Kühlschrank haltbar. Vor dem Servieren auf Zimmertemperatur erwärmen und gut umrühren.

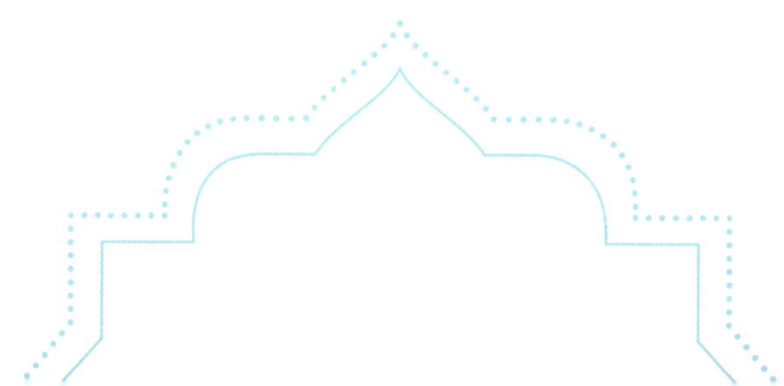

Miso-Tahinasoße

ergibt 250 ml

Jeder Schnellimbiss, der eine »warme Getreideschale« serviert, sollte eine so reichhaltige und cremige Soße wie diese hier auf der Speisekarte haben. Sie können Ihre eigene frische und sattvische Getreideschale im Handumdrehen selbst machen, und sie enthält auch noch den gut verdaulichen Energiekick der Zitrone und des Pfeffers und ist aufgrund der guten Fette sehr nahrhaft. Einfach Getreide, gekochtes Gemüse und eine Proteinquelle übereinander schichten und mit ein paar Esslöffeln dieser Soße beträufeln.

125 ml Tahina

2 EL weiße Miso

4 EL Zitronensaft, frisch

4 EL Olivenöl

1/8 TL schwarzer Pfeffer, frisch gemahlen

2 EL warmes Wasser

In einer mittelgroßen Schüssel Tahina, Miso und Zitronensaft mit einer Gabel zu einer Paste verquirlen. Mit Olivenöl und Pfeffer verquirlen, bis alles gut vermengt ist. Warmes Wasser hinzugeben und wieder verquirlen. Mehr Wasser hinzugeben, bis die Konsistenz flüssig genug zum Beträufeln ist.

Fest verschlossen in einem 500-ml-Glas lagern. Vor Verwendung gründlich schütteln. Im Kühlschrank 5-7 Tage haltbar.

In »Karamell« gedippte Äpfel

ergibt rund 300 g

Datteln spielen in der ayurvedischen Ernährung eine besondere Rolle. In großen Mengen können sie erhitzend und stimulierend wirken, aber sie verfügen ebenso über die Fähigkeit, das tiefe Körpergewebe zu nähren, und gelten als Aphrodisiakum. Für die Reproduktionsgesundheit sind sie ein förderliches Nahrungsmittel - sowohl vor als auch nach der Schwangerschaft und während der Stillzeit. Genau die richtige Nascherei, wenn es Ihnen nach Süße dürstet, aber denken Sie daran, dass sie auch zu aufregend wirken kann.

- 10 frische Medjool-Datteln
- 125 ml Mandelmilch
- 1 TL reiner Vanilleextrakt
- 1 Prise Meersalz
- 2-4 Äpfel, entkernt und in Scheiben geschnitten

Datteln halbieren und entkernen. In einer kleinen Schüssel Datteln 1 Stunde bei Zimmertemperatur in der Mandelmilch einweichen. Dattel- und Milchmischung in den Mixer gießen, Vanilleextrakt und Salz hinzugeben und glatt pürieren. Mit saisonalen Apfelscheiben zum Dippen servieren.

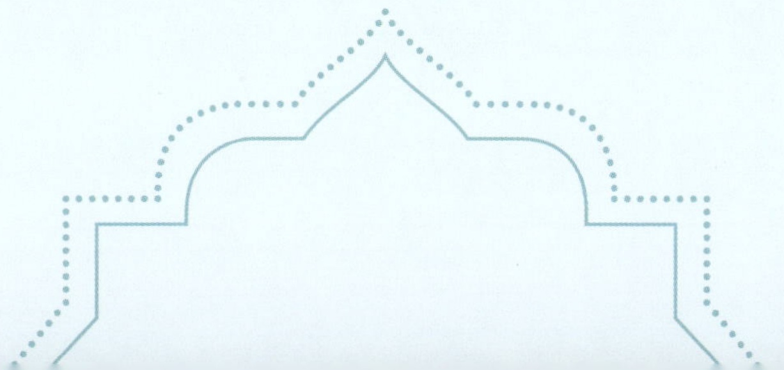

Ahorn-Maisauflauf

ergibt 4 Portionen

Dieses buttrige, aber dennoch leichte Gericht ist insbesondere im Herbst ein köstlicher Nachtisch oder ein schönes Frühstück. Schnell zuzubereiten, von natürlicher Süße und leicht zu verdauen. Achten Sie darauf, qualitativ hochwertiges Bio-Maismehl zu kaufen und die trockenen Eigenschaften, die der Mais hat, durch eine Portion Ghee auszugleichen.

- 500 ml Wasser
- 75 g Maismehl, grob
- 1 TL Süße Gewürzmischung
- ¼ TL Salz
- 1 TL Ghee
- 25 g Rosinen
- 1 EL Ahornsirup, zum Beträufeln

Ofen auf 175 °C vorheizen.

500 ml Wasser in einem Topf oder Wasserkocher zum Kochen bringen. In einer mittelgroßen Glasschüssel Weizenmehl, Süße Gewürzmischung und Salz verquirlen. Wasser vom Herd nehmen und über die Weizenmehlmischung gießen. Ghee hinzugeben und verquirlen. 15 Minuten ruhen lassen.

Rosinen gleichmäßig auf dem Boden von 4 kleinen Auflaufförmchen verteilen. Nach der 15-minütigen Ruhezeit die Weizenmehlmischung erneut umrühren und über die Rosinen in den Auflaufförmchen geben. 20-25 Minuten backen, bis sich am Rand kleine Bläschen bilden und die Mitte größtenteils fest ist und nur leicht wackelt, wenn Sie die Förmchen schütteln.

Am besten schmeckt der Auflauf warm und mit einem Spritzer Ahornsirup.

SÜSS, SÜSS, SÜSS

Ich weiß, was Sie denken: In diesem Kochbuch gibt es ganz schön viele süße Naschereien! Das liegt daran, dass ich gerne Süßspeisen kreiere und die sattvische Ernährung den süßen Geschmack liebt. In Maßen genossen, vermittelt die Geschmacksrichtung süß Liebe und Wohlgefühl. Im Übermaß ist sie faul und starr. Versuchen Sie, wenn Sie die Süßigkeiten in diesem Kochbuch genießen, zu spüren, wie deren Liebe Sie durchströmt. Seien Sie sich bewusst, dass es sich bei den Süßigkeiten um vollwertige Mahlzeiten handelt, die wirklichen Hunger befriedigen, aber auch als Nascherei in kleiner Menge glücklich machen.

Mit Schokolade überzogene Ojas-Riegel

ergibt 20 viereckige Riegel

Datteln, Pekannüsse, Mandeln und Kokosnuss unterstützen *Ojas*, die nahrhafteste Flüssigkeit im Körper. Diese Substanz ist der Speicher für unsere tiefgehende Energie und Immunität. Sie ist sehr wichtig für den Energiehaushalt, die langfristige Gesundheit und die geistige Stabilität. In diesem Schokoriegel verbinden sich dichte, natürliche Fette enthaltende Nahrungsmittel mit Gewürzen, die dafür sorgen, dass Ihr Verdauungsfeuer entfacht wird und die Nährstoffe in den tiefen Körpergeweben ankommen. Mit diesen erdenden Ojas-Riegeln können Sie Ihren Energiehaushalt wieder auffüllen, wenn Sie sich von zu viel Aktivität ausgepowert fühlen.

BASISSCHICHT

4 Medjool-Datteln, entsteint

120 g Pekannüsse, roh

65 g Mandeln, roh

2 EL Kokosnussöl

¼ TL Salz

½ TL Süße Gewürzmischung

SCHOKOLADENSCHICHT

85 g Kokosnussöl

60 g Kakaopulver

3 EL Ahornsirup

OPTIONALE TOPPINGS

2 EL Kokosflocken, geröstet

2 EL Cranberries, getrocknet und gehackt

2 EL Mandelsplitter

Den Boden einer 10 x 20 cm großen Kastenform mit Backpapier auslegen.

In einer Küchenmaschine Datteln, Pekannüsse, Mandeln, 2 EL Kokosnussöl, Salz und Süße Gewürzmischung verarbeiten, bis die Mischung zusammenklebt und einen Ball formt. Datteln-Nussmischung auf den Boden der Kastenform drücken.

Dann eine Portion Einfache Kokos-Schokocreme (siehe Seite 141) zubereiten. Kokosnussöl zum Schmelzen im Glas in heißes Wasser stellen. In einer kleinen Schüssel 85 g Kokosnussöl, Kakao und Ahornsirup zu einer glatten Masse verquirlen.

Schnell arbeiten und die Kokos-Schokomischung über die Basisschicht gießen. Dabei die Kastenform so hin und her schwenken, dass die Schokomischung die Basisschicht gleichmäßig bedeckt. Mit dem Topping Ihrer Wahl besprenkeln (Kokosflocken, getrocknete Cranberries oder Mandelsplitter). 30 Minuten bis 1 Stunde im Gefrierfach hart werden lassen.

Anschließend aus der Kastenform nehmen, Backpapier entfernen und noch gefroren mit einem scharfen Messer auf einem Schneidebrett in kleine Vierecke schneiden. Riegel zwischen Backpapierschichten in einem fest verschlossenen Behälter bis zu 14 Tage im Kühlschrank aufbewahren.

Um die köstliche Leckerei richtig zu genießen, immer nur einen Riegel auf einmal essen und sich wohlfühlen!

Haferriegel mit Kakao und Cranberries

ergibt 20 Riegel

Dies ist mein Lieblingsbackrezept im Winter. Im Laufe der Saison werfe ich so gut wie alles einmal hinein – Datteln, Mandelmehl, Walnüsse, Orangenschale ... Haferriegel sind nahrhaft und versorgen Sie mit langanhaltender Energie. Zum Frühstück am besten mit frischem Joghurt servieren und mit Zimt bestreuen.

- 200 g Haferflocken
- 50 g Hafermehl
- 2 TL Süße Gewürzmischung
- 100 g Kokosraspel
- 285 g Apfelmus
- 4,5 EL Ahornsirup
- 250 ml Kokosmilch
- 2,5 EL Kokosnussöl
- 2 TL reiner Vanilleextrakt
- 70 g Cranberries, getrocknet
- 55 g Kakaonibs

Ofen auf 190 °C vorheizen. Eine 22 x 33 cm große Backform aus Glas mit Kokosnussöl einfetten.

Haferflocken, Hafermehl, Gewürzmischung und Kokosraspel in einer großen Rührschüssel vermengen. Mit einer Gabel Apfelmus, Ahornsirup, Kokosmilch, 2,5 EL Kokosnussöl und Vanilleextrakt in einer mittelgroßen Rührschüssel verquirlen. Feuchte Mischung zu den trockenen Zutaten geben und umrühren, bis alles gut vermengt ist. Cranberries und Kakaonibs unterziehen.

Mischung in die Backform geben und glatt streichen. 20-25 Minuten backen, bis die Ränder langsam braun werden. Darauf achten, dass Sie sie nicht zu lange backen, damit die Riegel nicht trocken werden. Aus dem Ofen nehmen, 10 Minuten abkühlen lassen und schneiden.

HINWEIS: Falls Ihnen niemand dabei hilft, die Riegel aufzuessen, sollten Sie das Rezept halbieren und eine 20 cm große, quadratische Form nehmen.

ZUCKERFREIE CRANBERRIES

Meistens steckt in getrockneten Cranberries jede Menge weißer Zucker. Ein bisschen Süße brauchen sie, damit sie sich länger halten und Sie nicht von der Säure erschlagen werden. Es gibt Cranberries, die mit Apfelsaftkonzentrat gesüßt werden. Achten Sie also auf die Zutatenliste und nehmen Sie solche. Ich habe sie bislang nur in Großgebinden entdeckt.

Sesam-Haferküchlein mit Datteln

ergibt 12-15 Küchlein

Gerade bei kaltem Wetter schmecken diese Leckerbissen, die eine Mischung aus Cookie und Haferriegeln sind, hervorragend. Hafer, Sesam und Datteln enthalten Öle und sind wärmend, sodass sie Sie mit all den erdenden Eigenschaften versorgen, die für einen stabilen Geist nötig sind. Einfach zusammen mit einer Tasse heißem Tee zum Frühstück genießen oder unterwegs als gesunden, erdenden Snack essen.

1 EL Chiasamen, gemahlen

3 EL Wasser

230 g Hafermehl

¼ TL grobes Meersalz

1 TL Süße Gewürzmischung

250 ml Tahina

3 EL Ahornsirup

1 TL reiner Vanilleextrakt

8 Medjool-Datteln, entsteint und gewürfelt

Ofen auf 160 °C vorheizen. Ein Backblech leicht mit Ghee oder Kokosnussöl einfetten. In einer mittelgroßen Schüssel Chiasamen und Wasser miteinander verquirlen. 5 Minuten ruhen lassen.

Hafermehl, Salz und Süße Gewürzmischung in eine große Rührschüssel geben.

Tahina, Ahornsirup und Vanilleextrakt zur Chiasamenmischung geben und mit einem Holzlöffel zu einer glatten Masse verrühren. Tahinamischung und Datteln zum Mehl geben und gründlich miteinander vermengen.

Mit den Händen je 3 EL Teig zu einer Kugel formen, bis der ganze Teig aufgebraucht ist; Kugeln im Abstand von 5 cm auf das gefettete Backblech geben. Mit der Handfläche die Kugeln zu einer runden, flachen Form drücken.

12 - 15 Minuten backen, bis die Küchlein fest sind und eine leicht braune Farbe haben. 5 - 10 Minuten abkühlen lassen, dann vom Backblech nehmen. Luftdicht verschlossen bis zu 2 Tage bei Zimmertemperatur lagern.

Yogi-Tee

ergibt 4 Portionen

Wenn ich viel um die Ohren habe, bringt mich manchmal eine Tasse würzigen, heißen Tees wieder runter. Dieser Tee ist dadurch, dass er ohne Milch getrunken wird, eine gute Alternative zu traditionellem Chai. Dennoch weist er ein authentisches Chai-Aroma auf und ist ein exotischer, aromatischer Digestiv-Tee, der besonders gut zu einem Dessert passt.

- 2 l Wasser
- ½ TL Zimtpulver
- 1 TL Koriander, gemahlen
- 1 cm Ingwer, frisch, klein geschnitten
- 1 Samentasche Sternanis (nicht den ganzen Stern)
- ½ TL Fenchelsamen
- 2 EL getrockneter Zuckerrohrsaft oder Kokosblütenzucker

Alle Zutaten in einen großen Topf geben und bei hoher Temperatur zum Kochen bringen. Temperatur reduzieren und abgedeckt 15-20 Minuten köcheln lassen. Während des Köchelns einmal durchrühren, um sicherzugehen, dass das Süßungsmittel nicht am Boden haftet.

Die Mischung durch ein feinmaschiges Sieb in einen anderen Topf oder direkt in große Tassen gießen und sofort servieren.

Kräuter-Chai

ergibt 2 Portionen

Diese koffeinfreie Version eignet sich für Fans von Masala-Chai, die einen weniger anregenden Tee genießen möchten. Traditionell wird Chai mit frischer Kuhmilch gemacht, aber wenn Sie keine bekommen können oder sie nicht vertragen, können Sie eines der Milchrezepte in Kapitel 7 benutzen. Die Gewürze in diesem Rezept helfen bei der Verdauung der schweren Eigenschaften, die Kuhmilch aufweist. Den besten medizinischen Effekt erzielen Sie, indem Sie die Gewürze im Ganzen in der Milch kochen. Zur Not können Sie auch 2 TL Süße Gewürzmischung nehmen (siehe Seite 125).

- 300 ml Milch (Kuh-, Mandel-, Reis- oder Hanfmilch)
- 250 ml Wasser
- 1 EL getrockneter Zuckerrohrsaft oder Kokosblütenzucker
- 2,5 cm Ingwer, frisch, gehackt oder zerdrückt
- 3-4 grüne Kardamomkapseln, zerdrückt
- ½ TL Zimtpulver

Alle Zutaten in einen mittelgroßen Topf geben und bei hoher Temperatur zum Kochen bringen. Gut aufpassen und Temperatur reduzieren, ehe die Milch schaumig wird, denn sonst kocht sie schnell über. Abgedeckt rund 10 Minuten köcheln lassen, bis es in Ihrer Küche herrlich duftet.

Vom Herd nehmen und durch ein feinmaschiges Sieb direkt in zwei große Tassen gießen und servieren.

HINWEIS ZUR MILCH: Hanfmilch nicht kochen lassen. Erst am Ende hinzugeben und erhitzen, aber nicht kochen lassen.

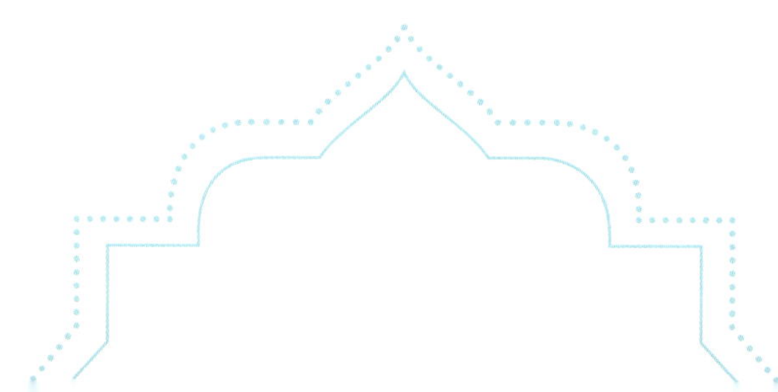

Honig-Reis-Shake

ergibt 2 Portionen

Für Euch Smoothie-Süchtige habe ich hier noch ein weiteres Rezept für einen warmen, gut verdaulichen Smoothie. Brauner Reis und Leinsamen bereichern durch ihre Ballaststoffe und sorgen für einen sättigenden Drink, während die leichte, reinigende Wirkung des Honigs dem Ganzen Süße verleiht, ohne schwer im Magen zu liegen.

- 50 g brauner Reis, gekocht
- 2 EL Leinsamen, gemahlen (optional)
- 1 TL Süße Gewürzmischung
- 750 ml warmes Wasser
- 2 TL Honig, roh

Reis, Leinsamen (falls verwendet), Gewürzmischung und warmes Wasser in einen Mixer geben. Auf höchster Stufe 1 Minute lang verarbeiten und während des Betriebs den Mixer oben öffnen, um den Honig hineinzugeben, damit er nicht an den Behälterseiten kleben bleibt.

Direkt in zwei große Tassen gießen und warm servieren.

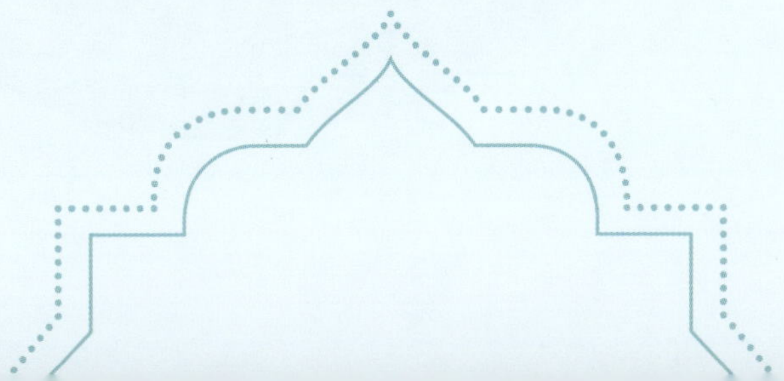

Allheilende Kurkumamilch

ergibt 1 Portion

Dieses als »Goldene Milch« bezeichnete Abendgetränk ist in der Yoga- und Ayurvedaküche für seine vielzähligen positiven Wirkungen auf die Gesundheit bekannt. Es wirkt entzündungshemmend, stärkt die Knochen und ist gut für das Immunsystem. Diese sich gegenseitig verstärkende Kombination aus Kurkuma, Kokosnuss, Ingwer und Pfeffer wird nicht nur durch altes Wissen, sondern auch durch moderne Forschung belegt. Wenn Sie die Kurkumamilch nicht als heilend empfinden sollten, dann aber auf jeden Fall als wohltuend. Falls ein ganzes Glas Milch Ihnen, obwohl es warm und gewürzt ist, zu schwer erscheint, sollten Sie zur Hälfte Milch und zur anderen Hälfte Wasser nehmen.

- 250 ml Kuhvollmilch oder Mandelmilch
- 1 TL Kurkumapulver
- ½ TL Ingwer, gemahlen
- 1 TL Kokosnussöl
- 1 Prise Pfeffer, frisch gemahlen
- ½-1 TL Honig, roh (optional)

In einem kleinen Topf die Milch ohne Deckel 2-4 Minuten bzw. bis sie dampft, erhitzen. Alle anderen Zutaten, mit Ausnahme des Honigs, hinzugeben und mit einem Schneebesen oder einem Stabmixer verquirlen.

In eine große Tasse gießen, mit Honig (falls verwendet) süßen und sofort genießen.

SCHLAF ODER TOD

Im Ayurveda wird gelehrt, dass Leben und Tod vom Schlaf abhängen! Sollte man, so gesehen, dann nicht etwas früher ins Bett gehen? Allgemein wird empfohlen, spätestens um 22 Uhr schlafen zu gehen. Denn danach erfährt der Körper einen erneuten Energieschub. Diese Energie, die den Körper während des Schlafs entgiften soll, wird dann für anderes verwendet. Wenn man das Mittagessen auslässt und stattdessen ein umfangreiches Abendessen zu sich nimmt, wird der Schlaf gestört und man bleibt abends länger auf. Darum sollten Sie, wenn Sie abends zu spät für eine Mahlzeit nach Hause kommen oder geringen Appetit haben, diese Goldene Milch trinken – für Veganer eignet sich warmer Honig-Reis-Shake (siehe Seite 199) – und ins Bett gehen.

Lassi

ergibt 1 Portion

Dieses Rezept ist mit einem Restaurant-Lassi nicht zu vergleichen. In Indien heißt Lassi Buttermilch oder *Takra*, aber außerhalb von Indien ist »Buttermilch« meist die gekaufte Version, die nicht die gleichen Eigenschaften und gesundheitlichen Vorteile aufweist. Durch die traditionelle Herstellungsweise, bei der durch Rühren die Fette entfernt werden, werden die schweren Eigenschaften in leichte verwandelt. Dieses verdauungsfördernde Getränk kann zur Appetitsteigerung 30 Minuten vor einer Mahlzeit oder nach einer Mahlzeit, um Verdauungsstörungen und Blähungen vorzubeugen, getrunken werden. Damit es einen gesundheitlichen Nutzen hat, sollte das Lassi frisch sein.

- 250 ml Wasser, Zimmertemperatur
- 4 EL Vollmilchjoghurt
- 1 Prise Kurkumapulver
- 2 Prisen Ingwerpulver

Wasser in ein 500-ml-Glas füllen und Joghurt und Gewürze hinzugeben. Mischung auf höchster Stufe 1 Minute mit einem Pürierstab oder in einem Hochleistungsmixer rühren, bis sich Schaum bildet. Die Feststoffe der Milch sammeln sich oben und bleiben an den Seiten des Glases hangen; sie sehen wie kleine Bläschen aus. Feststoffe mit einem Löffel abschöpfen und entsorgen. Wiederholen, bis alle Fette entfernt sind.

Sofort genießen.

AGNI ANKURBELN:

Ein lahmes Verdauungsfeuer können Sie steigern, indem Sie in dieses Lassi je ¼ TL frisch gemahlenen Pfeffer und gemahlenen Kreuzkümmel geben und es ein- bis dreimal täglich vor den Mahlzeiten trinken, bis sich der Appetit verbessert hat.

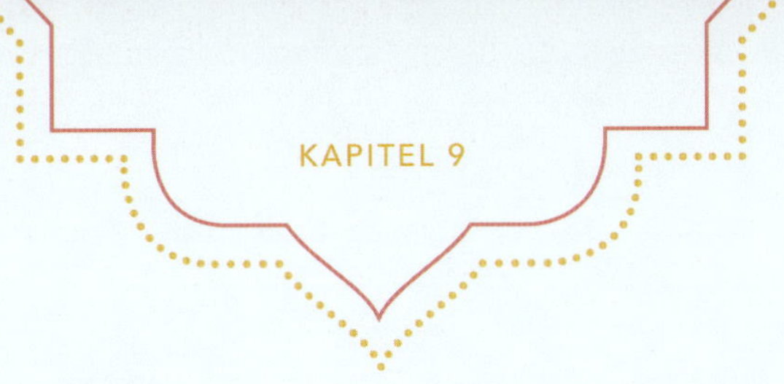

Rezepte zum Entspannen und zur Beruhigung von Rajas

RAJAS

Rajas ist die Energie der Dynamik und Bewegung. Dieser leidenschaftliche, kreative Antrieb sorgt dafür, dass die Dinge passieren und verleiht jedem Vorhaben den nötigen Kampfgeist. Doch die leicht erregbare Natur kann auch zu einer »Alles oder nichts«-Vorgehensweise führen. Was ein rajasischer Geist braucht, ist, das Mittelmaß zu finden. Wenn Sie spüren, dass Sie überarbeitet, gereizt oder aufgeregt sind, helfen Ihnen die Rezepte in diesem Abschnitt, sich zu entspannen, runterzufahren und wieder einen ausgeglichenen Zustand zu erreichen, in dem Sie etwas schaffen, Ihr Geist aber nicht zu aktiv ist. Die Rezepte schmecken gut, ohne dass sie zu stark gewürzt sind, und sind daher eine gute Alternative zu scharfen, salzigen und ölhaltigen Gerichten. Regenerieren Sie sich mit frischem Blattgemüse und saftigem Obst; sorgen Sie für Harmonie durch milde Minze und Mandeln; und verleihen Sie dem Ganzen Würze durch exotische, aber dennoch beruhigende Aromen, wie Kardamom und Kokosnuss.

Frühstück

Hauptgang

Würze

Süßes

Getränke

Rajas beruhigen

WIE SICH RAJAS ANFÜHLT:

Rastlos, überarbeitet, überreizt, nervös, ängstlich, unbeständig, zu beschäftigt, Schlafprobleme

MÖGLICHE ANZEICHEN UND SYMPTOME EINES UNGLEICHGEWICHTS

- Sodbrennen
- Überhitzung
- Spannungskopfschmerz
- Einschlafprobleme oder sehr frühes Aufwachen
- rasende Gedanken
- Gereiztheit
- Unfähigkeit, still zu sitzen
- Arbeits-, Medien-, Internet- und Fernsehsucht
- Tendenz, zu ehrgeizig oder kritisch zu sein

GESCHMACKSRICHTUNGEN, DIE SIE GENIESSEN SOLLTEN

Süß, bitter, zusammenziehend

Ernährungsempfehlungen

NAHRUNGSMITTEL, DIE SIE ESSEN SOLLTEN

- Kokosnuss (-öl, -wasser-, milch, Kokosblütenzucker und Fruchtfleisch)
- frisches, saisonales Gemüse, insbesondere Gurke, Zucchini, Fenchel und Brunnenkresse
- kleine Bohnensorten (Linsen, Mungobohnen, Adzuki, schwarze und rote Bohnen)
- süßes, saftiges, saisonales Obst, insbesondere Trauben und Melonen
- frische Kräuter, insbesondere Petersilie und Koriander

NAHRUNGSMITTEL, VON DENEN SIE WENIGER ESSEN SOLLTEN

- Fermentierte Nahrungsmittel
- Kombucha
- Unreifes oder saures Obst
- Sauerrahm
- Streng riechende Käsesorten
- Rotes Fleisch
- Eier, insbesondere das Eigelb
- Zwiebeln
- Knoblauch
- Essig
- Salzige Würzmittel
- Alkohol
- Kaffee und Koffein
- Schokolade
- Chilischoten
- Restaurantessen
- Chips, Crackers und Popcorn
- Aufputschmittel
- Rauchen

ALLGEMEINE TIPPS FÜR DIE LEBENSWEISE

- Vermeiden Sie zu starkes körperliches Training.
- Schlafen Sie ausreichend.
- Gehen Sie vor 22 Uhr ins Bett.
- Machen Sie bei Bedarf manchmal einen Mittagsschlaf.
- Sorgen Sie für regelmäßige Mahlzeiten im Sitzen.
- Essen Sie nur selten Knabbersachen oder im Restaurant.
- Nehmen Sie sich die Zeit, um zu kochen und die Mahlzeiten zu genießen.
- Planen Sie Zeit für sich selbst ein.
- Nehmen Sie sich Zeit für Stille und Zeit im Freien.

Gebackener Buchweizen mit Kardamom und Heidelbeeren

ergibt 3-4 Portionen

Dieses herzhafte Frühstück ist leicht wärmend und sollte insbesondere bei kaltem Wetter oder wenn ein aktiver Tag bevorsteht, genossen werden. Die Kombination aus der reinigenden Wirkung der Heidelbeeren und dem kühlen Aroma von Kardamom und Mandelmilch ergibt ein getreidefreies, energiereiches Frühstück, das bis zum Mittagessen satt macht. Und das Beste ist, dass Sie sehr gut ein Stück in einem gut verschlossenen Behälter mitnehmen können. Die Reste eignen sich auch für ein einfaches Abendessen.

2 EL Kokosnussöl, geschmolzen, sowie etwas mehr zum Einfetten der Pfanne

200 g Buchweizenschrot

1 TL Kardamompulver

1 TL Backpulver

¼ TL Salz

750 ml Mandelmilch, sowie etwas mehr zum Servieren

1 TL reiner Vanilleextrakt

4 EL Ahornsirup

250 g Heidelbeeren

Ofen auf 175 °C vorheizen. Eine ausreichend große Backform mit Kokosnussöl einfetten.

Buchweizenschrot in einer Küchenmaschine oder einem Hochleistungsmixer verarbeiten, bis alles grob gehackt ist. Es soll kein Mehl entstehen, sondern nur grobes Buchweizenmüsli, bei dem manche Körner halbiert und andere noch völlig intakt sind.

In einer mittelgroßen Schüssel die gehackten Körner, Kardamom, Backpulver und Salz vermengen. Mandelmilch, Vanille, Kokosnussöl und Ahornsirup hinzugeben und gut umrühren. Mischung in die vorbereitete Backform geben und mit den Heidelbeeren garnieren.

Ohne Deckel 45 - 50 Minuten leicht braun backen. Aus dem Ofen nehmen und vor dem Servieren 10 Minuten abkühlen lassen. Auf Schüsselchen verteilen und mit dem Ahornsirup und zusätzlicher Mandelmilch besprenkeln. Bis zu 3 Tage in einem luftdicht verschlossenen Behälter im Kühlschrank aufbewahren.

Kokosnuss-Chiasamen-Pudding

ergibt 2 Portionen

Laut Ayurveda soll Honig wirklich nur roh verzehrt werden. Gekocht wird er zu einer klebrigen Masse, die der Körper nicht verdauen kann. Doch roher Honig hat eine besondere »Abschab-Fähigkeit«, die zur Entgiftung des Körpers genutzt werden kann. Genau das richtige Süßungsmittel für mich! Darum erträume ich ständig Gerichte, die mit Honig gesüßt werden können, ohne ihn zu erhitzen. Hier ist eins davon.

300 ml Kokosmilch

55 g Chiasamen

1 EL Honig, roh

1 TL reiner Vanilleextrakt

¼ TL Ingwerpulver

In einer kleinen Schüssel Kokosmilch und Chiasamen verquirlen. Honig, Vanille und Ingwer unterrühren. In zwei Servierschüsselchen oder kleine Marmeladengläser gießen und 30 Minuten bis zu 1 Stunde ruhen lassen. Wenn Sie den Pudding am Tag zuvor machen, bewahren Sie ihn im Kühlschrank auf und lassen ihn vor dem Verzehr 1 Stunde auf der Küchenablage stehen, bis er Zimmertemperatur hat.

ÜBER DIE GEDULD

Laut Charaka Samhita ist Geduld der Schlüssel dazu, den Geist zu steuern. Kulturell bedingt dreht sich in der modernen Welt alles um Pünktlichkeit und Produktivität. Das sind beides Ziele, die, sofern sie nicht mit Geduld gepaart werden, zu geistiger Erregung führen können. Der Morgen ist der ideale Zeitpunkt, um Geduld zu üben, da noch der ganze Tag vor einem liegt. Die Energie, mit der der Tag beginnt - sei es Zufriedenheit, Unruhe oder Lethargie -, wirkt sich unweigerlich auf den Rest des Tages aus. Wenn man sich bedingungslos Zeit für Morgenrituale und Frühstück nimmt, gibt das den Ton für den Rest des Tages an und fördert ein Leben im Gleichgewicht. In Kapitel 5 finden Sie ein paar Ideen für Morgenrituale (siehe Seite 94).

Frühstückskichari mit Äpfeln und Rosinen

ergibt 3-4 Portionen

Dieses Kichari ist sehr proteinreich und ein guter Ersatz für Haferbrei. Wenn die Äpfel zuhauf an den Bäumen hängen, koche ich sie sofort mit meinem Grundnahrungsmittel zu einem Frühstücksmüsli. Allerdings muss es nicht unbedingt Morgen sein, um diese süße, sattmachende heiße Mahlzeit zu genießen.

- 100 g Basmatireis
- 100 g Mung Dal, gelb, halbiert, über Nacht oder mindestens mehrere Stunden eingeweicht
- 2 l Wasser
- 2 TL Zimtpulver oder Süße Gewürzmischung
- 25 g Rosinen
- 2 Äpfel, entkernt und in 1 cm große Stücke geschnitten
- 1½ EL Ahornsirup
- 1 EL Ghee
- ½ TL Salz

Reis und Mung Dal gründlich abspülen. Wasser in einem mittelgroßen Topf bei hoher Temperatur zum Kochen bringen. Abgespülten Reis und Mung Dal in das kochende Wasser geben. Temperatur reduzieren und ohne Deckel 15 - 20 Minuten köcheln lassen.

Zimt, Rosinen, Äpfel und Ahornsirup hinzugeben. Abdecken und weitere 15 - 20 Minuten köcheln lassen. Bei Bedarf mehr Wasser hinzugeben. Das Kichari sollte die Konsistenz von dickem Haferbrei haben.

Vom Herd nehmen und Ghee und Salz unterrühren. Vor dem Verzehr 5 Minuten ruhen lassen (falls Sie das schaffen).

WARME MAHLZEITEN

Ich kann mich noch daran erinnern, dass wir uns früher in der Schule für das Mittagessen extra in eine Liste für eine »warme Mahlzeit« eintragen mussten. Man sollte unbedingt auf das natürliche Bedürfnis nach einer warmen Mahlzeit hören. Manchmal ist der Tag so hektisch und ich weiß, dass ich mich hinsetzen und eine warme Mahlzeit genießen muss, damit ich für den Rest des Tages genug Energie habe. Im Laufe der Zeit habe ich gelernt, dass ich am Wochenende den Preis dafür zahle, wenn ich das Mittagessen übergehe. Nehmen Sie für unterwegs einen Thermosbehälter mit Essen mit und räumen Sie dieser warmen Mahlzeit, zu der Sie sich hinsetzen, oberste Priorität ein.

Gemüse-Sprossen-Suppe

ergibt 2 Portionen

Die gekeimten Bohnen sorgen für jede Menge Proteine, aber beim Verzehr dieser cremigen, süßen Suppe kämen Sie niemals auf die Idee, dass sie Bohnen enthält. Am meisten holen Sie aus ihr heraus, wenn Sie sich hinsetzen, um diese nahrhafte Mahlzeit zu genießen, die voller bitterer, süßer und zusammenziehender Gemüsesorten steckt. Sie ist ein gutes Gegenmittel, wenn Sie es vorher mit dem Essen übertrieben haben. Wenn Sie den lakritzartigen Geschmack von Fenchel nicht mögen, können Sie ihn einfach weglassen und stattdessen die Menge an Petersilie verdoppeln und eine Handvoll Mangold oder Spinat hineingeben.

- 500 ml Gemüsebrühe
- 60 g Mungobohnenkeime
- 115 g grüne Bohnen, gehackt
- ½ Fenchelwurzel, Strunk entfernt, Enden abgeschnitten und in ca. 1 cm große Stücke geschnitten
- 1 TL Beruhigende Gewürzmischung
- ½ Bund Petersilie
- 2 TL Kokosnussöl

250 ml Gemüsebrühe bei hoher Temperatur in einem mittelgroßen Topf zum Kochen bringen. Mungobohnen, grüne Bohnen, Fenchel und Gewürzmischung hinzugeben. Temperatur reduzieren und abgedeckt 5-10 Minuten köcheln lassen. Längeres Köcheln führt zu einer cremigeren Suppe.

Gemüse und Brühe in einen Mixer geben, Petersilie, Öl und den Rest der Brühe hinzugeben. Glatt pürieren. (Wenn Sie einen Pürierstab verwenden, Petersilie, Öl und restliche Brühe in den Topf geben und darin glatt pürieren.)

Mit Reis oder Buchweizen-Dosa servieren.

ENTGIFTUNG MIT GRÜNER SUPPE

Diese Suppe wirkt sehr reinigend und kann Ihre Verdauung richtig in Schwung bringen. Wenn auf Ihrem Speiseplan generell wenig Grüngemüse und Hülsenfrüchte stehen, sollten Sie statt einer großen Schüssel als Hauptgericht lieber mit einer kleinen Schüssel als Beilage zu anderen Nahrungsmitteln, beispielsweise einem Getreidegericht oder gebackenen Süßkartoffeln, starten.

Beruhigendes Kichari

ergibt 4-6 Portionen

Dies ist ein klassisches Gericht, das Sie erdet, beruhigt und Ihnen gleichzeitig Kraft gibt. Ich habe die gesunde Bitterkeit von Blattgemüse mit kühlenden Kräutern und Gewürzen gepaart, um die mentale Hitze eines geschäftigen Tages zum Schmelzen zu bringen. Wenn Sie merken, dass Ihr Geist sich um zahlreiche Aufgaben oder Termine dreht, sollten Sie sich eine ruhige Auszeit mit einer Schüssel dieses Kicharis gönnen – ich garantiere Ihnen, dass Sie sich danach ruhiger fühlen werden.

1,5 l Wasser

215 g Basmatireis

100 g Mung Dal, gelb, halbiert, über Nacht oder mindestens mehrere Stunden eingeweicht

1 EL Beruhigende Gewürzmischung

70 g Grünkohl, 120 g Mangold oder sonstiger Kohl, grob in Streifen gehackt

½-1 TL Salz

1 Handvoll frische Korianderblätter, zum Garnieren

Öl-Gewürzmischung

1-2 EL Ghee

½ TL Kreuzkümmelsamen

½ TL Koriandersamen

½ TL Fenchelsamen (optional)

In einem großen Topf 1.250 ml Wasser bei hoher Temperatur zum Kochen bringen. Restliche 250 ml beiseitestellen, um sie bei Bedarf während des Kochens hinzuzugeben.

Reis und Dal mindestens zweimal abspülen, bis das Wasser klar bleibt. Zusammen mit der Gewürzmischung ins kochende Wasser geben und auf hoher Temperatur lassen, bis die Flüssigkeit wieder kocht. Dann sofort die Temperatur reduzieren und teilweise abgedeckt 20 Minuten köcheln lassen, ohne umzurühren. Nach 20 Minuten kontrollieren, ob das Dal von Wasser bedeckt ist. Falls nicht, restliche 250 ml Wasser darüber gießen, aber nicht umrühren. Blattgemüse zum Dünsten darauflegen. Teilweise abgedeckt weitere 10 Minuten köcheln lassen.

Für die Öl-Gewürzmischung das Ghee in einer kleinen Pfanne bei mittlerer Temperatur erhitzen. Kreuzkümmel-, Koriander- und Fenchelsamen (falls verwendet) hinzugeben und erhitzen, bis die Samen nach rund 2-3 Minuten aufplatzen. Vom Herd nehmen und ins Kichari geben. Salz hinzugeben, gut umrühren, und abgedeckt ein paar Minuten stehen lassen.

Das Kichari sollte eine weiche, suppenähnliche Konsistenz haben. Wie einen Eintopf in Schüsselchen servieren. Mit viel frischem Koriander garnieren.

Ihr tägliches Dal

ergibt 2-3 Portionen

Diese Suppe ist eins der proteinreichsten Gerichte überhaupt. In Ruhe genossen, erfreut das farbenfrohe, aber dennoch einfache Gericht die Sinne, erdet den Körper und sorgt für Gelassenheit. Mit Rajas ist es nämlich so, dass der Geist ständig in Bewegung ist und dass durch die geistige Anstrengung der Hunger auf stabilisierende Nahrungsmittel und Proteine wächst. Eine traditionelle, ayurvedische *Thali*-Mahlzeit beinhaltet auf jeden Fall dieses gelbe Dal, das mit in Ghee sautierten Kreuzkümmelsamen gewürzt ist. Ich esse es sehr oft, meistens zu jeder Menge Blattgemüse, auf das ich einen extra Löffel Öl gebe, oder zu eingelegtem Gemüse oder einem Chutney, manchmal auch einem Dosa. Es schmeckt einfach so gut!

1,5 l Wasser

200 g Mung Dal, gelb, über Nacht oder zumindest mehrere Stunden eingeweicht

1 TL Kurkumapulver

1 TL Korianderpulver

1 EL Beruhigende Gewürzmischung

6 Karotten, grob gehackt (ca. 300 g)

½ TL Salz, nach Geschmack mehr

2 TL Kokosnussöl

1 TL Kreuzkümmelsamen

Kleine Handvoll Curryblätter (12-15 Blätter, frisch oder gefroren, wenn es nicht anders geht)

Saft von ½ Limette

2 EL gehackter Koriander, zum Garnieren (optional)

In einem großen Topf 1 l Wasser bei hoher Temperatur zum Kochen bringen. Währenddessen das Mung Dal unter kaltem Wasser abspülen, bis dieses klar bleibt. Bohnen, Kurkuma, Koriander und Gewürzmischung in den Topf geben. Temperatur reduzieren und teilweise abgedeckt 20 Minuten köcheln lassen.

Karotten in den Topf geben und Wasser wieder zum Kochen bringen. Restliche 500 ml Wasser und Salz hineingeben. Umrühren ist nicht nötig. Teilweise abgedeckt 10 Minuten weiterköcheln lassen.

In einer kleinen Pfanne das Kokosnussöl bei mittlerer Temperatur erhitzen. Kreuzkümmelsamen und Curryblätter hinzugeben und rund 2-3 Minuten sautieren, bis die Gewürze duften. Öl-Gewürzmischung zum Dal geben und weitere 5 Minuten köcheln lassen. Vom Herd nehmen und Limettensaft unterrühren.

In Schüsselchen servieren und mit frischem Koriander oder einer Limettenscheibe garnieren.

HINWEIS: Falls Ihr Dal nicht so cremig ist, wie Sie es gerne hätten, können Sie die Bohnen weicher machen, indem Sie das heiße Dal mit einem Pürierstab oder einem altmodischen Schneebesen 5-10 Sekunden pürieren, ehe Sie das Gemüse hinzugeben. Alternativ die Bohnen vorher über Nacht einweichen, dann werden sie beim Kochen schneller weich.

Butternutkürbis-Suppe

ergibt 4 Portionen

Wenn Sie im Herbst oder Winter eine Stunde zuhause sind, könnten Sie in der Zeit ganz leicht einen Kürbis rösten. Der herrliche Duft zieht durch das Haus und verleiht Ihnen ein gemütliches, erdendes Gefühl. Einfach den Kürbis im Ganzen in den Ofen geben, während Sie sich mit etwas anderem beschäftigen, und nach einer Stunde wiederkommen. Dann aushöhlen und innerhalb von 15 Minuten eine Suppe zaubern.

1 Butternut-Kürbis

2 Äpfel

2 EL Ghee oder Kokosnussöl

2,5 cm frischer Ingwer, geschält und klein gehackt

1 TL Zimtpulver

¼ TL Nelkenpulver

1 TL Kreuzkümmelpulver

750 ml Gemüsebrühe

½ TL Kurkumapulver

Salz und Pfeffer, frisch gemahlen, nach Geschmack

125 ml Kokosmilch

Kürbis zum Rösten aufrecht auf ein Backblech stellen und bei 200 °C 1-1½ Stunden rösten, bis er weich ist. Gerösteten Kürbis halbieren, Kerne entfernen, schälen und in große Stücke schneiden.

Äpfel schälen und in 2,5 cm große Stücke hacken. Ghee oder Kokosnussöl in einem großen Topf mit schwerem Boden erhitzen. Äpfel, gehackten Ingwer, Zimt, Nelken und Kreuzkümmel hinzugeben. Rund 7 Minuten sautieren und ab und an umrühren, bis die Äpfel weich sind und die Gewürze duften. Brühe, gerösteten Kürbis, Kurkuma, Salz und Pfeffer in den Topf geben. Zum Kochen bringen, dann Temperatur reduzieren und ohne Deckel 10 Minuten köcheln lassen. Vom Herd nehmen, Kokosmilch hinzugeben und mit dem Pürierstab pürieren.

SIE SIND *NICHT* ZU BESCHÄFTIGT, UM SUPPE ZU KOCHEN!

Es verblüfft mich immer wieder, wie kompliziert manche Suppenrezepte sind. So viele verschiedene Schritte, daneben stehen und umrühren … Mir ist einfach nur kochen und pürieren viel lieber. Fertig. Wenn Sie überarbeitet und gestresst sind, brauchen Sie eine heiße Suppe. Dafür muss man keine Stunde oder länger aufwenden. Meine Suppenrezepte sind so simpel und Sie müssen für die Zubereitung dieser nahrhaften Wohlfühlgerichte kaum Zeit aufwenden.

Gebackene Kokosnuss-Limetten-Süßkartoffeln

ergibt 2-4 Portionen

Diese zweimal gebackenen Süßkartoffeln sind göttlich und ein Fest für die Augen. Sie sind einfach in der Zubereitung und vereinen eine beruhigende Mischung aus gut verdaulichen Gewürzen und dem glatten, süßen Geschmack von Süßkartoffel und Kokosmilch. Servieren Sie sie mit der Innenseite nach oben und garniert mit Koriander und Senfsamen.

- 2 Süßkartoffeln
- 2 EL Kokosnussöl, sowie etwas mehr, um die Süßkartoffelschalen vor dem Backen einzureiben
- 4 EL Kokosmilch, vollfett
- Saft von ½ Limette
- ½ TL Korianderpulver
- ½ TL Kurkumapulver
- ¼ TL schwarze Senfsamen
- ¼ TL grobes Meersalz
- 2 EL frischer Koriander, grob gehackt

Ofen auf 175 °C vorheizen. Süßkartoffeln ein paar Mal mit der Gabel einstechen. Kokosnussöl über die Schale streichen. Auf ein Backblech mit hohem Rand legen und 50-60 Minuten backen, bis sie weich sind. Aus dem Ofen nehmen und abkühlen lassen, bis Sie sie anfassen können.

Jede Süßkartoffel der Länge nach aufschneiden und das Innere entnehmen, sodass auf allen Seiten eine ca. 0,5 cm dicke Schale übrig bleibt. Schalen zurück auf das Backblech legen und beiseitestellen. Das innere Fruchtfleisch in eine Küchenmaschine oder einen Mixer geben. Kokosnussöl, Kokosmilch, Limettensaft, Koriander und Kurkuma hinzugeben und zu einer glatten Konsistenz mixen. Süßkartoffelfüllung auf die vier Schalen verteilen.

Gefüllte Süßkartoffeln wieder in den Ofen schieben und 10 Minuten backen, dann den Ofen auf »Grillen« stellen und 2-3 Minuten grillen, bis sie oben knusprig sind. Aus dem Ofen nehmen und mit Senfsamen, Meersalz und Koriander garnieren.

Gemischtes Marktgemüse mit Kräuter-Joghurt-Soße

ergibt 2 Portionen

Dieses herrliche Sommergericht ist leicht zuzubereiten und Sie können dafür jedes Gemüse und alle Kräuter verwenden, die Sie gerade da haben. Hier habe ich Ihnen meine Lieblingsmischung aufgeführt. Ich mag es, wenn die Farben gemischt sind, und nehme jedes Mal andere Kräuter. Die Soße geht so schnell, dass sie jedes Mal frisch zubereitet werden kann. Diese Gemüsebeilage passt sehr gut zu Dal-Suppe.

2 kleine Karotten

1 grüne Zucchini

1 gelbe Zucchini

1 EL Ghee

½ TL Kreuzkümmelsamen

60 g Erbsen, frisch, oder grüne Bohnen

2 EL Wasser

½ TL Salz

125 g Joghurt, frisch

Saft von ½ Limette

¼ TL Beruhigende Gewürzmischung

¼ TL Salz

Pfeffer, frisch gemahlen, nach Geschmack

2 EL frische Kräuter, fein gehackt (Basilikum, Dill, Oregano, Koriander, Petersilie etc.)

Zucchini und Karotten in 2,5 cm große Stücke hacken.

In einer großen Pfanne das Ghee bei mittlerer Temperatur erhitzen. Darin die Kreuzkümmelsamen rund 3-5 Minuten sautieren, bis sie duften. Zucchini, Karotten und Erbsen hinzugeben und durchrühren, damit alles bedeckt ist. Ein paar Minuten sautieren.

Weiterhin bei mittlerer Temperatur lassen und Wasser und Salz hinzugeben. Abdecken und rund 10 Minuten weich dünsten. Gemüse testen, indem Sie mit einer Gabel hineinstechen. Gleitet die Gabel mühelos in das Gemüse, ist es fertig. Vom Herd nehmen, Deckel abnehmen und ein paar Minuten abkühlen lassen. Falls noch Wasser in der Pfanne ist, dieses in eine Schüssel gießen und für die Joghurtsoße aufbewahren (bei Bedarf).

Gemüse mit der Joghurtsoße in einer Servierschüssel schwenken. Mit frischen Kräutern garnieren.

FÜR DIE JOGHURTSOSSE:
Joghurt, Limettensaft, Gewürzmischung, Salz und Pfeffer verquirlen, bis alles gut vermengt ist. 1-2 EL des übrig gebliebenen Kochwassers zur Soße geben, falls diese sehr dick ist. Das hängt davon ab, welchen Joghurt Sie benutzen. Kräuter hinzugeben, aber eine kleine Menge zum Garnieren beiseitestellen.

VEGANE VARIANTE:
Statt Joghurt Vollfett-Kokosmilch verwenden.

In Ahornsirup gerösteter Fenchel mit Zimt

ergibt 4-6 Portionen

Sanfte Süße rundet die sechs Geschmacksrichtungen ab und macht ein Gericht wahrhaft sattvisch. Die Karamellisierung des natürlichen Zuckers im Fenchel durch Ahornsirup und die perfekte Bräune schmeicheln Augen und Gaumen. Gerne serviere ich Herzhaftes Kichari aus Französischen Linsen in einer großen Schüssel und lege drei oder vier Scheiben dieses Fenchels obenauf.

- 4 Fenchelknollen
- 2 EL Ahornsirup
- 1 EL Kokosnussöl, geschmolzen
- ½ TL Zimtpulver
- ¼ TL Salz

Ofen auf 215 °C vorheizen. 2 Backbleche mit Backpapier auslegen.

Oben vom Stiel der Fenchelknollen 5 cm stehen lassen (sieht schöner aus) und den Fenchel längs in rund 1 cm dicke Scheiben schneiden.

Ahornsirup, Kokosnussöl, Zimt und Salz in einer kleinen Schüssel vermengen. Die Fenchelscheiben von beiden Seiten mit der Ahornsirupmischung bestreichen. Die Scheiben in einer Lage auf die Backbleche verteilen.

8-10 Minuten backen, bis der Fenchel leicht braun wird. Aus dem Ofen nehmen und Scheiben wenden. Weitere 8-10 Minuten backen, bis der Fenchel bräunlich und karamellisiert ist.

Sofort servieren.

FANTASTISCHER FENCHEL

Die Fenchelpflanze ist in vielerlei Hinsicht gut für die Gesundheit, was sowohl im Ayurveda als auch in der westlichen Medizin bekannt ist. Die frische Knolle und die getrockneten Samen werden in seiner europäischen Heimat für Hausmittel verwendet. Nutzen Sie die kühlen, verdauungsfördernden, entzündungshemmenden Eigenschaften dieser Pflanze, die ein Verwandter der Petersilie ist. Sie lindert Blähungen und Sodbrennen und erfrischt den Atem! Der einzige Grund, warum man nicht mit Fenchel kochen sollte, ist, wenn man seinen Geschmack nach Lakritz nicht mag.

Reisnudelschale mit Bauernmarktgemüse

ergibt 2 Portionen als Hauptgericht oder 4 Portionen als Beilage

Diese Misosuppe steckt voll farbenfrohem Spätsommergemüse und göttlichem, goldenem Ghee. Sie werden überrascht sein, wie schnell Sie diese authentisch schmeckende Nudelschüssel zuhause zubereiten können. Und sie enthält keine zuckerhaltigen Würzmittel, wie Austern- oder Chilisauce, die beide Speisestärke, weißen Zucker und künstliche Geschmacksstoffe enthalten. Mit einem großen Löffel und Stäbchen genießen – aber passen Sie auf Ihr Shirt auf!

- 2 EL Ghee
- 1 kleine Karotte, mit dem Julienneschneider geschnitten
- 1 Zucchini, längs halbiert und in Halbmonde geschnitten
- 1 Bund Baby-Pak Choi, in Streifen geschnitten
- 50 g Radieschen, in Streifen geschnitten
- 5 cm Ingwer, frisch, geschält und klein gehackt
- 2 EL Tamari sowie nach Geschmack etwas mehr
- 1 l Wasser sowie 4 EL heißes Wasser für die Misopaste
- 1 Paket (rund 250 g) dünne Reisnudeln
- 1 EL Misopaste
- 2 EL Koriander, gehackt
- ½ Limette, in Dreiecke geschnitten, zum Servieren

In einem Topf mit schwerem Boden das Ghee bei mittlerer Temperatur erhitzen. Karotten, Zucchini, Pak Choi und Radieschen hinzugeben und 5-8 Minuten sautieren, dabei ab und an umrühren. Wenn das Gemüse weich ist, Ingwer und Tamari hinzugeben und unter ständigem Rühren eine Minute weiter sautieren. Wasser hinzugeben, Gewürze vom Topfboden kratzen und zum Kochen bringen. Temperatur reduzieren und 10 Minuten köcheln lassen. Anschließend Topf vom Herd nehmen, Reisnudeln hinzugeben, abdecken und 5 Minuten ziehen lassen.

In der Zwischenzeit die Misopaste in einer kleinen Schüssel in 4 EL heißem Wasser auflösen. Miso in den Topf geben und umrühren. Gemüse und Nudeln mit einer Zange auf die einzelnen Servierschüsselchen verteilen, dann die Gemüsebrühe darüber geben. Mit Koriander, frischen Limettenscheiben und, je nach Geschmack, mit weiterer Tamari garnieren.

HINWEIS: Eine richtige Mahlzeit zaubern Sie daraus, indem Sie mit dem Wasser einen Block festen Tofu, in 1 cm große Stücke geschnitten, hinzugeben.

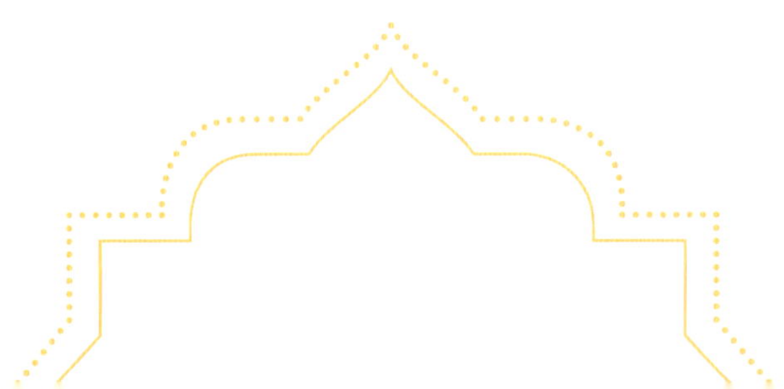

Schnelles Buchweizen-Dosa mit Minzchutney

ergibt 2-3 Portionen (6-8 Dosas)

Dosa-Teig, mit seinem köstlichen, sauren Geschmack, wird traditionell zuhause fermentiert, um die Verdauung zu unterstützen. Dies ist das Rezept für einen »schnellen Dosa-Teig«, wo der saure Geschmack von Joghurt herrührt. Schon nach nur 10 Minuten kann er verwendet werden. Wir haben alle immer mehr zu tun – da kann ein schneller Teig ein wahrer Lebensretter sein. Buchweizen wird langsamer verdaut als Teig aus weißem Reis oder Weizen. Darum bekommen Sie durch ihn – auf positive Art und Weise – mehr auf die Rippen und sind bis zur nächsten Mahlzeit satt. Oft esse ich ihn zum Frühstück; den Teig bewahre ich ein paar Tage im Kühlschrank auf, dann habe ich jederzeit welchen griffbereit.

Mit Minzchutney (Rezept folgt) und einem schnell eingelegten Gemüse servieren, um die sechs Geschmacksrichtungen zu bedienen.

SCHNELLES BUCHWEIZEN-DOSA

150 g Buchweizenmehl

125 g Vollmilchjoghurt

½ TL vitalisierende Gewürzmischung

½ TL Salz

180 ml Wasser

1 EL Ghee oder Kokosnussöl

Buchweizenmehl, Joghurt, Gewürzmischung und Salz glatt verrühren. Nach und nach je 1 EL Wasser hinzugeben, bis die Konsistenz von Pfannkuchenteig erreicht ist. 10 Minuten ruhen lassen.

Eine antihaftbeschichtete Pfanne bei mittlerer Temperatur erhitzen. Ein paar Tropfen Wasser in die Pfanne träufeln; wenn das Wasser zischt, ist die Pfanne heiß genug. 1 TL Ghee in die Pfanne geben. Rund 120 ml Teig mit einer Kelle in die Pfanne geben und durch Kippen der Pfanne oder mit der Rückseite eines großen Löffels zu einem sehr dünnen Kreis ausbreiten. Lücken mit zusätzlichem Teig füllen. Sollte es schwierig sein, den Teig zu verteilen, die Mischung verdünnen, indem Sie mehr Wasser hinzugeben – wieder je einen Esslöffel.

Rund 3-4 Minuten braten, bis der Teig fest wird und trocken aussieht. Wenden und rund 1 Minute von der anderen Seite braten. So lange Dosas machen, bis der gesamte Teig aufgebraucht ist. Wenn der Teig festklebt, einen weiteren Teelöffel Ghee in die Pfanne geben.

Sofort servieren.

MINZCHUTNEY

ergibt 240 ml

Ohne ein wenig Chili wird Minzchutney nicht so gut. Glücklicherweise gleichen die kühlenden, beruhigenden Eigenschaften der frischen Minze die Hitze aus. Entfernen Sie zuerst die Kerne aus der Chili, damit es nicht zu scharf wird. Mit diesem Chutney können Sie die Berge von Pfefferminze im Sommer aufbrauchen. Zu Dosa oder Getreidegerichten servieren.

1½ Bund frische Minzblätter

1 Bund frische Korianderblätter

Saft von ½ Limette

2 EL Wasser

40 g Kokosnuss, ungesüßt, getrocknet

1 Serrano-Chili, entkernt

1 TL Vitalisierende Gewürzmischung

Salz nach Geschmack

In einer Küchenmaschine oder einem Mixer Minze, Koriander, Limettensaft und Wasser pürieren, bis alles grob gehackt ist. Restliche Zutaten hinzugeben und glatt pürieren; bei Bedarf je 1 EL Wasser hinzugeben.

Abgedeckt bis zu 1 Woche im Kühlschrank aufbewahren.

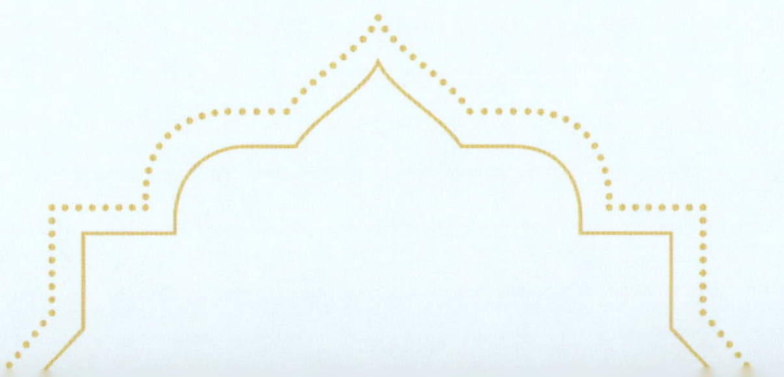

MIT GRÜNEN KARDAMOMKAPSELN KOCHEN

Ich habe mehrere Methoden entwickelt, um die grünen Kapseln aufzubrechen, von denen manche besser als andere sind. Früher habe ich sie mit der Rückseite eines Servierlöffels oder einem Messer zerdrückt, was dazu geführt hat, dass die kleinen schwarzen Samen im Inneren durch die Gegend flogen. Sie sind zu teuer, um sie hinter dem Abtropfgestell zusammensuchen zu müssen. Jetzt öffne ich jede Kapsel vorsichtig mit den Zähnen und werfe sie nacheinander hinein. Wenn ich Gäste habe, zerdrücke ich sie schnell mit Mörser und Stößel (die Kapseln, nicht die Gäste). Die Kardamomkapseln müssen nur aufgebrochen werden, damit die Kochflüssigkeiten eindringen können; achten Sie darauf, dass die Samen nicht in das Gericht kommen.

Reispulao mit Kokosnuss und Cashews

ergibt 3-4 Portionen

Schon bei der Zubereitung dieses Gerichts werden Sie gedanklich in Südindien sein, wenn die Gewürze beim Sautieren ihr Aroma in der Küche verströmen. Gute Reise! *Pulao* wird schon in den antiken Texten genannt und dieses dem Pilaw ähnliche Gericht ist leichter als sein rajasisches Gegenstück *Biryani*, was meistens stark gewürzt und nicht vegetarisch ist. Machen Sie es sattvisch, aber dennoch exotisch, indem Sie Kardamomkapseln und Curryblätter statt jede Menge Chilis und Zwiebeln verwenden.

- 215 g Basmatireis, 20-30 Minuten in 500 ml Wasser eingeweicht
- 2 EL Kokosnussöl
- 1 TL Senfsamen
- 2-3 grüne Kardamomkapseln, aufgebrochen
- 2,5 cm frischer Ingwer, geschält und gestiftelt
- 1 EL Beruhigende Gewürzmischung
- 6 Curryblätter (optional)
- 1 Handvoll gemischtes, saisonales Gemüse, in mundgerechte Stücke gehackt (Erbsen, Karotten und grüne Bohnen eignen sich sehr gut.)
- 25 g Cashewkerne, halbiert
- 250 ml Kokosmilch
- 250 ml Wasser
- 1 TL Salz

Reis abtropfen und abspülen, bis das Wasser klar bleibt. Beiseitestellen.

Öl in einer großen Pfanne oder einem Wok bei mittlerer Temperatur erhitzen. Senfsamen, Kardamomkapseln, Ingwer, Gewürzmischung und Curryblätter (falls verwendet) hinzugeben. Umrühren, bis die Senfsamen aufplatzen. Gemüse hinzugeben und umrühren, bis alles bedeckt ist. Cashews einrühren und 1 Minute sautieren. Reis hinzugeben und umrühren, bis alles bedeckt ist. Kokosmilch, Wasser und Salz einrühren. Abdecken und bei niedriger Temperatur 20 Minuten köcheln lassen.

Vom Herd nehmen. Deckel abnehmen und mit einer Gabel auflockern; falls nicht die gesamte Flüssigkeit absorbiert ist, weitere 5 Minuten abdecken. Kardamomkapseln herausnehmen, falls Sie sie entdecken.

Mit Minzchutney oder Gemüse-Koriander-Raita servieren.

Gerösteter Blumenkohl-Grünkohl-Salat

ergibt 2 Portionen

Wenn Sie diesen warmen Salat zuhause kreieren, fühlen Sie sich sofort in ein Bistro versetzt, ganz wie das in New York, das mich zu diesem Rezept inspiriert hat. Der dortige Salat war mit Käse und Knoblauch garniert, was ich hier durch Tahina und Senfsamen ersetzt habe, um eine Rajas lindernde Variante zu erhalten. So eine schöne Art, Blumenkohl und Grünkohl zu essen!

1 kleiner Blumenkohl, in kleine Röschen gehackt (ungefähr 650 g)

1 TL Kurkumapulver

½ TL Salz

2 EL Ghee, geschmolzen

1 Bund Grünkohl, Strunk entfernt und in kleine Stücke gehackt (ungefähr 140 g)

2 EL Olivenöl

Saft von ½ Zitrone

1 EL Hanfsamen

1 TL schwarzer Pfeffer, frisch gemahlen

2 EL Tahina

Ofen auf 175 °C vorheizen.

Blumenkohl in eine Rührschüssel geben, mit Kurkuma und Salz bestreuen, dann in geschmolzenem Ghee schwenken. In eine Auflaufform geben und 25-30 Minuten rösten, nach rund 12 Minuten einmal schwenken. Aus dem Ofen nehmen, wenn die Röschen leicht bräunlich werden.

Grünkohl in die gleiche Rührschüssel geben und mit Olivenöl und Zitronensaft beträufeln. Öl und Saft in den Kohl massieren, bis dieser gut bedeckt ist; die Blätter sollten langsam weich werden. Mindestens 10 Minuten stehen lassen, bis sie für Ihren Geschmack weich genug sind. Im Zweifelsfall das Öl kräftiger einmassieren und ganze 30 Minuten ruhen lassen.

Warmen Blumenkohl, Hanfsamen und Pfeffer zum Grünkohl geben. Schwenken. Mischung in Servierschüsselchen geben und jedes mit Tahina besprenkeln. Warm servieren.

HINWEIS ZU GRÜNKOHL: Wenn Sie sich den Massageprozess sparen und früher essen wollen, nehmen Sie stattdessen Baby-Grünkohl.

FUTTER FÜRS KÖPFCHEN

Im Ayurveda und auch in anderen Gesundheitssystemen sind Pflanzen, die bestimmten Organen ähneln, dafür bekannt, dass sie für genau jenes Gewebe nahrhaft sind. Ein Beispiel: Kidneybohnen sind gesund für die Nieren, während Walnüsse und Blumenkohl gut für das Gehirn sind. Achten Sie einmal darauf, wie sehr ein Blumenkohl dem Gehirn ähnelt; kein Wunder, dass er als Futter fürs Köpfchen gilt.

Gemüse-Koriander-Raita

ergibt 480 ml

Diese farbenfrohe Beilage enthält alle sechs Geschmacksrichtungen. Die sattvische Variante des klassischen Gerichts kommt ohne rohe Zwiebel aus, passt aber hervorragend zu würzigen Gerichten, um die Hitze auszugleichen und jede Menge Probiotika für die Verdauung zu liefern. Selbstgemachter Joghurt, der süß und zugleich leicht sauer ist, begleitet von bitteren und scharfen Gewürzen sowie Gemüse, das leicht adstringierend wirkt, vervollständigt jedes sattvische Gericht. Servieren Sie die Raita zu Reisgerichten, Dals und gekochtem Gemüse.

275 g Joghurt, frisch

4 EL Wasser

½ Gurke, geschält und entkernt

1 Karotte

½ TL Salz

2 EL Koriander, gehackt

1 TL Ghee

½ TL Senfsamen

½ TL Kreuzkümmelsamen

¼ TL Kurkumapulver

Joghurt und Wasser miteinander vermengen. Gurke und Karotte raspeln. Zusammen mit Salz und Koriander unter den Joghurt mischen.

Ghee in einer kleinen Pfanne bei mittlerer Temperatur erhitzen. Senfsamen, Kreuzkümmelsamen und Kurkumapulver hinzugeben. Sautieren bis die Senfsamen aufplatzen und die Gewürze duften. Sofort vom Herd nehmen. In die Joghurtmischung gießen und verrühren, bis alles gut vermischt ist.

Die Raita schmeckt fantastisch zu Reisgerichten oder auf einem Gemüsebett. Sie hält sich bis zu 5 Tage im Kühlschrank.

EIN PAAR WORTE ZU SALZ

Wenn es um Gewürze geht, ist Salz ein wichtiger Bestandteil. Salziger Geschmack erhitzt den Körper aufgrund des Feuerelements in seiner Zusammensetzung, was bei kaltem Wetter sehr wichtig ist. Die hydratisierende Wirkung von Salz beruhigt außerdem das Nervensystem, indem der Körper weicher und entspannter wird. Allerdings ist Salz nicht gleich Salz. Tafelsalz ist entmineralisiert, wodurch es seine therapeutische Wirkung verloren hat. Meersalz hat große Moleküle, die schwer zu verdauen sind, während rosafarbenes Himalayasalz kleinere Moleküle sowie bioverfügbare Mineralstoffe hat. Im Ayurveda wird es seit Langem favorisiert und ich benutze kein anderes Salz zum Kochen. Meistens ist es ist recht leicht zu finden.

Mandel-Koriander-Chutney

ergibt ca. 360 ml

Dieses Chutney enthält viele frische, kühlende Zutaten, die bei zu viel Hitze für die richtige Balance sorgen. Mandel, Limette und Koriander sind zusammen nicht nur cremig und köstlich, sondern auch unglaublich erfrischend. Koriander ist für seine kühlende, entspannende Wirkung auf den Körper bekannt. Probieren Sie einen großen Löffel dieses Chutneys zu einem Getreidegericht, zu Gemüse und auch vor allem zu Reispulao mit Kokosnuss und Cashews (siehe Seite 231), um den Gerichten Farbe und Ruhe zu verleihen. Wenn Sie Gäste haben, werden Sie merken, dass Cracker mit diesem Chutney schnell weggehen und ein großer Erfolg sind.

1 Bund frischer Koriander

4 EL frischer Limettensaft (ungefähr 1½ Limetten)

2 EL Wasser

65 g rohe Mandeln, mindestens 1 Stunde in Wasser eingeweicht (vor dem Einweichen wiegen)

2 EL Ingwer, frisch, gehackt

½ TL Korianderpulver

1 TL Ahornsirup (optional)

½ TL Salz

¼ TL schwarzer Pfeffer, frisch gemahlen

Unterste 5 cm des Korianders abschneiden. Koriander waschen. In einer Küchenmaschine oder einem Mixer Limettensaft, Wasser und Koriander mixen, bis der Koriander grob gehackt ist.

Wenn Sie eine Küchenmaschine benutzen, die restlichen Zutaten hineingeben und alles glatt pürieren. Wenn Sie einen Mixer verwenden, müssen Sie möglicherweise die Korianderpaste in eine Schüssel füllen und die Mandeln unten in den Mixer geben. Dann die Paste darüber geben und alles glatt pürieren. Bei Bedarf je einen Esslöffel Wasser hinzugeben und weiter verarbeiten.

Hält sich abgedeckt bis zu 1 Woche im Kühlschrank.

Pfirsich-Heidelbeer-Cobbler

ergibt 4 Portionen

Wenn das Sommerobst reif ist, gibt es für mich keine bessere Kombination als Pfirsiche und Heidelbeeren. Der leicht saure Geschmack der Pfirsiche sorgt für Leichtigkeit, während die Heidelbeeren die Sommerhitze ausgleichen. Mandelmehl, Kokosnussöl und gut verdauliche Gewürze sorgen für ein gesundes, nahrhaftes Dessert, das Sie nicht belastet.

- 4 EL Kokosnussöl, geschmolzen, sowie etwas mehr zum Einfetten der Form
- 330 g Heidelbeeren, frisch (kaufen Sie ruhig 500 g, dann haben Sie noch mehr zum Knabbern.)
- 3 Pfirsiche, in 2,5 cm große Stücke gewürfelt
- 115 g Mandelmehl
- 45 g Haferflocken
- 2 EL Kokosblütenzucker
- 1 TL Ingwerpulver
- ¼ TL Salz
- 1 TL reiner Vanilleextrakt

Ofen auf 175 °C vorheizen. Eine 20 x 20 cm große Auflaufform mit Kokosnussöl einfetten. Heidelbeeren und Pfirsiche in die eingefettete Auflaufform geben.

In einer Rührschüssel mit einer Gabel Mandelmehl, Haferflocken, Kokosblütenzucker, Ingwer und Salz vermengen und dabei alle Klümpchen aufbrechen. Kokosnussöl und Vanille hinzugeben und alles gut vermischen. Mandelmehl- und Haferflocken-Topping gleichmäßig über das Obst geben.

35-45 Minuten backen, bis das Obst Bläschen wirft und das Topping langsam braun wird. Warm servieren.

HINWEIS: Sie können das Rezept problemlos verdoppeln und eine 22 x 33 cm große Auflaufform nehmen. Die Backzeit kann möglicherweise anders ausfallen.

Gedünstete Kochbananen

ergibt 2 Portionen

Das ist der einfachste warme Nachmittagssnack überhaupt – ein Wohlfühlessen, bei dem sich Ihr gesamtes Körpersystem entspannt. Eine Sorte Kochbananen, die in Südindien als »Kerala-Banane« bekannt ist, wird meistens geschnitten, getrocknet und in Kokosnussöl frittiert und zu besonderen Anlässen serviert. Bei der sattvischen Variante dieses Feiertagsgerichts wird die Kochbanane nicht frittiert, sondern gedünstet. Achten Sie darauf, dass die Banane reif ist. Man findet Kochbananen häufig in lateinamerikanischen oder indischen Nahrungsmittelgeschäften.

1 große, reife Kochbanane

125 ml Wasser

Stiel der Banane abschneiden. Banane mit Schale in 2,5 cm große Stücke schneiden. Stücke nebeneinander in einen Garbehälter stellen. Garbehälter über die 125 ml Wasser in einem mittelgroßen Topf hängen. Wasser bei hoher Temperatur zum Kochen bringen, dann auf mittlere Temperatur reduzieren und 10 Minuten köcheln lassen. Vom Herd nehmen.

Garbehälter mit einem Grillhandschuh herausnehmen und die Bananenstücke auf einen Teller schütten. Ein paar Minuten abkühlen lassen, bis Sie sie anfassen können. Mit Schale servieren und vorsichtig an dieser ziehen, sodass sie der Länge nach aufreißt. Heiße Kochbanane direkt aus der Schale essen.

GELÜSTE

Der Körper ist ein Werkzeug des Geistes. Unsere Sinnesorgane sind es, die am Steuerknüppel sitzen – unsere untrainierten Sinne, die dafür sorgen, dass wir Lust haben, etwas zu schmecken, zu berühren, zu riechen, zu kaufen, uns fortzupflanzen! Die Sinne erfüllen den Geist, und dieser schickt dann unseren Körper los, um all das zu erledigen, was die Sinne möchten. Wir essen, kaufen und reden immer weiter. Mittlerweile hat die Moderne extreme Versuchungen für unsere Sinne erschaffen, beispielsweise weißen Zucker, Duftstoffe, IMAX-Kinos und Subwoofer. HILFE! Machen Sie langsam, entspannen Sie und erlauben Sie Ihren Sinnen, sich ein wenig an die Stille zu gewöhnen. Sie können mit einer einfachen, süßen Leckerei, wie diesen Kochbananen, anfangen, statt sich direkt der Keks-Wolllust hinzugeben. (Weitere Informationen dazu, wie Sie sich um Ihre Sinne kümmern, finden Sie in Kapitel 5.)

Bombay-Karotten-Halwa

ergibt 4-6 Portionen

In Indien wird diese Nachspeise überall an Feiertagen und bei besonderen Mahlzeiten gereicht. Ich nenne sie Bombay-Halwa, weil das Süßwarengeschäft in Mysore, einer Stadt, in der ich viel Zeit verbringe, Bombay Tiffany's heißt. Zwar wird dieses Dessert häufig mit Kondensmilch gemacht, aber für meine sattvische Version wurden Fett und Zucker abgespeckt – es riecht und schmeckt noch immer überwältigend und bringt die kühlenden Vorteile von Mandeln mit sich. Bitte nicht vergessen, Ihren Gästen zu sagen, dass sie die Kardamomkapseln herausfischen sollen.

- 500 g Karotten, geschält und geraspelt
- 65 ml Mandelmilch
- 5 zerdrückte Kardamomkapseln (oder ¼ TL Kardamompulver)
- 3,5 EL – 75 g Kokosblütenzucker
- 2 EL Ghee
- 1 gehäufter EL Sultaninen
- 8 ganze Cashewkerne
- 8 Pistazien oder 1 EL Mandelsplitter
- 3,5 EL Mandelmehl (oder übriggebliebener Trester von der Mandelmilch auf Seite 111)

In einem mittelgroßen Topf Karotten und Mandelmilch bei mittlerer Temperatur erwärmen. Auf mittlere bis niedrige Temperatur reduzieren und ohne Deckel 15 Minuten köcheln lassen, dabei ab und an umrühren.

Kardamom, Zucker und Ghee hinzugeben; umrühren und köcheln lassen, bis die Flüssigkeit eindickt und die Mischung fast trocken ist. Sultaninen, Nüsse und Mandelmehl hinzugeben, aber 1 TL Nüsse zum Garnieren beiseitestellen. Umrühren und weitere 3-5 Minuten köcheln lassen.

Warm in Dessertschälchen servieren und mit ein paar Mandelsplittern garnieren.

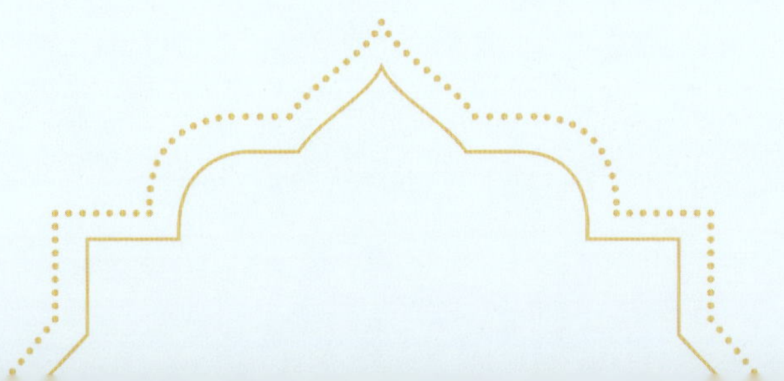

Kardamom-Teegebäck

ergibt 1 Dutzend

Ich mag es, wenn meine Kekse nahrhaft sind. Nur selten backe ich etwas, das ich nicht mit einem Löffel selbstgemachtem Joghurt in eine richtige Mahlzeit verwandeln kann. Diese mandelhaltigen Kekse machen ziemlich satt und enthalten Kardamom, ein Gewürz, das für seine sattvischen Eigenschaften berühmt ist. Der Geschmack ist erfrischend und man fühlt sich nach dem Verzehr direkt besser, ohne dass man überstimuliert ist oder der Blutzucker in die Höhe schnellt, wie es bei Süßigkeiten mit weißem Zucker und Weizenmehl der Fall ist.

170 g Mandelmehl

½ TL Kardamompulver

¾ TL Backpulver

¼ TL Salz

3 EL Kokosnussöl, geschmolzen

2 EL Ahornsirup

1 TL reiner Vanilleextrakt

1 TL Rosenwasser

Ofen auf 190 °C vorheizen. Ein Backblech mit Backpapier auslegen.

In einer mittelgroßen Schüssel Mandelmehl, Kardamom, Backpulver und Salz vermengen. Kokosnussöl darüber träufeln und umrühren, um alles gut zu vermischen. Ahornsirup, Vanille und Rosenwasser hinzugeben und umrühren, bis der Teig leicht zusammenklumpt, wenn Sie ihn zwischen zwei Fingern drücken.

Je einen Esslöffel Teig zu 2,5 cm großen Kugeln formen. Mit einem Abstand von 5 cm auf das Backpapier legen und mit den Fingerspitzen zu dünnen, runden Keksen drücken. Mit dem Rest des Teigs fortfahren.

8-10 Minuten backen und aus dem Ofen nehmen, kurz bevor die Ränder braun werden. Kekse kurz auf dem Ofenrost abkühlen lassen, dann vom Backpapier nehmen.

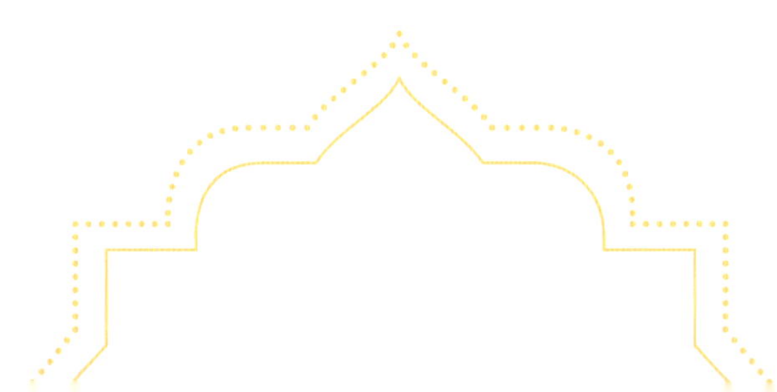

Kühlender Cantaloupe-Smoothie

ergibt 2 Portionen

Dieser kühlende Smoothie ist genau das Richtige, wenn es draußen heiß ist und man keinen Appetit auf eine vollständige Mahlzeit hat. Zwei Zutaten – das ist alles. Trinken Sie ihn auf nüchternen Magen und nehmen Sie anschließend mindestens eine Stunde nichts zu sich, um den klaren, kühlenden Effekt richtig ausnutzen zu können. Wenn das richtige Wetter für einen kühlen Drink herrscht, die Melone eine Stunde vor der Verwendung in den Kühlschrank legen oder zwei Eiswürfel in den Drink mixen.

1 perfekt reife Cantaloupe-Melone

¼ TL Kardamompulver

Cantaloupe-Melone halbieren und Kerne entfernen. Fruchtfleisch mit einem großen Löffel herausnehmen und in einen Mixer geben. Kardamom hinzufügen und auf höchster Stufe 1 Minute pürieren. In zwei hohe Gläser gießen und genießen.

MELONE NUR PUR

Im Ayurveda wird allgemein empfohlen, rohes Obst nicht mit anderen Nahrungsmitteln zu vermischen, aber Melonen betrifft das insbesondere, denn sie sollen nur alleine verzehrt werden. Cantaloupe, Honigmelone und Wassermelone kann man miteinander kombinieren und sie werden schnell verdaut, aber wenn man sie mit anderen Nahrungsmitteln kombiniert, verursachen sie manchmal Sodbrennen oder Blähungen. Zwar ist das ab und an in Ordnung, aber wenn es zur Gewohnheit wird, kann dieses Melone-Mischen dazu führen, dass die Verdauung nicht mehr im Gleichgewicht ist.

Löwenzahn-Latte

ergibt 2 Portionen

Gönnen Sie sich eine Pause, setzen Sie sich hin und genießen Sie eine Tasse dieses schäumenden »Latte Macchiatos«. Kehren Sie dem austrocknenden, sauren, stimulierenden Kaffee den Rücken zu und machen Sie Platz für die unterstützenden, heilenden Eigenschaften der Löwenzahnwurzel. Sie werden nicht enttäuscht sein. Versprechen Sie mir, nicht zu arbeiten, während Sie ihn trinken. Versprechen Sie es!

- 500 ml Wasser
- 1 TL Kardamompulver
- 2 TL Kokosblütenzucker
- 4 EL Kokosmilch, vollfett
- 1 EL Löwenzahnwurzelkaffee (zum Beispiel Dandy Blend)

In einem mittelgroßen Topf Wasser, Kardamom, Kokosblütenzucker und Kokosmilch zum Kochen bringen. Herd ausstellen, Topf aber auf der Herdplatte stehen lassen.

Kaffeepulver hinzugeben und das Getränk zum Schäumen bringen. Entweder mit einem elektrischen Milchaufschäumer oder 1 Minute mit einem Pürierstab oder in einem Standmixer pürieren. Bei letzter Option zuerst auf niedriger Stufe mixen, damit nicht der Deckel durch die Hitze vom Mixer springt; nach circa 5 Sekunden langsam die Geschwindigkeit steigern und auf höchster Stufe 1 Minute mixen.

HINWEIS: Falls Sie einen Hochleistungsmixer besitzen, können Sie alle Zutaten in diesen geben und auf höchster Stufe 5 Minuten mixen, bis es dampft.

DEM KAFFEE ENTSAGEN VERSUS DEN KAFFEE REDUZIEREN

Viele meiner Kunden trinken nun statt Kaffee löslichen Löwenzahnwurzel-Kaffee. Außerdem berichten viele darüber, dass sie, wenn sie eine Zeit lang ohne Kaffee auskamen, hibbelig werden, wenn sie doch einmal welchen trinken. Diese nervöse Energie baut sich häufig auf, ohne dass wir es überhaupt merken. Diejenigen von uns, die ein robustes Nervensystem haben, können problemlos einen kleinen Kaffee genießen, aber beim Rest führt diese tägliche Angewohnheit zu einer Überreizung des Geistes und einer Austrocknung oder Übersäuerung der Verdauungsorgane. Wenn Sie Ihren Geist beruhigen möchten, kann es Ihr Leben verändern, wenn Sie Ihren Kaffeekonsum reduzieren! Setzen Sie sich zu Beginn das Ziel, den Kaffeekonsum zu reduzieren, statt direkt einen kalten Entzug zu machen. Reduzieren Sie zuerst auf eine Tasse täglich, dann eine halbe und so weiter. Und haben Sie das geröstete Ersatzgetränk parat, beispielsweise diesen Löwenzahn-Latte.

Frischer Traubensaft

ergibt 2 Portionen

In klassischen Ayurveda-Texten heißt es, rote Trauben seien »der König unter den Früchten«, weil sie die Fähigkeit besitzen, den Körper zu kühlen, zu reinigen und zu verjüngen. Frischer Saft ist eine einfache Methode, um jede Menge reife, kernlose Weintrauben zu verputzen. Ich bin mir sicher, frischer Traubensaft wird eine Ihrer liebsten Leckereien im Sommer sein.

- 2 Handvoll rote, kernlose Weintrauben
- 125 ml kaltes Wasser
- 2 TL frischer Zitronensaft

Trauben gründlich unter kaltem Wasser abspülen oder 5 Minuten in einer Schüssel mit kaltem Wasser einweichen. Stiele der Trauben entfernen und Trauben in einen Mixer geben. Kaltes Wasser hinzugeben und auf höchster Stufe 1 Minute glatt pürieren.

Durch ein Metallsieb gießen und mit einer Löffelrückseite den Saft durch das Sieb drücken. Zitronensaft hinzugeben und servieren.

DIE GUTEN ALTEN TRAUBEN

Laut Ayurveda sind von allen Früchten die Trauben am besten, denn sie sind auf natürliche Art und Weise nahrhaft und für jeden geeignet. Süße und saure Traubensorten kommen aufgrund der unterschiedlichen Eigenschaften des süßen und des sauren Geschmacks bei unterschiedlichen Symptomen in Betracht. Grüne Trauben sind einfach nur süß, haben aber nicht den gleichen gesundheitlichen Nutzen wie rote Trauben. Den gesündesten Saft bekommen Sie mit Trauben, deren Schale dunkellila ist.

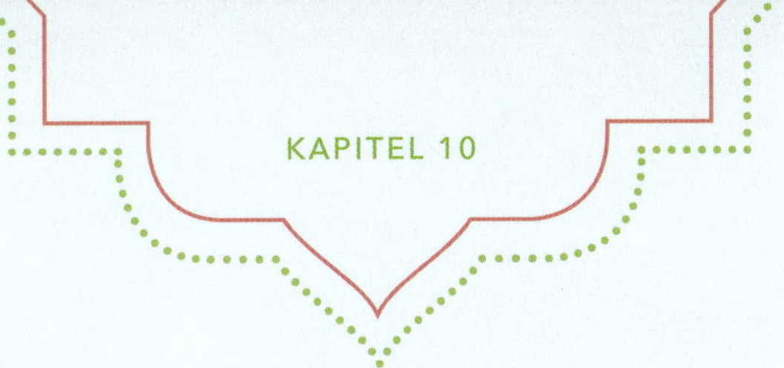

Vitalisierende Rezepte zur Belebung von Tamas

TAMAS

In unseren Zeiten, in denen alles »schnell, schnell, schnell« gehen muss, braucht es auch einen ganz, ganz langsamen Ausgleich. Tamas ist die Energie, die gerne still sitzt und nichts tut. Wir alle benötigen die richtige Menge an Pausen und Entspannung, um uns sowohl ruhig als auch vital zu fühlen, aber zu wenig Aktivität führt meist zu starker Dämpfung. Wenn Sie sich kraftlos, traurig, benommen oder festgefahren fühlen, sollten Sie diese Rezepte ausprobieren, um das Feuer wieder zu entfachen, aufzuwachen und Ihre Hirnleistung wieder zum Laufen zu bringen. Bleiben Sie motiviert, indem Sie diese frischen, leichten Mahlzeiten genießen, die so schnell zusammengestellt sind. Die Rezepte sorgen durch eingelegtes Gemüse, pfeffrige Suppen, Tees und frische Beeren für den besonderen Kick und verleihen Ihnen durch die Vitalität der Sprossen, Zitrusfrüchte und selbst gemachte grüne Drinks Elan.

Tamas in Schwung bringen

WIE SICH TAMAS ANFÜHLT:

Träge, lethargisch, unmotiviert, traurig, stagnierend, gelangweilt

MÖGLICHE ANZEICHEN UND SYMPTOME EINES UNGLEICHGEWICHTS

- Benommenheit, Gefühl der Schwere in Kopf oder Brust
- mangelnde Energie
- Appetitverlust oder Gelüste nach frittierten oder verarbeiteten Nahrungsmitteln
- mangelnde Motivation oder Inspiration
- Traurigkeit
- Gefühl der Hilflosigkeit
- häufiges Verschlafen
- Trägheit, Gefühl, nicht von der Stelle zu kommen, Unfähigkeit, Entscheidungen zu treffen
- Widerstand gegen neue Ideen und Veränderung
- Aufschieben von Aufgaben, Tätigkeiten etc.

GESCHMACKSRICHTUNGEN, DIE SIE GENIESSEN SOLLTEN

Bitter, zusammenziehend, scharf

Ernährungsempfehlungen

NAHRUNGSMITTEL, DIE SIE ESSEN SOLLTEN

- Blattgemüse
- Beeren
- Zitrusfrüchte
- Frische Kräuter und Gewürze
- Kurkuma
- Saisonales Gemüse, insbesondere Blattgemüse
- Roher Honig
- Leichte Getreidesorten, insbesondere Amarant, Quinoa, Gerste, Roggen und Wildreis
- Vegetarische Proteine, wie Hülsenfrüchte und Kerne

NAHRUNGSMITTEL, DIE SIE MEIDEN SOLLTEN

- Alkohol
- Drogen
- Verarbeitete Kekse und Süßigkeiten
- Proteinriegel
- Backwaren
- Softdrinks
- Verarbeitete Knabberwaren, einschließlich Chips
- Alte Nahrungsmittel und Reste
- Gefrorenes Essen
- Süßigkeiten
- Kalte Milchprodukte
- Fleisch

ALLGEMEINE TIPPS FÜR DIE LEBENSWEISE

- Treiben Sie jeden Tag etwas Sport, insbesondere direkt morgens.
- Achten Sie auf regelmäßige Mahlzeiten, aber essen Sie nicht zu viel auf einmal.
- Essen Sie abends etwas Leichtes, am besten nicht nach 19 Uhr.
- Essen Sie nur, wenn Sie Hunger haben.
- Medienkonsum nur in Maßen.
- Gehen Sie früh ins Bett und stehen Sie früh, mit der Sonne, auf.
- Schlafen Sie nicht tagsüber.

Heidelbeer-Chiapudding

ergibt 1 Portion

Chiasamen gehören nicht traditionell zur ayurvedischen Ernährung, aber sie haben so viele wunderbare Vorteile. Sie haben diese glitschigen Ballaststoffe, die den Darm dabei unterstützen, Altes hinauszubefördern, wodurch die Klarheit des Geistes gefördert wird. Heidelbeeren sind gut für das Gedächtnis. Der Ingwer verleiht diesem Pudding Hitze und macht ihn dadurch besser verdaubar. Den möglichen Variationen dieses Rezepts sind keine Grenzen gesetzt. Erdbeeren und Brombeeren machen sich sehr gut in diesem sattmachenden Frühstück; manchmal nehme ich sogar statt Milch Granatapfelsaft.

- 2 EL Chiasamen
- 185 ml Mandelmilch
- 110 g Heidelbeeren
- ½ TL reiner Vanilleextrakt
- ½ TL Süße Gewürzmischung
- 1 TL Honig, roh
- ½ TL Ingwer, frisch, gerieben

Chiasamen in der Mandelmilch einweichen, während Sie die restlichen Zutaten zusammensuchen. Zwischendurch immer wieder mit einer Gabel durchrühren, damit sich die Samen gleichmäßig verteilen.

Heidelbeeren, Vanille, Gewürzmischung und Honig in ein Mixergefäß geben (den Honig als oberstes, damit er nicht an den Messern kleben bleibt). Chiamischung hinzugeben. Auf höchster Stufe 2 Minuten mixen. Die Chiasamen sollten nicht mehr zu sehen sein, sodass die Mischung eine glatte, samtige Konsistenz hat. Falls das nicht der Fall ist, waren die Samen nicht lang genug eingeweicht. Dann den Pudding 5-10 Minuten ruhen lassen. Um das Ganze zu beschleunigen, können Sie die Mandelmilch vor dem Einweichen erwärmen.

TIPP FÜR UNTERWEGS: Falls Sie keinen Mixer haben, können Sie alle Zutaten in ein Einmachglas geben und gründlich schütteln. Glas und einen Löffel für ein sättigendes Dessert in die Lunch-Tasche packen oder als Frühstück mitnehmen.

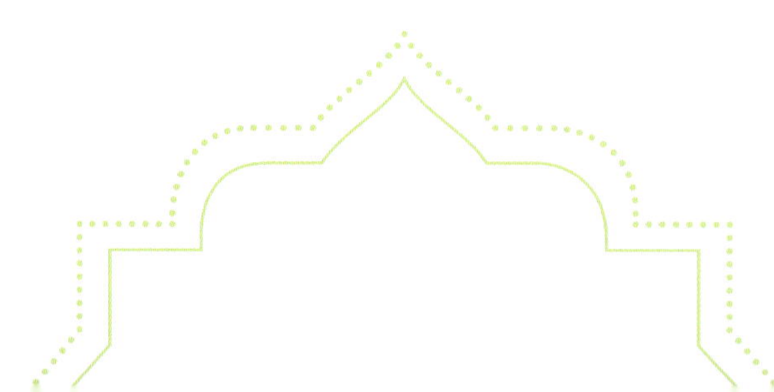

Ghee-Pongal

ergibt 4-6 Portionen

Pongal ist ein bei allen Altersklassen beliebtes Frühstücksgericht aus Tamil Nadu in Südindien. Es enthält einfache Gewürze und ist leicht verdaulich. Für diejenigen, die versuchen, der Süße zum Frühstück abzuschwören, kommt hier ein herzhaftes, leicht pfeffriges Frühstück, wie es Millionen von Menschen täglich genießen. Ein Feiertag Ende Januar markiert in Indien den Beginn der warmen Jahreszeit, an dem Reis-Pongal in zwei Varianten serviert wird - salzig und süß - und die Kühe mit Kurkuma dekoriert werden.

- 225 g Jasminreis
- 200 g Mung Dal, gelb, halbiert
- 1,5 l Wasser
- 1 EL Ghee
- 5 cm Ingwer, frisch, geschält und gewürfelt
- 8-10 Pfefferkörner
- 1 EL Kreuzkümmelsamen
- 12-15 Curryblätter (wenn Sie welche bekommen können)
- 2 TL rosa Himalayasalz

Reis und Bohnen gut abspülen, bis das Wasser sauber bleibt. Zusammen mindestens 1 Stunde, aber am besten über Nacht, in 500 ml Wasser einweichen.

In einem mittelgroßen Topf mit schwerem Boden das Ghee bei mittlerer Temperatur erwärmen. Ingwer, Pfefferkörner, Kreuzkümmel und Curryblätter hinzugeben und nur wenige Minuten dünsten, bis die Gewürze duften. Reis und Bohnen zusammen mit dem Einweichwasser sowie dem restlichen Liter Wasser hinzugeben. Ohne Deckel zum Kochen bringen. Hitze reduzieren und mit Deckel rund 20 Minuten köcheln lassen, bis die Mungobohnen weich sind.

Salz einrühren. Das Pongal sollte eine weiche, feuchte Konsistenz haben. In einer breiten Schüssel servieren.

JASMIN- VERSUS BASMATIREIS

Jasminreis ähnelt stärker der Reissorte, die in Südindien für Pongal verwendet wird, denn die Körner sind kürzer und ergeben ein breiigeres, klebrigeres Gericht. »Klebrig« ist normalerweise nicht die Eigenschaft, die wir haben wollen, wenn es um Klarheit des Geistes geht. Darum sollen in den meisten Rezepten dieses Buches die charakteristisch leichten und guten Eigenschaften des Basmatireises oder anderer Vollkornsorten zum Tragen kommen. Auf der anderen Seite sollten Sie sich unbedingt ein authentisches Pongal gönnen. Wenn Sie dennoch Basmatireis nehmen wollen, sollten Sie ihn eine Stunde lang kochen, damit er weich genug ist.

Gersten-Kanji – über Nacht gemacht

ergibt 2 Portionen

Gerste ist ein trockenes Getreide, das bei verstopfter Nase und Benommenheit hilfreich ist. Auch bei Appetitverlust und fehlender Energie durch die schweren, feuchten Eigenschaften der kalten Jahreszeit, Stagnation aufgrund von mangelnder Bewegung oder Ama im Verdauungstrakt kann Gerste helfen. Wenn Sie ein Gefühl der Schwere im Bauch oder der Benommenheit im Geist haben (und häufig hat man beides sogar gleichzeitig), ist dieses Rezept ein guter Weg, um mit Leichtigkeit in den Tag zu starten oder am Ende eines Tages den Stress zu reduzieren. Wenn Sie regelmäßig morgens Kanji essen, statt eines komplizierten Frühstücks wie Müsli, tun Sie einiges gegen den Nebel im Geist und im Darm. Kanji ergibt auch ein schönes Abendessen. Vielleicht sollten Sie eine doppelte Portion kochen und die zweite Hälfte später mit Vitalisierender Gewürzmischung sowie gedünstetem Gemüse, Ghee und Zitrone servieren. In den meisten Klimaregionen ist es nicht nötig, Reste zu kühlen; lassen Sie den Topf einfach bis zur Abendmahlzeit auf dem Herd stehen.

100 g Gerste

1,5 l Wasser

½ TL Salz

1 TL Süße Gewürzmischung oder Vitalisierende Gewürzmischung (optional)

OPTIONALE MIX-INS

Kleine Handvoll Rosinen

Zimtstange

Hanfsamen (nach dem Kochen darüber streuen)

Gerste am Vorabend abspülen und mit 500 ml Wasser in einen Topf geben. 5 Minuten zum Kochen bringen, abdecken, dann Herd ausstellen und bis zum nächsten Morgen dort stehen lassen.

Wenn Sie aufstehen, den restlichen Liter Wasser, Salz, Gewürzmischung und alle optionalen Mix-ins, die Sie möchten, hinzugeben. Bei mittlerer Temperatur teilweise abgedeckt mindestens 2 Stunden köcheln lassen. Bei Bedarf zusätzliches warmes Wasser hinzugeben, damit die Gerste immer abgedeckt ist. Wenn Sie fertig für das Frühstück sind, ist auch das Kanji fertig. Je länger es kocht, desto leichter sind seine Eigenschaften. Bei Bedarf mit mehr Wasser verdünnen.

Würzige, gedünstete Pflaumen

ergibt 600 g

Wir reden hier von Trockenpflaumen, die für einen trägen Darm sehr gut sind. Bevor Sie irgendetwas Verrücktes ausprobieren, um einen trägen Darm zu heilen, sollten Sie lieber dieses Rezept nachkochen und morgens drei warme, gedünstete Pflaumen in warmem Getreidemüsli essen. Beachten Sie aber, dass es zu unangenehmen Blähungen kommen kann, wenn Sie gedünstete Pflaumen mit den verschiedensten Nahrungsmitteln kombinieren. Halten Sie es einfach, indem Sie keine Milch oder Nüsse hinzugeben. Wenn die Dinge in Ihrem Inneren in Bewegung sind, wird auch Ihr äußeres Leben profitieren und Sie werden Vitalität und motivierte Energie verspüren.

375 ml Wasser

180 g Trockenpflaumen

Saft von ½ Zitrone

½ Orange, dünn geschnitten, mit Schale etc.

3 Nelken

2,5 cm Ingwer, frisch, geschält und gestiftelt

½ TL Zimtpulver

In einem mittelgroßen Topf Wasser bei hoher Temperatur zum Kochen bringen. Alle anderen Zutaten hinzugeben und wieder zum Kochen bringen. Temperatur reduzieren und mit Deckel 30 Minuten köcheln lassen, bis die Pflaumen und Orangenscheiben weich sind. Vom Herd nehmen und vor dem Verzehr mindestens 5 Minuten ruhen lassen. Hält sich 1 Woche im Kühlschrank.

KALTE PFLAUMEN BRINGENS NICHT

Bei angst-, sorgen- oder stressbedingten Verstopfungen zieht sich der Darm zusammen und es kommt zu einem Übermaß an harten und trockenen Eigenschaften. Wenn Sie Nahrungsmittel essen, die trocken oder kalt sind, wird dieses Ungleichgewicht noch gefördert statt reduziert. Den Darm mit angenehmen, warmen, feuchten Gefühlen zu versorgen, bringt ihn wieder in Bewegung. Um die Pflaumen also in so einem Fall zu nutzen, sollten Sie darauf achten, dass sie feucht genug sind, indem Sie sie entweder einweichen oder kochen und dann warm servieren.

Erfrischender Sprossensalat

ergibt 2 Portionen

Genießen Sie diesen knusprigen Salat als leichte Mahlzeit bei warmem Wetter. Rohe Nahrungsmittel brauchen ein starkes Verdauungsfeuer und werden am besten alleine gegessen und nicht mit anderen Nahrungsmitteln vermischt, die in einem anderen Tempo verdaut werden. Ab und zu genossen, kann dieser rohe Salat erfrischend sein, und dank des Wurzelgemüses, Sesamöls und der Cashewkerne hat er auch noch erdende Eigenschaften.

2 Handvoll Baby-Spinat

60 g Mungobohnenkeime und Linsensprossen, gemischt

90 g Karotten, geraspelt

50 g Rote Bete, geraspelt

3 EL Cashewkerne, in Stücken

DRESSING

1 EL Tamari

2 EL Sesamöl

4 EL Zitronensaft (ungefähr 1 Zitrone)

½ TL Vitalisierende Gewürzmischung

Machen Sie zwei Gemüsebetten, indem Sie den Spinat auf zwei Teller verteilen. Darauf die Sprossen, Keime, Karotten und rote Bete zu einem farbenfrohen Dreieck anhäufen.

Dressingzutaten in ein Einmachglas geben und kräftig schütteln. Dressing über das Gemüse träufeln.

Cashews in einer kleinen Pfanne rund 5 Minuten bei mittlerer Temperatur rösten, bis sie leicht braun sind. Cashews über die Salate streuen und sofort servieren.

ÖLZIEHEN FÜR STARKE ZÄHNE

Vor Tausenden von Jahren schrieb Charaka, dass die Praxis des Ölziehens, bei der man den Mund 20 Minuten mit Öl spült, dafür sorgt, dass »die Zähne nicht schmerzen oder empfindlich werden und auch die härtesten Nahrungsmittel kauen können.« Das soll eine schützende Wirkung auf den Zahnschmelz haben, was ich super finde. Denn als ich mit 20 ständig alleine mit Indiens Nachtzügen fuhr, fing ich an, aufgrund von Stress und Angst im Schlaf mit den Zähnen zu knirschen. Ich hatte sowieso nicht die allerbesten Zähne und aufgrund einer festen Zahnspange schon an Zahnschmelz eingebüßt, aber wegen meiner empfindlichen Zähne und weil es den Zahnschmelz verstärkt, fing ich mit dem Ölziehen an. Ich merke eindeutig einen Unterschied. Wenn ich etwas Knuspriges, wie diesen Sprossensalat, kaue, kommen mir meine starken Zähne zugute! (Die Anleitung für das Ölziehen finden Sie auf Seite 300.)

Zitronen-Petersilien-Quinoa

ergibt 4-6 Portionen

Quinoa mit Dal oder Linsen (einer Kichari-Variante) ist unglaublich cremig und sättigend. Häufig wird Quinoa nur recht kurz gekocht, sodass es trocken ist und knusprig aussieht. Dies wird im Ayurveda allerdings nicht empfohlen, denn die meisten Getreidesorten sollen eher lang gekocht und mit Feuchtigkeit serviert werden, um eine optimale Verdauung zu unterstützen. Dieses frische und zitronige Gericht werden Sie garantiert super einfach und ziemlich toll finden. Eignet sich hervorragend für Gäste!

- 210 g Quinoa
- 90 g Mung Dal, gelb, halbiert, oder rote Linsen
- 1 l Wasser
- 1 EL Vitalisierende Gewürzmischung
- ½ TL Kreuzkümmelsamen
- Schale von ½ Zitrone
- 4 EL frischer Zitronensaft (rund 1 Zitrone)
- 1-2 EL Ghee
- ½-1 TL Salz
- Gehackte frische Petersilie zum Garnieren

Quinoa und Bohnen in einem feinmaschigen Sieb abspülen. Für mindestens 1 Stunde beiseitestellen.

In einem großen Topf Wasser bei hoher Temperatur zum Kochen bringen. Quinoa, Bohnen, Gewürzmischung und Kreuzkümmelsamen in das kochende Wasser geben. Auf hoher Temperatur lassen, bis die Flüssigkeit wieder kocht. Sofort die Temperatur reduzieren und teilweise abgedeckt 20 Minuten köcheln lassen, ohne umzurühren. Nach 20 Minuten schauen, ob das Dal von Flüssigkeit bedeckt ist. Falls nicht, ein wenig heißes Wasser darüber gießen, aber nicht umrühren. Abgedeckt weitere 10 Minuten köcheln lassen.

Vom Herd nehmen. Zitronenschale und -saft, Ghee und Salz hinzugeben; gut mit einer Gabel durchrühren und abgedeckt ein paar Minuten stehen lassen. Dieses Gericht sollte ein wenig die Konsistenz von weicher, cremiger Suppe haben. Wie einen Eintopf in Schüsselchen servieren. Mit gehackter Petersilie garnieren.

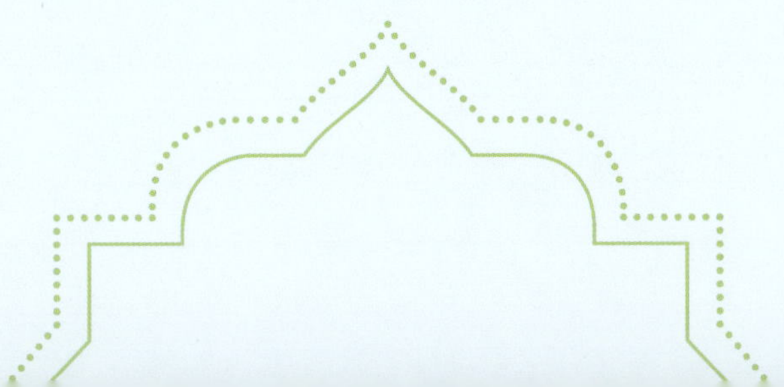

Geröstetes Cherrytomaten-Dal

ergibt 4-6 Portionen

Mein Tomaten-Dal war eins der Lieblingsrezepte der Leserinnen und Leser meines ersten Buches, darum habe ich für das vorliegende Buch eine sattvische Variante kreiert. Im Sommer empfehle ich gelbe und orangefarbene Cherrytomaten, denn sie enthalten weniger Säure als die roten, und wirken darum auch weniger erhitzend und sie sind eher süß als sauer. Häufig konsumiert, steigern Tomaten aufgrund ihres sauren Geschmacks Rajas, aber in Maßen gegessen, kann die Süße einer gut gebratenen Tomate stimmungsaufhellend wirken. Dieses Gericht ist ein wahrer Augenschmaus und nicht nur der Verzehr, sonder auch schon die Zubereitung machen großen Spaß. Außerdem können Sie damit wunderbar eine Cherrytomaten-Rekordernte aufbrauchen.

- 350 g gelbe oder orangefarbene Cherrytomaten
- 1 TL + 1 EL Olivenöl
- 1 TL Salz, in ¼ TL und ¾ TL aufgeteilt
- 1 l Wasser
- 200 g rote Linsen
- 1 TL Kurkumapulver
- 115 g grüne Bohnen, ohne Stiel und in 1 cm große Stücke geschnitten
- 1 Handvoll Basilikumblätter, frisch, in Stücke gerissen oder grob gehackt
- Schwarzer Pfeffer, frisch gemahlen (optional)

Ofen auf 200 °C vorheizen.

Tomaten mit 1 TL Olivenöl und ¼ TL Salz bestreuen. In einer einzigen Schicht auf ein Backblech legen. Rund 15-20 Minuten rösten, bis die Tomaten zusammenfallen.

In einem großen Topf das Wasser bei hoher Temperatur zum Kochen bringen. Linsen gründlich abspülen und zum Wasser geben; ohne Deckel 5 Minuten kochen. Kurkuma hinzugeben. Temperatur verringern und mit Deckel 15 Minuten köcheln lassen. Grüne Bohnen hinzugeben und mit Deckel weitere 20 Minuten köcheln lassen.

Vom Herd nehmen und 5 Minuten ruhen lassen. Geröstete Tomaten hinzugeben, 1 EL Olivenöl und ¾ TL Salz hinzugeben. Basilikum zum Garnieren auf die Schüssel verteilen und, wenn gewünscht, frischen Pfeffer darüber geben.

Mit weißem Basmatireis oder Quinoa servieren.

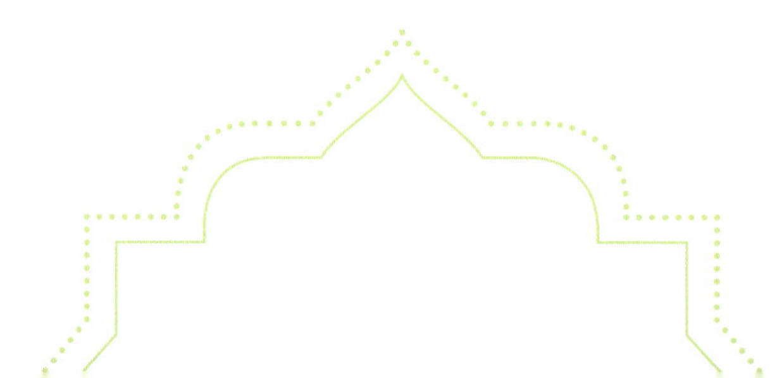

Nährende Karotten- und Dal-Suppe

ergibt 4 Portionen

Obwohl ich cremige Karotten-Ingwer-Suppe liebe, nehme ich mir nur selten die Zeit, sie zu machen, weil ich, nachdem ich sie gegessen habe, noch immer Hunger habe. Eine Suppenbasis nur aus Karotten ist mir zu leicht. Diese Suppe ist meine Lösung für das Hungerproblem. Das schnell kochende Mung Dal sorgt für eine cremige Konsistenz und Proteine. Außerdem ist es für alle Körpertypen und in jeder Jahreszeit nahrhaft.

200 g Mung Dal, halbiert, über Nacht oder mindestens mehrere Stunden eingeweicht

1 EL Ghee

150 g Karotten, gehackt

4 Pfefferkörner

1 EL Vitalisierende Gewürzmischung

750 ml Wasser

250 ml Mandel-, Hanf- oder Kuhmilch

½ TL Salz, nach Geschmack etwas mehr

Schwarzer Pfeffer, frisch gemahlen, zum Garnieren (optional)

Koriander oder Petersilie, frisch, zum Garnieren (optional)

Eingeweichte Mungobohnen abtropfen und abspülen.

Ghee in einem großen Topf erwärmen. Karotten, Pfefferkörner und Gewürzmischung im Ghee sautieren, bis die Gewürze duften, währenddessen umrühren, damit alle Stücke mit Ghee bedeckt sind. Bohnen hinzugeben und 1-2 Minuten sautieren, währenddessen umrühren, bis alles bedeckt ist. Wasser hinzugeben und teilweise abgedeckt 20 Minuten köcheln lassen. Milch und Salz hinzugeben und weitere 5 Minuten köcheln lassen. Vom Herd nehmen.

Mit einem Pürierstab die Suppe glatt pürieren. Sie können dafür auch einen Standmixer benutzen, aber die Mischung sollte zuerst etwas abkühlen. Die Milch sollte das Abkühlen beschleunigen.

In Schüsselchen gießen und mit frisch gemahlenem Pfeffer und, wenn gewünscht, Koriander oder Petersilie garnieren.

HINWEIS: Wenn Sie ein Fan von Ingwer-Karotten-Suppe sind, können Sie einfach 1 EL geriebenen Ingwer in den Kochtopf geben.

SCHAUM ABSCHÖPFEN

Indem Sie Bohnen und Getreide vor dem Kochen gründlich abspülen, wird der Großteil des Schmutzes, der nach der Ernte noch übrig ist, entfernt. Manche Verunreinigungen bleiben jedoch. Laut einer Hindu-Legende entstand ein Gift namens Halahala, als die Dämonen und Devas auf der Suche nach *Amrita,* dem Unsterblichkeitstrank, den Ozean aufschäumten. Zu Beginn des Kochvorgangs sammelt sich, wenn das Dal kocht, oben auf dem Wasser Schaum. Den sollten Sie mit einem großen Rührlöffel abschöpfen und wegspülen. Ich stelle mir mein Essen gerne als Amrita vor, während ich den Schaum abschöpfe, um mein Dal zu reinigen.

Linsensprossen-Schüssel mit eingelegtem Gemüse

ergibt 4 Portionen

Diese sättigende, ballaststoffreiche Kombination aus Linsen und braunem Reis wird durch Linsensprossen und farbenfrohes, eingelegtes Gemüse belebt. Apfelessig kurbelt das Verdauungsfeuer an, reduziert Heißhunger auf Süßigkeiten und liefert Energie durch sein kraftvolles, saures Aroma. Daikon-Rettich verbessert ebenfalls die Verdauung, indem er dafür sorgt, dass die schweren, fettigen Nahrungsmittel aufgebrochen werden. Das eingelegte Gemüse kann als Beilage zu jedem erdenden Gericht gereicht werden und wirkt besonders bei einer reichhaltigen Mahlzeit unterstützend.

LINSEN-SCHÜSSEL

- 1 l Wasser
- 150 g Naturreis
- 60 g Linsensprossen
- 1 EL Vitalisierende Gewürzmischung
- 1 EL Ghee
- 1 TL Kreuzkümmelsamen
- 1 TL Salz

In einem großen Topf das Wasser zum Kochen bringen. Reis gründlich abspülen und anschließend Reis und Linsen in das Wasser geben. Ohne Deckel erneut zum Kochen bringen. Gewürzmischung hinzugeben. Auf niedrige Temperatur stellen und abgedeckt 45 Minuten köcheln lassen. Vom Herd nehmen.

Ghee bei mittlerer Temperatur in einer Pfanne erhitzen. Kreuzkümmelsamen rund 3 Minuten sautieren, bis sie duften. Ghee und Salz zum Reis geben und mit einer Gabel auflockern.

Mit 2 EL eingelegtem Gemüse servieren.

EINGELEGTES GEMÜSE

- 2 Karotten
- 2 Daikon-Rettich (jeweils ungefähr so groß wie eine große Karotte)
- 2,5 cm Ingwer, frisch, geschält und gestiftelt (optional)
- 2 EL Reisweinessig oder Apfelessig
- ¼ TL Salz (wenn Sie Apfelessig verwenden)

Karotten und Daikon-Rettich schälen; in dünne runde oder halbmondförmige Stücke schneiden. In eine Schüssel geben, Ingwer hinzugeben und mit Essig und Salz (falls verwendet) besprenkeln. Gut durchmischen und mindestens 10 Minuten stehen lassen.

In einem Glasbehälter hält sich das Gemüse bis zu 1 Woche im Kühlschrank.

DAIKON FÜR DIE VERDAUUNG!

Daikon-Rettich findet man in der Obst- und Gemüseabteilung der meisten Supermärkte. Er sieht wie große, weiße Karotten aus. Wenn man Sushi essen geht, findet man häufig knusprige Bänder aus spiralförmig geschnittenem Daikon am Rand (Ah! Das ist das also!). Es handelt sich um ein würziges, unglaublich kalorienarmes, stark entgiftendes Nahrungsmittel, das den Körper dabei unterstützen kann, Ama zu reduzieren. Einfach schälen und in Stücke schneiden, zu Kicharis oder Dals geben oder auch roh genießen, so wie in diesem Rezept für eingelegtes Gemüse.

Rote-Bete-Koriander-Suppe mit sautierten Rote-Bete-Blättern

ergibt 2 Portionen

Nichts fördert das Gefühl von Tamas mehr als eine träge Verdauung, aber Rote Bete und Koriander bringen die Sache in Bewegung. Ich liebe Rote Bete; sie ist einfach hervorragend für die Verdauungsfunktion und Ausscheidung. Allerdings mag ich den Dreck bei der Zubereitung nicht. Darum kommt hier meine »Keine rosa Hände mehr«-Lösung. Mein absolut bester Rote-Bete-Plan lautet: im Ganzen kochen, Haut abziehen und klein hacken. Die Blätter sind ebenfalls sehr nährstoffreich, darum zeige ich Ihnen hier, wie Sie sie verarbeiten können. Na los, einfach nachmachen!

SUPPE

1 l Wasser

1 Bund Rote Bete, mit Blättern

750 ml Mandelmilch

½ TL Koriander, gemahlen

½ TL Salz

In einem großen Topf das Wasser bei hoher Temperatur zum Kochen bringen.

Mit einer Haushaltsschere die Blätter direkt oberhalb der Knolle abschneiden und beiseitestellen. Daraus machen wir anschließend gebratene Rote-Bete-Blätter. Die Rote Bete waschen und ungeschnitten in das Wasser geben. Temperatur reduzieren und mit Deckel rund 45-60 Minuten köcheln lassen, bis sie weich ist. Die Zeit hängt von der Größe ab. Nach 45 Minuten den Weichheitsgrad mit einer Gabel oder der Spitze eines Messers kontrollieren.

Vom Herd nehmen und abkühlen lassen, indem Sie sie in eine Schüssel mit kaltem Wasser in der Spüle geben. Wenn sie kalt genug ist, dass Sie sie anfassen können, in ein Sieb schütten, um das Wasser abzuschütten. Obere und untere Enden abschneiden. Unter kaltem, laufendem Wasser die Haut der Roten Bete nacheinander abziehen. Halbieren und in einen Mixer geben.

Mandelmilch, Koriander und Salz hinzugeben; zu einem glatten Püree pürieren. Wieder in den Topf geben und auf die gewünschte Temperatur erhitzen. Mit gebratenen Rote-Bete-Blättern als Beilage servieren.

GEBRATENE ROTE-BETE-BLÄTTER

2 TL Kokosnussöl oder Ghee

Salz und frisch gemahlener Pfeffer nach Geschmack

Von den Rote-Bete-Blättern die dicken (dicker als Ihr kleiner Finger) Stiele entfernen. Die dünnen Stiele können mitgegessen werden.

Blätter entweder mit Hilfe einer Salatschleuder waschen oder sie in eine große, flache Schale mit Wasser tauchen. Schütteln, sodass Verschmutzungen auf den Boden sinken. Dann gründlich in einem Sieb abspülen und jedes Blatt abreiben, damit kein Schmutz mehr daran haftet. Blätter und dünne Stiele in 5 cm große Stücke schneiden.

In einer mittelgroßen Pfanne das Öl bei mittlerer Temperatur erhitzen. Blätter hinzugeben und einzelne Stücke voneinander trennen, damit alles gut bedeckt ist. 4-5 Minuten weich braten, währenddessen ab und an umrühren. Vom Herd nehmen und heiß servieren.

Rote-Bete-Blätter haben einen süßen, erdigen Geschmack, der möglicherweise etwas gewöhnungsbedürftig ist. Ich fand sie von Anfang an klasse.

Indischer Kreuzkümmel-Reis

ergibt ungefähr 500 Gramm

Verwandeln Sie gewöhnlichen Reis in eine schöne, heilsame Beilage! Kreuzkümmelsamen werden als Gewürz geschätzt, das Agni entfacht und auf alle Körpertypen ausgleichend wirkt. Basmatireis mit Gewürzen zu kochen, um den Appetit anzuregen, regt auch den Geist an, denn Sie holen aus Ihrem Essen so viele Nährstoffe wie möglich heraus und reduzieren durch kräftige und bittere Geschmacksrichtungen Tamas. Ich muss wohl kaum sagen, dass diese Beilage hervorragend ist, wenn Sie viele Menschen beköstigen, insbesondere, wenn Sie dazu Geröstetes Cherrytomaten-Dal oder Energiebringendes Dal servieren.

- 1 TL Ghee
- 2 TL Kreuzkümmelsamen
- 215 g Basmatireis, zweimal abgespült
- 1 Zimtstange
- 4 Pfefferkörner
- 500 ml Wasser

Ghee in einem 2-Liter-Topf bei mittlerer Temperatur erhitzen. Kreuzkümmelsamen hinzugeben und 1-2 Minuten sautieren, bis sie duften. Reis, Zimt und Pfefferkörner hinzugeben und sautieren, bis der Reis bedeckt ist. Wasser hinzugeben, auf hohe Temperatur stellen und zum Kochen bringen. Temperatur reduzieren und abgedeckt 20 Minuten köcheln lassen.

Vom Herd nehmen. Mit einer Gabel auflockern und Zimtstange vor dem Servieren herausnehmen.

MACHEN SIE IHR EIGENES THALI (AYURVEDISCHES MITTAGESSEN)

Das Wort *Thali* stammt von dem Wort für die runde Blechplatte, auf der in Indien die Mahlzeiten serviert werden.

Für gewöhnlich wird ein Thali am Mittag serviert und ist eine Mahlzeit, die alle sechs Geschmacksrichtungen umfasst. Das Thali kann je nach Region Indiens anders ausfallen, andere Beilagen enthalten und unterschiedlich stark gewürzt sein. Die meisten Restaurants servieren Thali nur zur Mittagszeit.

Ein Restaurant-Thali beinhaltet normalerweise ein gefaltetes Chapati (Vollkorn-Fladenbrot); ein *Papad,* eine knusprig-frittierte, runde Tortilla aus Linsenmehl, sowie Basmatireis in der Mitte der Platte. Um diese Basis werden dann kleine Metallschüsselchen in unterschiedlicher Zahl gestellt, die Dal, gekochtes Gemüse, frisch gemachten Joghurt oder Buttermilch und vielleicht etwas Süßes, wie Reispudding, enthalten. Außerdem liegt ein Löffel voll eingelegtem Gemüse direkt auf der Platte. Servicepersonal läuft durch das Restaurant mit Töpfen eines jeden Gerichts und füllt die Metallschüsselchen wieder auf, wenn die Essenden Platz für mehr geschaffen haben, weil sie den Inhalt über den Reis geschüttet haben. Ich halte die Kellner immer davon ab, die leeren Schüsselchen wieder aufzufüllen, indem ich meine Hand darüber lege, sobald ich sie kommen sehe!

Ein sattvisches Thali ist etwas spärlicher und das Hauptaugenmerk liegt darauf, dass es alle sechs Geschmacksrichtungen umfasst. In Ayurveda-Zentren beinhaltet das Mittagessen, das häufig auf Edelstahlplatten serviert wird, ein Getreidegericht und mehrere Schälchen mit verwässertem, gewürztem Joghurt, einem gekochten Gemüse (manchmal auch zwei Gemüsesorten), das meist in Ghee oder Kokosnussöl und mit Senfsamen und Curryblatt sautiert wurde, und manchmal dünnes Mung Dal. Freunde einzuladen und gemeinsam ein authentisches Thali zu kreieren, ist eine schöne Art, die sattvische Küche zu genießen. Die eingelegte Zitrone sollten Sie mindestens einen Tag im Voraus machen. Kochen Sie eine Portion normalen Reis oder Kreuzkümmelreis, ein beliebiges Dal-Gericht, ein oder zwei Gemüsegerichte und Lassi. Wenn Sie keine kleinen Metallschüsselchen haben, können Sie auch einfach eine Portion Reis in die Mitte des Tellers geben und kleine Portionen der anderen Gerichte kreisförmig um den Reis herum anordnen. Einen Löffel eingelegte Zitrone auf den Teller geben. Servieren Sie noch ein kleines Glas Lassi dazu, das am Ende der Mahlzeit schlückchenweise getrunken wird, um die Verdauung zu verbessern. Das köstliche Thali, das Sie hier auf dem Foto sehen können, wurde von Cara gekocht. Ich empfehle die folgenden Rezepte: Gemischtes Marktgemüse mit Kräuter-Joghurt-Soße (Seite 222), Aromatisch-würzige Kürbisfreuden (Seite 182), Indischer Kreuzkümmel-Reis (Seite 274), Ihr tägliches Dal (Seite 218) und Eingelegte Zitrone (Seite 280).

Rote-Bete-Hummus und eingelegtes Gemüse auf Roggenbrot

ergibt 6-8 Portionen als Beilage oder 3-4 Portionen als Hauptgericht

Weiße Bohnen sind vielseitig, cremig und so sättigend. Große Bohnen sind von Natur aus eher leicht und trocken, und gepaart mit frischer Rote Bete, spritzigem, eingelegtem Gemüse und jeder Menge Zitronensaft, sind sie ein hervorragendes Stärkungsmittel. Farbenfrohe Mahlzeiten, wie diese, haben auch noch den weiteren Vorteil, dass sie die Sinne ansprechen. Servieren Sie dieses bunte Gericht auf Roggen-Crackern oder getoastetem Roggenbrot, zum Beispiel mit einem Salatblatt oder frischen Gartenkräutern.

- 1 Rote Bete, gekocht und geschält
- 460 g Cannellini-Bohnen, gekocht
- 60 ml Tahina
- 60 ml Olivenöl
- 60 ml Zitronensaft, frisch
- 1 TL Steinsalz
- 1 TL schwarzer Pfeffer, frisch gemahlen
- 2 EL eingelegte Rote Bete

Gekochte Rote Bete vierteln und in einen Mixer oder eine Küchenmaschine geben. Alle anderen Zutaten in der aufgeführten Reihenfolge hineingeben. Zu einer glatten Konsistenz verarbeiten. Wenn Sie einen Mixer verwenden, anfangs mehrfach ganz kurz mixen, bis die Bohnen aufgebrochen sind. Dann auf höchster Temperatur zu einer glatten Masse verarbeiten. Zusätzliches Olivenöl und Zitronensaft hinzugeben, falls die Mischung zu dick zum Pürieren ist.

Um Ihre Gäste mit einem exotisch aussehenden Appetizer in Staunen zu versetzen, in einer breiten Schüssel mit eingelegter Rote Bete und einem Spritzer Olivenöl in der Mitte servieren. Dazu Roggen-Cracker und knusprigen Romanasalat servieren.

Energiebringendes Dal

ergibt 3-4 Portionen

Würzig, süß und buttrig – dieses Dal ist dazu prädestiniert, eins Ihrer Lieblingsgerichte zu werden. Grüne Mungobohnen sind dafür bekannt, dass sie Kraft fördern und für nachhaltige Energie sorgen. Wenn ein Yoga-Schüler Probleme hat, eine Kraft erfordernde Stellung zu schaffen, empfiehlt meine Yogalehrerin Weizen-Chapatis (Fladenbrot) und grüne Mungobohnen. Dieses aromatische Dal kombiniert Süßkartoffel mit Mungobohnen zum Aufbau von Muskelgewebe und ist ein sehr sättigendes vegetarisches Gericht bei großem Hunger. Die wärmenden, stimulierenden Eigenschaften von Knoblauch und Zwiebeln halten Ihre Energie bei kaltem Wetter in Bewegung.

200 g grüne Mungobohnen, abgespült und über Nacht in Wasser eingeweicht

1 l Wasser

135 g Süßkartoffeln, gewürfelt

1 EL Vitalisierende Gewürzmischung

1 TL Kurkumapulver

1 TL Salz

ÖL-GEWÜRZMISCHUNG

2 EL Ghee

1 kleine Knoblauchzehe, fein gehackt

20 g Zwiebeln, fein gehackt

1 rote Chili, getrocknet

1 TL schwarze Senfsamen

1 TL Kreuzkümmelsamen

1 TL Koriandersamen

In einem großen Topf das Wasser bei hoher Temperatur zum Kochen bringen. Mungobohnen abspülen und abtropfen. Bohnen ins Wasser geben und wieder zum Kochen bringen. Ohne Deckel 5 Minuten kochen. Süßkartoffel, Gewürzmischung und Kurkuma hinzugeben. Temperatur reduzieren und ohne Deckel mindestens 45 Minuten köcheln lassen. Bei Bedarf mehr Wasser hinzugeben, damit Bohnen und Süßkartoffeln immer bedeckt sind.

In einer Pfanne das Ghee bei mittlerer Temperatur erhitzen. Knoblauch und Zwiebel glasig braten, ab und an umrühren. Chili und Gewürze hinzugeben und rund 3 Minuten weiter braten, bis alles leicht braun wird.

Vom Herd nehmen und Öl-Gewürzmischung zu den Mungobohnen geben; umrühren, bis alles vermengt ist. 5 Minuten stehen lassen. Mit Basmatireis oder als Suppe mit einer Tortilla aus Getreidesprossen servieren.

HINWEIS: Knoblauch und Zwiebeln sind normalerweise kein Bestandteil der sattvischen Ernährung, weil sie die Sinne zu stark anregen, den Geist aufregen und die Libido stimulieren. Doch wenn Sie ein Gefühl von Schwere, Trägheit oder Benommenheit verspüren, können sie genau das Richtige sein, um Trägheit in Aktivität zu verwandeln. Am besten bei kaltem Wetter essen und therapeutisch verwenden, jedoch nicht nur aufgrund des starken Aromas.

Cranberry-Orangen-Rosinen-Soße

ergibt 500 ml

Cranberries wirken reinigend. Diese kleinen, roten Beeren, die am Ende des Sommers geerntet werden, nachdem sie monatelang das Feuerelement in sich aufgesogen haben, besitzen frische und Energie bringende Eigenschaften. Die Soße sieht auch aufregend aus und eignet sich hervorragend, um Getreidegerichte, Gemüse oder Tofu aufzupeppen. Auch zu Sprossensalat, Buchweizen-Dosa oder in einem Gersten-Kanji (Seite 260) sollten Sie sie unbedingt einmal ausprobieren.

- 160 g Sultaninen
- 125 ml Orangensaft, frisch
- 60 ml Apfelessig
- 120 g Cranberries, frisch (oder gefroren)
- 1 TL geriebene Orangenschale
- 1 TL Ingwerpulver
- 4 EL Honig, roh

In einem mittelgroßen Topf alle Zutaten, mit Ausnahme des Honigs, bei mittlerer Temperatur und unter häufigem Rühren zum Kochen bringen. Temperatur reduzieren und ohne Deckel 20 Minuten köcheln lassen. Vom Herd nehmen und 5 Minuten abkühlen lassen. Honig einrühren, bis er gleichmäßig verteilt ist.

Luftdicht verschlossen in einem Glas lagern. Die Soße ist mindestens 1 Woche haltbar.

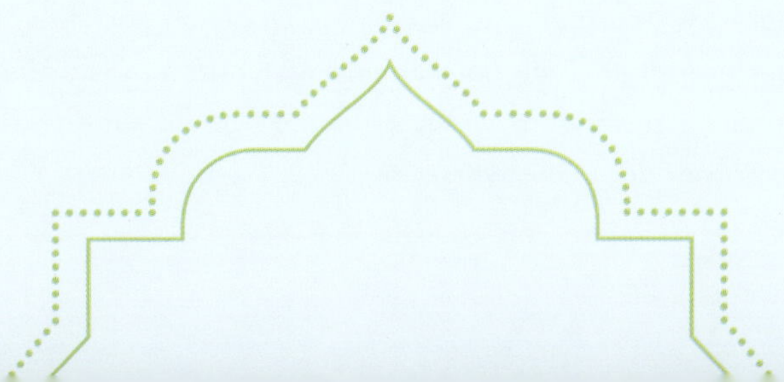

Eingelegte Zitrone

ergibt ein 250-ml-Glas

Bei einer sattvischen Mahlzeit, die vor süßem Aroma strotzt, brauchen wir einen Hauch der scharfen, würzigen Eigenschaften dieser eingelegten Zitronen. Die ganzen Zitronen, Chili und Ingwer verleihen Ihren Gerichten den richtigen Kick. Geben Sie einen gehäuften Löffel neben Gemüse-, Hülsenfrüchte- und Getreidegerichte oder oben auf eine Schüssel mit Kichari. Die Schärfe unterstützt die Verdauung. Einfach ein klein wenig auf die Löffelspitze geben, ehe Sie diesen in das eigentliche Gericht tauchen, oder auch direkt hineinrühren. Sie können die gesamte Zitrone essen, inklusive Schale etc.

- 4 Biozitronen
- 500 ml Wasser
- 1 EL Zitronensaft, frisch
- 2,5 cm frischer Ingwer, geschält und gestiftelt
- 1½ TL Salz
- ¼ TL Kurkumapulver
- 40 g Rohrzucker oder Kokosblütenzucker
- 1 TL Chilipulver

In einem großen Topf ganze Zitronen und Wasser bei hoher Temperatur zum Kochen bringen. (Die Zitronen sind nur teilweise vom Wasser bedeckt.) Temperatur reduzieren und mit Deckel rund 30 Minuten köcheln lassen, bis die Schalen weich sind. Vom Herd nehmen, Wasser abgießen und Zitronen abkühlen lassen.

In einer großen Rührschüssel die Zitronen erst vierteln und anschließend noch einmal halbieren, sodass jede Zitrone geachtelt ist. Saft in der Schüssel bewahren, aber Kerne und holziges Inneres entsorgen. Zusätzlichen Zitronensaft hinzugeben und gut vermischen. Ingwer, Salz und Kurkuma hinzugeben und gut vermischen. Langsam den Zucker, Löffel für Löffel, hinzugeben und umrühren, damit sich der Zucker im Saft löst. Chilipulver unterrühren.

In einem Glasbehälter im Kühlschrank aufbewahren. Vor dem Verzehr 1 ganzen Tag warten. Die eingelegten Zitronen halten sich 1 Tag im Kühlschrank.

EINGELEGTES

In Indien findet man bei den meisten Mahlzeiten, insbesondere, wenn es kalt oder regnerisch ist, eingelegtes Obst auf dem Teller. Meist saure Mango, Zitrone oder Limette. Mit dieser Zutat sind die sechs Geschmacksrichtungen abgegolten und die Mahlzeit ausgeglichen. Allerdings ist mehr nicht unbedingt besser, da die Verdauungskraft von salzig und sauer – im Übermaß gegessen – ein Ungleichgewicht verursachen kann. Essen Sie daher nur einen Teelöffel voll und als verdauungsfördernde Beilage zu salzigen Gerichten, insbesondere, wenn Sie wenig Appetit haben oder Sie ein Gefühl der Schwere in Körper oder Geist verspüren.

In extra viel Minzschokolade gedippte Erdbeeren

ergibt 6-8 Erdbeeren

Minze und Erdbeeren sind eine klassische Kombination aus Frische und Kühle, von den Farben mal ganz zu schweigen! Nutzen Sie einfach Ihre Sommerernte für dieses leichte Dessert und nehmen Sie sich weitere 15 Minuten Zeit, um die Erdbeeren zweimal zu dippen, damit sie noch schokoladiger sind. Damit haben Sie ein tolles, aber dennoch leichtes Dessert, das Sie genauso gut Ihren Gästen zur Teestunde servieren können.

1 Portion Einfache Kokos-Schokocreme

8 große Bioerdbeeren, gekühlt

8 Minzblätter

Einen flachen Teller mit Backpapier auslegen. Schokolade gemäß Rezept auf Seite 141 zubereiten.

Das Schwierige dabei, die Erdbeeren zu überziehen, ist, die Kokosschokolade flüssig zu halten. Wenn das Kokosnussöl abkühlt, härtet die Mischung aus. Stellen Sie daher einen Topf mit heißem Wasser auf den Herd und erwärmen Sie den unteren Teil der Schüssel, in der die Schokolade ist, im heißen Wasser, wenn die Schokolade abkühlt und klebrig wird.

Jede Erdbeere einzeln an den Blättern festhalten und über die Schüssel mit der Schokolade halten. Mit einem großen Löffel die Schokolade über die ganze Erdbeere träufeln, bis diese gleichmäßig damit bedeckt ist; überschüssige Schokolade einfach zurück in die Schüssel tropfen lassen. Stiel und Blätter, an denen Sie die Erdbeeren festhalten, unbedeckt lassen.

Jede Erdbeere mit der Seite auf den mit Backpapier ausgelegten Teller legen. Ein Minzblatt in die Mitte einer jeden Beere drücken. 15 Minuten in den Kühlschrank stellen, bis die Schokolade ausgehärtet ist.

Die gekühlte Erdbeere erneut mit Schokolade beträufeln. Darauf achten, dass Sie das Blatt nicht beschädigen. Möglicherweise müssen Sie die Schokolade noch einmal erwärmen. Eine kleine Spitze des Minzblatts frei lassen, damit es farblich schön aussieht. Erdbeeren wieder auf den Teller legen und weitere 15 Minuten oder bis Sie sie essen wollen, in den Kühlschrank stellen.

Aus dem Kühlschrank nehmen und vor dem Verzehr 5 Minuten bei Zimmertemperatur stehen lassen.

Honig-Mandel-Bissen

ergibt 4 Stück

Honig ist reinigend und wird im Ayurveda als ein sehr gesundes Nahrungsmittel angesehen. Im Körper wirkt er wärmend und kratzt sozusagen den inneren Dreck ab, weshalb er zur Beseitigung von Cholesterin und Schleim benutzt wird. Die durchdringenden Eigenschaften des Honigs machen ihn zu einer Verdauungshilfe. Er ist nicht schwer und dicht, wie andere Süßigkeiten, die das Körpersystem überladen und Tamas fördern können. Machen Sie hiervon nicht zu viel auf einmal, damit Sie sich nicht überessen!

45 g Haferflocken

85 g Honig, roh

60 g Mandelmus

½ TL Süße Gewürzmischung

Die Hälfte der Haferflocken beiseitestellen. Die restlichen Haferflocken und die übrigen Zutaten in eine Rührschüssel geben und mit einer Gabel oder einem Pfannenwender stampfen und vermischen, bis alles gut vermischt ist. (Dafür ist ein bisschen Muskelschmalz nötig.) Teig 15-20 Minuten in den Kühlschrank stellen.

Kugeln formen, indem Sie 2 TL des gekühlten Teigs zwischen den Händen rollen. Die beiseitegestellte Hälfte der Haferflocken in eine flache Schüssel geben und die Kugeln darin rollen, bis sie mit Haferflocken bedeckt sind.

Kugeln im Kühlschrank aufbewahren oder sofort genießen. Mit einer Tasse heißem Kräutertee servieren.

WAS SIE IMMER GENIESSEN KÖNNEN

Garantiert fragen Sie sich, was genau die Shortlist der gesündesten Nahrungsmittel ist. Laut den klassischen Texten können die folgenden Nahrungsmittel häufig konsumiert werden, um optimale Gesundheit zu erzielen: Reis, Weizen, Gerste, Amalaki, Zucker, Ghee, Milch, Honig und Salz. Denken Sie aber daran, dass all diese Nahrungsmittel, insbesondere Weizen, Zucker und Milch in ihrer natürlichen, unveränderten Form und vor ein paar Tausend Jahren als gesund galten. Heute sind es immer noch hervorragende Nahrungsmittel, aber sie müssen aus der richtigen Quelle stammen und dürfen nur minimal verarbeitet sein (siehe Kapitel 4 für weitere Informationen). Amalaki, auch als indische Stachelbeere bekannt, ist eine grüne Frucht in der Größe einer Olive, die sehr sauer ist und viel Vitamin C enthält. Amalaki wird am häufigsten im traditionellen, verjüngenden Mus, Chyawanprash, konsumiert, das über Ayurveda-Lieferanten erhältlich ist.

Trinkschokolade

ergibt 1 Portion

Falls die Schokosucht Sie überkommt, ist die sattvische Variante eine tolle Schokoleckerei. Sie ist weitaus besser als gekaufte, verarbeitete Schokolade, denn bei dieser Variante werden die reinen Fette des Kakaos und der Kokosnuss aufgebrochen und vom Körpergewebe aufgenommen. Die richtige Art von Fetten steigert, sofern gut verdaut, den mentalen Fokus. Wir alle wissen, dass Trinkschokolade gut schmeckt, aber diese Tasse hier sorgt auch noch dafür, dass Sie sich rundum wohl fühlen.

1 EL Kakaopulver

1 EL Kokosblütenzucker

250 ml heißes Wasser

2 TL Kokosnussöl

Kakao und Zucker in eine Tasse oder einen Messbecher abmessen. 4 EL heißes Wasser darüber gießen und umrühren oder verquirlen, bis sich eine dicke Paste bildet. Das restliche heiße Wasser darüber gießen und Kokosnussöl dazugeben und verquirlen. Alternativ können Sie das Öl auch mit einem Pürierstab oder einem elektrischen Milchaufschäumer in die Flüssigkeit einrühren, damit das Getränk samtiger wird.

Kakao in eine große Tasse gießen und genießen.

HEISSES WASSER FÜR MEHR GESUNDHEIT

Kalte Eigenschaften verhärten den Körper, trocknen die Schleimhäute aus und verlangsamen die Verdauung. Die einfache Therapie dagegen ist, heißes Wasser schlückchenweise zu trinken. Dadurch bekommt der Körper wieder Wasser und Energie. Tamas ist wie Wasser, das in Eis verwandelt wird; sich frei bewegende Energie verlangsamt sich, verfestigt sich und stagniert dann. Durch diesen Prozess fühlt man sich benommen, uninspiriert, festgefahren. Daran können mentale Faktoren schuld sein, wie beispielsweise Trauer, oder auch körperliche Faktoren, wie beispielsweise Ama. Versuchen Sie, ein paar Tage lang immer eine Thermosflasche mit heißem Wasser dabei zu haben und nehmen Sie immer wieder einen Schluck. Das bringt Ama zum Schmelzen und sorgt für einen guten Kreislauf.

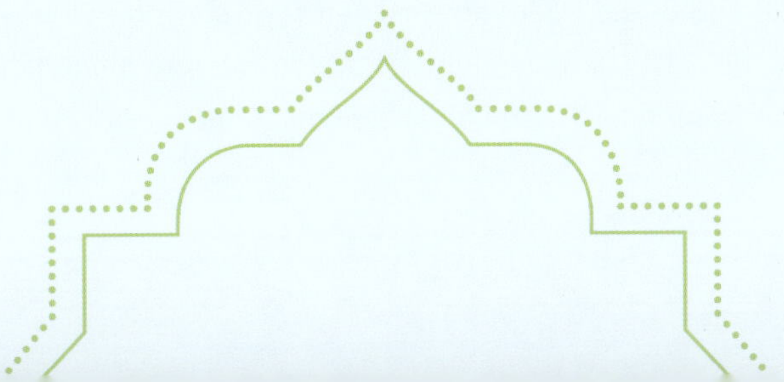

Teiglose Energiekügelchen

ergibt 12-15 Kügelchen

Richtig gelesen: teiglos. Teig macht träge. Teig ist klebrig und schwer und sorgt dafür, dass sich auch Körper und Geist langsam fühlen. Die klebrige Eigenschaft ist schwer zu verdauen und sorgt für Stagnation, Prokrastination und schließlich Traurigkeit. Wie wäre es da mit einer Süßigkeit, die Sie mit vollwertigen Nahrungsmitteln und Ballaststoffen versorgt? Wenn Sie das nicht dazu motiviert, teiglose Energiekügelchen auszuprobieren, dann weiß ich's auch nicht.

- 2 EL Kokosnussöl
- 2 EL rohes Mandelmus
- 4 EL Ahornsirup
- 1 TL reiner Vanilleextrakt
- 50 g Mandelmehl
- ¼ TL Salz
- 190 g Hafermehl
- 1 EL Kakaonibs
- 2 EL Kokosraspel

In einer großen Rührschüssel Öl, Mandelmus, Ahornsirup und Vanille vermengen. Mandelmehl, Hafermehl und Salz hinzugeben. Gut mit einer Gabel vermengen. Den Teig an der Schüsselseite mit der Gabel glattstreichen und somit alle Klümpchen entfernen. Weitermachen, bis alles gleichmäßig vermischt ist. Kakaonibs unterziehen. Schüssel 5 Minuten in das Gefrierfach stellen, damit der Teig fest wird.

Kokosraspel in eine breite Schüssel geben. Einen gehäuften Esslöffel Teig zu einer Kugel rollen. Wiederholen, bis der gesamte Teig aufgebraucht ist. Jede Kugel in der Kokosraspel rollen, bis sie vollständig bedeckt ist, dann auf einen Teller legen oder für unterwegs in einem Behälter aufbewahren. Kugeln nicht stapeln.

Bis zu 1 Woche im Kühlschrank lagern. Teiglose Energiekügelchen bei Zimmertemperatur genießen.

So gerne ich Teiglose Energiekügelchen esse, so wenig habe ich häufig Lust, mich hinzustellen und Kugeln zu rollen. Dann presse ich die Mischung einfach in einen quadratischen Behälter, streue die Kokosrapsel darüber, stelle das Ganze für eine Stunde in den Kühlschrank und schneide die Mischung dann in Viertel.

LIEBER TEIGLOS!

Backwaren führen zu Tamas im Geist. Die Kombination aus verarbeitetem Weißmehl, weißem Zucker und Butter oder fragwürdigen Ölen sorgt für schwere, unverdauliche Eigenschaften, die den Darm verkleben. Bei den meisten Menschen ist der tägliche Verzehr von Backwaren ein Garant für langsame, träge Eigenschaften.

Vitaltee

ergibt 2 Portionen

Brauchen Sie einen klaren Kopf? Schlapp? Zu viel gegessen? Probieren Sie diese belebende Mischung aus leicht pikanten und würzig-pikanten Zutaten aus und bringen Sie sich und Ihren Darm auf Trab. Der Tee ist zu jeder Tageszeit bekömmlich, allerdings regt er, auf leeren Magen getrunken, den Appetit an – seien Sie also darauf gefasst.

- 625 ml Wasser
- 2,5 cm Ingwer, frisch und gewaschen
- ½ TL Kreuzkümmelsamen
- 3 Nelken
- 2-3 Pfefferkörner
- ¼ TL Kurkumapulver

In einer kleinen Pfanne Wasser bei hoher Temperatur zum Kochen bringen. Ingwer grob hacken und ungeschält lassen. Alle Gewürze ins Wasser geben. Temperatur reduzieren und 20-25 Minuten köcheln lassen. Durch ein Sieb in zwei Becher gießen.

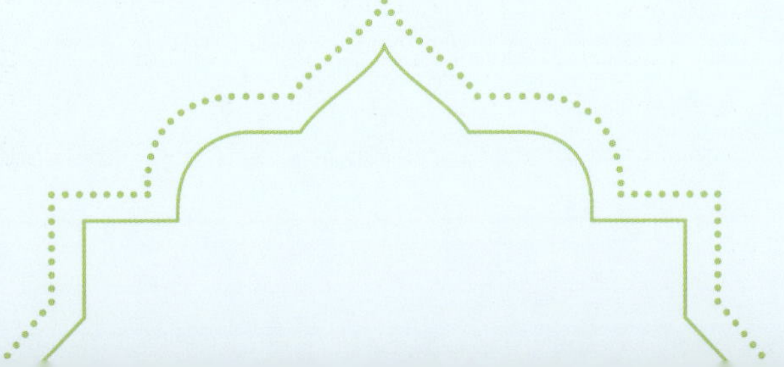

Ananas-Löwenzahn-Drink

ergibt 2 Portionen

Ananas hat, wie die meisten Früchte, süße, sattvische Eigenschaften. Ist sie allerdings noch nicht reif, ist sie sauer, was zu Magenbeschwerden und, im Übermaß, zu der für Rajas typischen Reizbarkeit führen kann. Löwenzahnblätter haben eine bestimmte Bitterkeit, die man in der Standardernährung nur selten findet, und versorgen Geist und Körper mit leichten, klaren Eigenschaften. In diesem Drink herrscht eine schöne Ausgewogenheit zwischen Süße und Bitterkeit. Holen Sie die Löwenzahnblätter bei einem Bioladen und auch nur frische, kleine und zarte Blätter. Große Blätter sind schon zu bitter.

- 500 ml Wasser oder Kokoswasser
- 190 g Ananas, reif, gewürfelt
- 1 Handvoll Löwenzahnblätter

Alle Zutaten in der aufgeführten Reihenfolge in einen Mixer geben. Auf höchster Stufe 1 Minute mixen, bis Sie ein schaumiges, glattes Püree haben.

Sofort servieren.

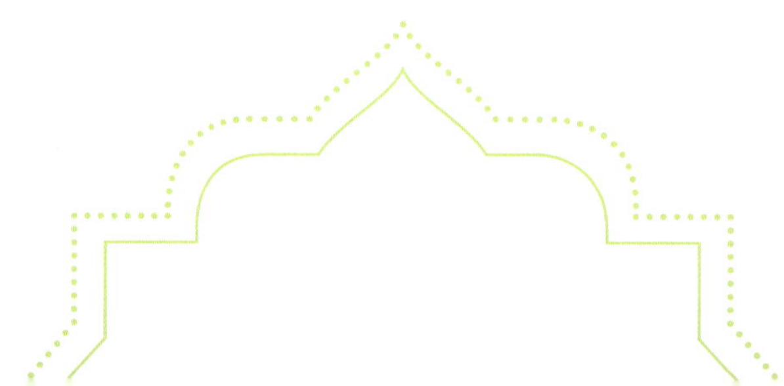

Würzige Kurkumalimonade

ergibt 4 Portionen

Das Letzte, was man tun sollte, wenn man sowieso schon etwas lethargisch ist, ist Alkohol zu trinken. Mit Ausnahme der gelegentlichen, wenigen Schlucke medizinischen Weins oder medizinischer Spirituosen, macht Alkohol den Geist träge, weil er den Körper mit einfachen Zuckern überflutet. Um sich an etwas anderes zu gewöhnen, ist es sinnvoll, verschiedene andere Getränke zur Auswahl zu haben, insbesondere, wenn Sie Gäste haben. Setzen Sie sich an einem warmen Tag mit einem Freund oder einer Freundin hin und entspannen Sie sich bei einem Glas dieser leuchtend orangen, würzigen Limonade. Da haben Sie auch schon einen guten Gesprächsaufhänger. Wenn Sie planen, Gäste einzuladen, sollten Sie den würzigen Sirup früh genug kalt stellen. Und nicht zu viel Eis nehmen!

- 5 cm Ingwer, frisch, zerdrückt
- ½ TL Kurkumapulver
- 750 ml Wasser
- 4 EL Honig, roh
- 125 ml frischer Zitronensaft (ungefähr 4 Zitronen)
- 75 g Eiswürfel

Für den Sirup Ingwer und Kurkuma mit 250 ml Wasser abgedeckt in einem kleinen Topf 10 Minuten kochen. (Wenn der Sirup stärker werden soll, länger kochen.) Vom Herd nehmen und 3-5 Minuten abkühlen lassen. Honig einrühren, bis er vollständig aufgelöst ist. In den Kühlschrank stellen, bis der Sirup kalt ist.

Ingwer-Kurkuma-Sirup, frischen Zitronensaft und restliche 500 ml Wasser vermengen. Auf vier Gläser verteilen und in jedes ein paar Eiswürfel geben.

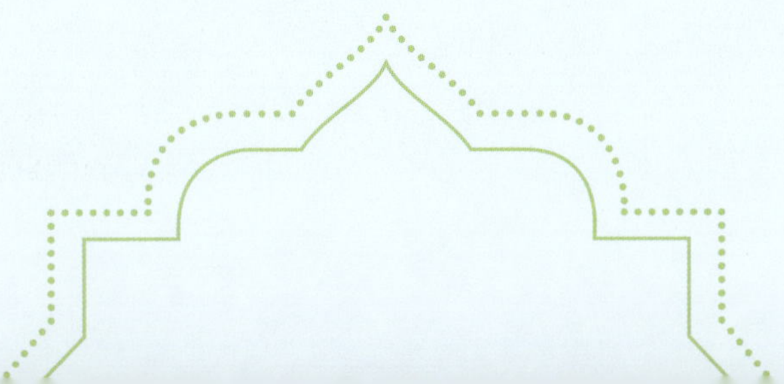

TEIL DREI

ANHANG

Dinacharya (Tages-Routinen)

Die folgenden Dinacharya bzw. Tagesroutinen sollten am besten in der Reihenfolge durchgeführt werden, in der sie hier aufgelistet werden. Sie müssen nicht alle machen! Allgemein ist es am wichtigsten, täglich die Zunge zu schaben und die Haut einzuölen. Bei einem Rajas-Ungleichgewicht ist eine wöchentliche Kopfmassage sehr wohltuend, bei einem Tamas-Ungleichgewicht kommt die Energie in Bewegung, wenn man sich mehrmals die Woche trocken abbürstet.

Materialien

ZUNGENSCHABER: ein U-förmiges Instrument aus Kupfer oder Edelstahl mit abgeschrägtem Rand zum Reinigen der Zunge.

TROCKENBÜRSTE: eine Bürste aus Naturborsten mit einem Holzgriff, welche die Haut peelt.

MASSAGEÖL: Achten Sie darauf, für die Massage hochwertiges Bio-Öl zu kaufen, das nicht älter als ein Jahr ist. Öl nicht der Sonne aussetzen. Für das Ölziehen raffiniertes Sesamöl kaufen. (Im Abschnitt »Bezugsquellen« finden Sie zuverlässige Versandhändler.)

NETI POT: Im Drogeriemarkt finden Sie Nasenspülungssets mit Plastikkännchen und Päckchen mit Salz (beides sehr praktisch auf Reisen), aber für zuhause kaufen Sie am besten ein Keramik- oder Edelstahlkännchen. Diese gibt es in den meisten Reform- oder Naturkostläden oder können bei einem der im Abschnitt »Bezugsquellen« angegebenen Händler bezogen werden.

TROPFFLASCHEN: Sterile, leere Tropfflaschen aus Glas sind in manchen Reform- oder Naturkostläden oder bei Kräuterlieferanten erhältlich. Darin können Sie Sesamöl für die Nase oder Rosenhydrosol für die Augen aufbewahren.

MASSAGEÖL
NETI POT
TROPF-
FLASCHE
NASYA-ÖL
TROCKEN-
BÜRSTE
ZUNGENSCHABER

ROSENHYDROSOL: Rosenhydrosol wird durch die Destillation von Rosenblüten gewonnen und ist für die sichere Anwendung am Auge und zur Aromatisierung von Nahrungsmitteln geeignet. Hydrosol ist nicht das Gleiche wie Rosenwasser, bei dem ätherisches Rosenöl mit Wasser gemischt wurde und das nicht für die Anwendung am Auge geeignet ist.

Zungenschaben

Verwenden Sie einen Zungenschaber aus Edelstahl oder Kupfer. Damit morgens als Allererstes, ehe Sie etwas trinken, fünf- bis sechsmal die Zunge von so weit hinten wie möglich bis zur Spitze abschaben. Darauf achten, dass Sie die ganze Fläche der Zunge schaben, insbesondere weit hinten. Üben Sie nur leichten Druck aus; verletzten Sie dabei nicht das Zungengewebe. Wahrscheinlich ist der Zungenschaber hinterher von Schleim bedeckt. Diesen einfach im Waschbecken abspülen.

Wenn Sie fertig sind, den Zungenschaber gründlich unter heißem Wasser abspülen und zur Zahnbürste stellen. Anschließend die Zähne putzen und ein Glas heißes Wasser oder Vitaltee (Seite 289) oder Yogi-Tee (Seite 197) trinken. Die Zunge nicht zu anderen Tageszeiten schaben.

Augen auswaschen

Lassen Sie kaltes Wasser aus dem Wasserhahn laufen und spülen Sie Ihre Augen gründlich aus, indem Sie sich vier- oder fünfmal kaltes Wasser mit den Händen in die geöffneten Augen spritzen. Anschließend siebenmal blinzeln und Augen kreisen lassen. Falls Sie unter brennenden, juckenden oder roten Augen leiden, können Sie dann Rosenhydrosol in die Augen sprühen oder träufeln. Achten Sie darauf, ein Hydrosol zu kaufen und kein Wasser, dem ein ätherisches Rosenöl hinzugegeben wurde. Ätherische Öle sind nicht für die Augen geeignet.

Neti (Nasenspülung)

Neti, die Spülung des Nasengangs, ist so etwas wie die Zahnseide für die Nase. Wenn Sie einen Neti Pot benutzen, wird eine kleine Menge Salzwasser aus einem Keramik- oder Edelstahlbehälter durch jedes Nasenloch gegossen, wodurch sich angestauter Schleim und Verschmutzungen lösen. Ich mache Neti meistens unter der Dusche, wenn das warme Wasser den Nasengang weitet und die Tropfen direkt weggespült werden können.

Potenzielle Keime können nicht haften bleiben, wenn Sie den Neti Pot verwenden. Praktizieren Sie Neti am Morgen, beim Jahreszeitenwechsel, wenn die Erkältungs- und Grippesaison beginnt, sowie bei Bedarf im Frühling und im Herbst. Menschen, die zu Schleimbildung oder Allergien neigen, profitieren meist von der täglichen Anwendung des Neti Pots, während trockenere Menschen das nur ab und an machen müssen und eher von Nasya profitieren (siehe nächster Abschnitt). Sie können den Neti Pot auch ein paar Tage lang verwenden, wenn Sie das Gefühl haben, dass Ihr Immunsystem angeschlagen ist. Nicht jeder muss täglich Neti praktizieren. Falls Sie merken, dass das Wasser nicht mehr vollständig aus dem Nasengang hinauskommt, sollten Sie es lassen.

Die Anwendung erfolgt so, dass zuerst gereinigtes Wasser gekocht und dann ausreichend kaltes, gereinigtes Wasser hinzugegeben wird, damit es nicht zu heiß ist. Wenn Sie den Finger in das Wasser halten, sollte es nicht zu heiß sein. Unbedingt vorher überprüfen! Feinkörniges, reines Meersalz vollständig im warmen Wasser auflösen (Neti Pots gibt es in unterschiedlichen Größen. Lesen Sie bitte die Anleitung Ihres Modells für die richtige Menge Salz). Lehnen Sie sich in der Dusche oder über dem Waschbecken nach vorne, mit gestrecktem Nacken, sodass Ihr gesamter Oberkörper gebeugt ist. Neigen Sie den Kopf und stecken Sie den Schnabel des Neti Pots in das obere Nasenloch, neigen Sie den Neti Pot leicht und warten Sie, bis das Wasser aus dem anderen Nasenloch wieder herausfließt.

Falls das Wasser nach ein paar Versuchen nicht problemlos fließt, hören Sie auf und warten Sie, bis jemand Ihnen eine professionelle Anleitung geben kann. Lassen Sie das Wasser einfach hinausfließen. Nicht mit Kraft die Nase schnäuzen, weil dadurch das Wasser noch tiefer eindringen kann. Sie können auch ein Nasenloch zuhalten und einfach ausatmen, damit auch der letzte Rest Wasser herauskommt. Neigen Sie dann den Kopf zur anderen Seite und wiederholen Sie den Vorgang mit dem anderen Nasenloch.

HINWEIS: Zu viel Salz brennt; wenn Sie zu wenig verwenden, haben Sie das Gefühl, Sie hätten Wasser im Ohr. Neti nicht öfter als einmal am Tag praktizieren.

Nasya (Ölung der Nase)

Wird Medizin durch die Nase verabreicht, kann dadurch das Gehirn direkt erreicht werden. Traditionell wird diese Verabreichungsform sowohl bei mentalem als auch physischem Ungleichgewicht gewählt. Durch das Ölen der Nase werden allgemein die Folgen von trockener, kalter Luft ausgeglichen. Außerdem kann diese Praxis auch sehr erholend wirken. Medikamente sollten nur von einem Ayurveda-Therapeuten, der in der Nasya-Therapie geschult ist, durch die Nase verabreicht werden.

Sofern Sie keine verstopfte Nase haben, sollten Sie nach Neti immer Nasya praktizieren, indem Sie Sesamöl in die Nasenlöcher auftragen. Dazu dieses mit einem Wattestäbchen oder mit der Spitze des kleinen Fingers in jedem Nasenloch verteilen und tief einatmen. Das gleicht die trocknende Wirkung des Salzes vom Neti Pot wieder aus. Bestellen Sie das Öl entweder bei einem Lieferanten aus dem Abschnitt

»Bezugsquellen« oder machen Sie Ihr eigenes Nasya-Öl, indem Sie raffiniertes Sesamöl in eine sterile Tropfflasche umfüllen. Tröpfeln Sie das Öl auf Ihren kleinen Finger oder ein Wattestäbchen oder direkt in Ihr Nasenloch, aber berühren Sie die Tropferspitze nicht. Auch wenn Sie kein Neti praktizieren, sollten Sie daran denken, bei Ihrer täglichen Ölmassage auch Ihre Nase einzuölen. Denken Sie bei Flugreisen an das Nasya-Öl oder verwenden Sie es, ehe Sie öffentliche Transportmittel besteigen. Im Allgemeinen ist das Öl ein Jahr lang haltbar.

Bei chronisch verstopfter Nase ist Nasya nicht geeignet; dann ist es besser, einen Ayurveda-Therapeuten aufzusuchen, der die Ursache herausfinden kann.

Gandush (Ölziehen)

Öl 5 bis 20 Minuten im Mund zu behalten oder diesen damit zu spülen, wird benutzt, um die Auswirkungen von überschüssigen Luft- und Raumelementen im Kopfbereich auszugleichen und das Verdauungssystem zu entgiften. Im Laufe der Minuten zieht das Öl Speichel in den Mund, wodurch dieser von Bakterien gereinigt wird, welche für Karies und Mundgeruch verantwortlich sind. Wenn Sie es länger im Mund behalten, kann die Entgiftung der Nebenhöhlen dazu führen, dass ein wenig die Nase läuft. Die Flüssigkeitsmenge im Mund nimmt zu, wenn der Speichel hinzukommt, und das Öl sollte weiß sein, wenn Sie es ausspucken. Als Präventivmaßnahme zur oralen Hygiene und zur Zahngesundheit sollten Sie *Gandush* täglich praktizieren. Selbst wenn Sie das nicht jeden Tag machen, werden Sie den Nutzen dennoch spüren.

Die antibakteriellen Eigenschaften des Sesamöls sind größer als die von Kokosnussöl; allerdings hat Kokosnussöl für viele einen angenehmeren Geschmack und kann daher, wenn erforderlich, aus Geschmacksgründen benutzt werden. Aromatisierte Mischungen für das Ölziehen bekommen Sie im Ayurveda-Fachhandel. So wie bei jeder Form der Oralhygiene ist die beste Tageszeit zur Mundreinigung der frühe Morgen. Achten Sie insbesondere am Anfang auf die Zeit. Nehmen Sie ungefähr 1 EL Öl in den Mund und versuchen Sie, kein Öl auf die Lippen zu bekommen (nur, weil das Öl ein unangenehmes Gefühl auf den Lippen hinterlassen kann). Behalten Sie es dort ungefähr eine Minute lang und fangen Sie dann an, es langsam über das Zahnfleisch und durch die Zähne zu ziehen. Nicht schlucken, wenn das Öl im Mund ist. Machen Sie das Ganze sanft, damit es nicht zu anstrengend für den Kiefer und die Gesichtsmuskeln ist – vergessen Sie nicht, dass es insgesamt 20 Minuten sein sollen. Machen Sie währenddessen nichts, wobei Sie stolpern oder fallen und dadurch das Öl versehentlich schlucken könnten. Ich mache das Ölziehen meistens, wenn ich mich morgens für die Arbeit fertig mache oder Geschirr spüle. Zwanzig Minuten sorgen für optimalen Nutzen, aber wahrscheinlich müssen Sie sich erst langsam herantasten. Schauen Sie einfach, wie lange Sie es am Anfang schaffen, aber behalten Sie das Öl mindestens 5 Minuten im Mund. Spucken Sie das Öl in den Mülleimer, weil es die Rohre verstopfen kann. Gurgeln Sie anschließend mit warmem Wasser und putzen Sie sich die Zähne. Trinken oder essen Sie nichts, ohne zuvor gegurgelt und sich die Zähne geputzt zu haben. Wenn Ihr Kiefer oder Ihre Gesichtsmuskeln chronisch oder stark angespannt sind, sollten Sie das Öl nicht ziehen, sondern einfach nur für die gewünschte Zeit im Mund behalten.

Shiro Abhyanga (Kopfmassage)

Dies ist eine hervorragende Technik, um sich zu entspannen und Stress abzubauen. Ayurvedische Körperbehandlungen für den Geist konzentrieren sich aufgrund der Nähe zum Gehirn und der Aktivität der Sinnesorgane im Allgemeinen auf Kopf, Mund, Ohren und Nasengang. *Shiro Abhyanga* und das Ölen der Ohren und Nase können angewandt werden, um den Geist zu beruhigen. Weil beim Einölen der Kopfhaut hinterher eine Haarwäsche nötig ist, sollten Sie die Kopfmassage ein- oder zweimal die Woche praktizieren, wenn Sie hinterher Zeit haben, sich die Haare zu waschen, beispielsweise morgens am Wochenende. Bei Schlafproblemen kann die Kopfmassage eine hervorragende Methode sein, um den Geist zur Schlafenszeit zu beruhigen. Damit Sie nicht mit feuchten Haaren ins Bett gehen, können Sie diese in ein altes Handtuch oder einen Schal wickeln oder eine Mütze überziehen und sich am nächsten Morgen die Haare waschen. Achten Sie darauf, dass Ihr Kopf nachts nicht kühl wird. Eine Kopfmassage mit Öl darf nicht angewandt werden bei verstopfter Nase, Krankheit, Benommenheit oder Lethargie.

Lassen Sie 2 EL Kokosnussöl in einem kleinen Behälter oder Auflaufförmchen schmelzen. Falls Sie keins haben, ist auch Sesamöl eine gute Wahl. Öl bei Bedarf leicht anwärmen. Haargummis entfernen und Haare mit der Bürste entwirren. Fangen Sie damit an, dass Sie Schulter und Nacken ein paar Mal mit kreisförmigen Bewegungen durchkneten. Tauchen Sie die Finger in das Öl und verteilen Sie es gleichmäßig auf den Fingerspitzen. Spreizen Sie die Finger und fahren Sie mit Ihren Händen jede Seite Ihres Kopfes entlang und zwar oberhalb der Ohren, wobei die Finger nach oben zeigen. Als ob Sie Ihren Kopf shampoonieren würden, mit den Fingerspitzen oben über den Scheitel massieren. »Shampoonieren« Sie die Kopfhaut am Scheitel sanft mit den geölten Fingern, bis Sie den gesamten oberen Kopfbereich bedeckt haben. Das ist der wichtigste Teil der Kopfhaut. Tunken Sie Ihre Finger wieder in Öl und »shampoonieren« Sie den Rest der Kopfhaut, bis Sie alle Bereiche abgedeckt haben; das sollte mindestens 5 Minuten dauern. Reiben Sie jeweils das gesamte Ohr in kleinen, kreisförmigen Bewegungen mit ein bisschen Öl ein und fahren Sie mit den Spitzen der kleinen Finger in jedes Ohrloch, sodass diese auch mit Öl bedeckt sind. Falls es Zeit ist, schlafen zu gehen, wickeln Sie den Kopf ein oder entspannen Sie sich 10 bis 30 Minuten mit dem Öl auf dem Kopf.

Um Ihre Haare zu reinigen, zuerst Shampoo oben und unten auf die Kopfhaut geben und in die öligen Teile des Haares einmassieren, allerdings ohne Wasser. Dann eine kleine Menge Wasser hinzugeben, damit es schäumt, und einshampoonieren. Bei Bedarf noch mehr Wasser hinzugeben, bis Sie genug Schaum für den ganzen Kopf haben. Falls Sie dickes Haar haben, müssen Sie es möglicherweise erneut waschen, um das gesamte Öl zu entfernen. Bei Sesamöl ist wahrscheinlich etwas mehr Einshampoonieren nötig als bei Kokosnussöl.

Trockenbürsten

Diese Prozedur sollte insbesondere bei Tamas mit Lethargie, Gewichtszunahme oder Wassereinlagerungen durchgeführt werden. Verwenden Sie eine Bürste mit Naturborsten (erhältlich in Drogerieläden oder Naturkostläden) auf der trockenen Haut. Beginnen Sie an den Fußgelenken und arbeiten Sie sich in kleinen, schnellen Kreisen nach oben zum Herzen hoch. Dadurch wird die Haut des gesamten Körpers gepeelt und angeregt, insbesondere die Achselhöhlen und die Brust, die inneren Schenkelpartien und die Lendengegend und überall, wo sich hartnäckiges Fettgewebe gerne ansammelt. Nehmen Sie sich dafür drei bis fünf Minuten Zeit. Arbeiten Sie kräftig, aber nicht so stark, dass Sie die Haut verletzen. Möglicherweise haben Sie hinterher eine rosige Haut. Trockenbürsten können Sie täglich bis wöchentlich vor der Ölmassage und Dusche machen.

Abhyanga (Ölen der Haut)

Falls Sie nur eine Dinacharya praktizieren möchten oder können, sollte es diese sein. Sie werden feststellen, dass sich durch das Ölen der Haut ein kräftigendes Schutzfeld um Sie bildet. Tragen Sie das warme Öl am besten kurz vor dem Duschen oder in der Dusche dick auf. Das warme Wasser öffnet die Poren und die Massage kann tiefer in die Haut eindringen. Erwärmen Sie das Öl, indem Sie einen kleinen Behälter in das Waschbecken mit heißem Wasser stellen, während Sie sich ausziehen. Öl fünf Minuten vor dem Duschen auftragen, und zwar mit langen Strichen über den Knochen und kreisförmigen Bewegungen an den Gelenken. Damit Sie nicht ausrutschen, die Füße nicht einölen. Bei kaltem Wetter können Sie einen kleinen Plastikbehälter mit Öl in der Dusche aufbewahren. Wenn Sie dann für Abhyanga bereit sind, stellen Sie den Behälter auf den Boden der Dusche und stellen das Wasser an, sodass Sie und das Öl sich zusammen für eine Minute unter der Dusche aufwärmen. Wasser abstellen und eine Handvoll Öl auf dem ganzen Körper verteilen. Auch Ohren und Nase mit Öl bedecken - den Rest des Gesichts können Sie allerdings auslassen. Reiben Sie sich damit ein paar Minuten lang gut ein. Stellen Sie dann das Wasser wieder an, stellen Sie sich darunter und reiben Sie noch etwas weiter. Haut hinterher nicht einseifen - nur die haarigen Körperpartien einseifen, um das Öl zu entfernen. Mit einem Handtuch abtrocknen – kuscheln Sie sich, wenn nötig, noch ein paar Minuten in Ihr Handtuch, bis die Haut das Öl aufgenommen hat. Dann anziehen und in den Tag starten.

WELCHES ÖL SIE VERWENDEN SOLLTEN

Natürlich können Sie Ihr Massageöl mit den Jahreszeiten wechseln, wie ich es in meinem ersten Buch empfohlen habe. Aber hier gebe ich ein paar allgemeine Empfehlungen. Probieren Sie das Öl zuerst an einer kleinen Stelle aus, ehe Sie es auf den ganzen Körper auftragen, um sicherzugehen, dass Sie nicht allergisch reagieren.

SESAMÖL: Traditionell wird Sesamöl aufgrund seiner Fähigkeit, dem Körper sowohl Stärke als auch Geschmeidigkeit zu verleihen, empfohlen. Sesamöl ist wärmend und besonders für diejenigen geeignet, denen schnell kalt wird und die eine trockene Haut haben.

SONNENBLUMEN- UND MANDELÖL: Diese zwei leichteren Öle wirken weder erhitzend noch kühlend und sind für alle geeignet, die keine sehr trockene Haut haben.

KOKOSNUSSÖL: Kokosnussöl wirkt kühlend und ist für diejenigen geeignet, denen schnell heiß wird oder die eine empfindliche Haut haben.

Snehana (Spezielle Abhyanga während einer Reinigung)

Die folgende Anwendung wird während einer saisonalen Reinigung täglich empfohlen, weil sie die Nerven beruhigt sowie nicht nur festsitzende Verunreinigungen aufweicht, sondern ebenso die Kanäle, welche die Verunreinigungen aus dem Körper transportieren, sodass die Ausscheidung leichter vonstattengeht.

Sneha bedeutet »Liebe« in Sanskrit, und diese sehr alte Anwendung ist im wahrsten Sinne des Wortes das Auftragen von Liebe. Nehmen Sie sich einmal die Woche das ganze Jahr über die Zeit für diese Art von Massage, und das Immunsystem wird gefördert, das Nervensystem gestärkt und die Schmerzbewältigung unterstützt.

Erwärmen Sie 60-125 ml Bio-Sesamöl in einem Glas oder einer Flasche in heißem Wasser. Achten Sie darauf, dass der Raum, in dem Sie sich einölen, warm und gemütlich ist. Bereiten Sie den Raum vor und entkleiden Sie sich, ehe Sie anfangen, damit Sie sich so wenig wie möglich bewegen müssen (und außerdem der Boden nicht mit Öl beschmutzt wird). Legen Sie ein altes Badetuch auf den Boden und setzen Sie sich darauf. Atmen Sie ein paar Mal tief ein und aus danken Sie für die Zeit und den Raum, sich auf diese Art um sich kümmern zu können. Tragen Sie das warme Öl mit Liebe und Geduld auf Ihren Körper auf. Reiben Sie es gut ein, insbesondere bei Körperpartien, die Ihnen nicht so gut gefallen. Fangen Sie bei den Füßen an und arbeiten Sie sich von dort nach oben. Arbeiten Sie dabei auf den Knochen in langen Strichen, an den Gelenken mit kreisförmigen Bewegungen und großen Kreisen im Uhrzeigersinn bei Brust und Bauch. Massieren Sie Gesicht und Kopf zuletzt und reiben

Sie das Öl auch in die Kopfhaut. Benutzen Sie die kleinen Finger, um das Öl auch in Ohren und Nase zu geben. 125 ml können sehr viel erscheinen. Machen Sie solange weiter, bis Sie das Gefühl haben, dass Ihre Haut nicht mehr Öl aufnehmen kann; dieser Vorgang kann 15 Minuten dauern. Wenn Sie alles Öl einmassiert haben, legen Sie sich auf das Handtuch und entspannen Sie sich 5 bis 30 Minuten lang. Der Körper braucht mindestens 20 Minuten, um das Öl aufzunehmen, darum sollten Sie nach einer 15-minütigen Massage noch mindestens 5 Minuten entspannen. Entzünden Sie eine Kerze oder hören Sie sanfte Musik. Genießen Sie anschließend eine heiße Dusche, aber wischen Sie sich zuerst die Füße ab, damit Sie nicht ausrutschen. Seifen Sie sich nicht ein; das heiße Wasser entfernt alles überschüssige Öl. Tragen Sie Shampoo auf die Haare auf, ehe Sie sie nass machen, um das Öl zu entfernen. Tupfen Sie sich nach der Dusche trocken. Ihre Haut ist vielleicht noch etwas ölig; massieren Sie das Öl weiter ein, sodass es nach und nach aufgenommen wird. Entfernen Sie anschließend die Ölreste aus der Badewanne oder Dusche, damit niemand ausrutscht!

HINWEIS: Wenn das Handtuch sehr ölig geworden ist, besteht Brandgefahr, wenn Sie es nach dem Waschen in den Trockner geben. Es ist besser, Ihre Abhyanga-Handtücher zum Trocknen aufzuhängen und regelmäßig auszutauschen.

Den Geist reinigen: Ein dreitägiges Reboot-Programm

Um die mentale Verdauung zu optimieren, müssen Sie etwas Platz schaffen. Stellen Sie sich vor, Sie wollten einen Holzofen entfachen, der völlig von Ästen und zerknülltem Zeitungspapier überladen ist – das würde im Sande verlaufen. Genauso kann sich die Energie des Geistes und des Körpers fühlen, wenn es zu viele Dinge gibt, die noch verdaut werden müssen und das für die Metabolisierung nötige Feuer nur schwach ist. Die Idee hinter einer Reinigung des Geistes ist die »Vereinfachung«. Vereinfachen Sie die Ernährung und beruhigen Sie Ihren Geist, indem Sie ihm einen einfachen Tagesrhythmus bieten, der ein wenig Platz für ruhige Selbstpflege lässt. Folgen Sie einfach diesem Rhythmus und egal was passiert, entspannen Sie sich und atmen Sie frei; Sie kultivieren Sattva, die Energie der Zufriedenheit. Klopfen Sie sich selbst auf die Schulter für jegliche aufrichtige Bemühung. Sorgen Sie dafür, dass Sie am Ende dieser Reinigungsphase ein schön entfachtes geistiges Feuer haben, das lichterloh brennt. Oder zumindest, dass die Zündflamme ständig brennt.

VORBEREITUNG

Sie müssen für diese Reinigung nicht alle Vorschläge in die Tat umsetzen. Und insbesondere müssen Sie nicht perfekt sein. Der Wunsch nach Perfektion kann sogar die treibende Kraft hinter dem geistigen Ungleichgewicht sein und zu Angst und/oder Erschöpfung führen. Setzen Sie sich besser hin, schauen Sie sich die allgemeinen Tipps an und horchen Sie in sich hinein, welcher davon sich für Sie richtig anfühlt, um diesen sofort in die Tat umzusetzen. Vielleicht machen Sie zu Beginn nur einen Tag und tasten sich beim nächsten Mal an drei Tage heran. Vielleicht sind Sie von sich selbst überrascht, weil Sie sich doch fünf Tage lang an die Tipps halten oder eine neue Gewohnheit geschaffen haben, die auch weiterhin Bestand hat. Wenn Sie eine solche gefunden haben, die Ihnen liegt, notieren Sie sich anhand der folgenden Tipps einen Plan für die Reinigung des Geistes.

Schauen Sie sich das Menü und die täglichen Routinen an und kaufen Sie das, was Sie benötigen, im Voraus. Kaufen Sie alle für die Mahlzeiten und Dinacharya benötigten Materialien, wie Massageöl und eine Trockenbürste.

DIE ZEIT FINDEN

Am besten beginnen Sie mit der Reinigung an einem freien Tag, vielleicht an einem Wochenende, an dem Sie keine sozialen Verpflichtungen haben (wahrscheinlich erfordert das einige Vorausplanung, um sich Zeit freizuschaufeln). Traditionell werden Reinigungen immer beim Wechsel der Jahreszeiten im Frühling und im Herbst durchgeführt. Zu dieser Zeit sind sowohl die externe als auch die interne Welt reif für Veränderung. Tauschen Sie Stiefel gegen Flip-Flops und auch den saisonalen Inhalt der Vorratskammer und konzentrieren Sie sich darauf, auch die interne Welt zu verändern. Die Tage nach Weihnachten, um Neujahr herum, sind auch ein hervorragender Zeitpunkt, wenn viele ihre Neujahrsvorsätze machen. Vielleicht sollten Sie einen Freund oder eine Freundin bitten, mitzumachen.

Ernährungstipps für die Reinigung des Geistes

Wenn die Mahlzeiten leicht zu verdauen sind, kann der Körper ein Gespür für Ausgeglichenheit entwickeln. Falls etwas an Ihrer Ernährung der Grund für eine schlechte Verdauung war, wie beispielsweise die zu Benommenheit führenden schweren Eigenschaften von Milchprodukten oder der Unruhe hervorrufende Kaffee, wird die einfache Ernährungsweise genau diese Ernährungsmuster aufzeigen und Sie werden merken, wie sie den Geist beeinträchtigen.

VERMEIDEN SIE SUBSTANZEN, DIE – IM ÜBERMASS KONSUMIERT – ZU EINEM UNGLEICHGEWICHT FÜHREN KÖNNEN:

- Koffein
- weißer Zucker (dazu zählt nicht Palmzucker, roher Honig, Ahornsirup, Kokosblütenzucker, Agave etc.)
- Alkohol
- Fleisch, Weizen und Milchprodukte

HAUPTSÄCHLICH KICHARI ESSEN

Für diejenigen, die bereits zuvor eine ayurvedische Reinigung gemacht haben, nicht viel Abwechslung brauchen oder sich keine großen Gedanken machen möchten, was man kochen könnte, ist das ayurvedische Super-Essen Kichari morgens, mittags und abends geeignet. Ich empfehle, morgens eine große Portion Kichari zu kochen und zu jeder Mahlzeit eine Schüssel davon mit einer Beilage aus einem saisonalen Gemüse, beispielsweise Kohl mit cremiger Tahina, Aromatisch-Würzige Kürbisfreuden oder In Kreuzkümmel geröstetes Gemüse, zu essen.

Abenteuerlustige und erfahrenere Köche können aus jedem dieser Rezepte in diesem Buch auswählen, wenn Kichari nicht so ihr Ding ist. Machen Sie die Mahlzeiten nicht zu kompliziert - wenn Sie zu viele oder zu schwierige Gerichte kochen, haben Sie am Ende vielleicht keine Lust mehr, zu kochen. Machen Sie es einfach, um den Erfolg zu garantieren. Nehmen Sie Kichari oder einen Eintopf, das macht auch weniger Abwasch nötig! Bei den sattvischen Gerichten finden Sie Kichari auf viererlei Art. Und um Abwechslung hineinzubringen, können Sie morgens Frühstückskichari mit Äpfeln und Rosinen oder Frühstückskichari mit Datteln und Birnen essen. Wahrscheinlich werden Sie Heißhunger auf andere Gerichte bekommen, aber zu Ihrem Besten sollten Sie sich an das Programm halten, damit Ihr Verdauungssystem entspannen kann.

Für diejenigen, die mehr Abwechslung wünschen, gibt es hier ein paar Beispielmenüs.

BEISPIELMENÜ FÜR WARMES WETTER

FRÜHSTÜCK: Sattvischer Smoothie

MITTAGESSEN: Ihr tägliches Dal und Schnelles Buchweizen-Dosa mit Minzchutney

ABENDESSEN: Erbsensuppe mit gerösteter Kokosnuss und Kreuzkümmel sowie Kardamom-Teegebäck

BEISPIELMENÜ FÜR KALTES WETTER

FRÜHSTÜCK: Gebackener Buchweizen mit Kardamom und Heidelbeeren

MITTAGESSEN: Herzhaftes Kichari aus Französischen Linsen mit eingelegter Rote Bete

ABENDESSEN: Herzhafter Mungobohnenkuchen und Süßkartoffel-Dal mit Ingwer

Jeden-Tag-Tipps für die Reinigung des Geistes

(Siehe Anhang 1 für vollständige Dinacharya-Anleitung.)

MORGENROUTINEN

- Schaben Sie Ihre Zunge direkt nach dem Aufwachen und trinken Sie hinterher schlückchenweise eine Tasse heißes Wasser (wenn gewünscht mit Zitrone). Es ist wichtig, den Mund zu reinigen, wenn Sie Ihren Kopf frei bekommen möchten.
- Schalten Sie während der Reinigung des Geistes nicht als allererstes elektronische Geräte an. Bevor Sie irgendwelche Informationen aufnehmen, sollten Sie vorher 5 Minuten lang Tägliche Dankbarkeit praktizieren (siehe Kästchen).

- Machen Sie einen Spaziergang oder etwas Sport, ehe Sie Informationen aufnehmen.
- Frühstücken Sie erst, wenn Sie Hunger haben.

MITTAGSROUTINEN

- Versuchen Sie, zwischen den Mahlzeiten nichts zu essen. Essen Sie ausreichend zu den Mahlzeiten. Das erfordert möglicherweise etwas Übung.
- Setzen Sie sich zum Essen hin. Essen Sie während der Reinigung des Geistes nichts im Stehen.
- Nehmen Sie ein umfangreiches Mittagessen und ein kleineres Abendessen zu sich.
- Setzen Sie eine 15-minütige, arbeitsfreie Pause zwischen 14 und 18 Uhr durch. Gehen Sie nach draußen, schließen Sie die Augen und lehnen Sie sich zurück, legen Sie sich hin oder spielen Sie mit Ihren Haustieren. Keine Mediengeräte während dieser Pause.

ABENDROUTINEN

- Verabreichen Sie sich selbst rund 2 Stunden nach dem Abendessen oder ehe Sie schlafen gehen eine 30-minütige Ölmassage (siehe Anhang 1).
- Kein Fernsehen, Handy, Computer etc. nach 21 Uhr (das ist möglicherweise die schwerste *und wichtigste* Übung, damit der Geist abschalten und verdauen kann). Wenn Sie nur einen der Tipps befolgen möchten, dann sollte es unbedingt dieser sein.
- Getreide und Hülsenfrüchte für das Kichari für den nächsten Tag abspülen und einweichen, um die Kochzeit zu reduzieren und die Verdaulichkeit zu steigern. (Siehe Anhang 3 für mehr Informationen zum Einweichen.)

VERMEIDEN SIE

- Essen im Stehen, Gehen oder beim Fahren
- zu viel auf einmal essen
- Mahlzeiten auslassen
- Überanstrengung und zu viele Termine
- Fernsehen und soziale Medien

GENIESSEN SIE

- Sattvische Aktivitäten, wie Zeit im Freien, Lesen, Kunst und Handwerk
- Regelmäßige Mahlzeiten im Sitzen
- Zeiten in Stille

Anzeichen für eine erfolgreiche Reinigung des Geistes

- Keine Benommenheit mehr, gesteigerte Produktivität
- Guter Schlaf, man fühlt sich am Morgen frisch und erholt
- Ruhige und angenehme Gefühle, gleichmäßiger emotionaler Zustand, weniger Reizbarkeit
- Klare Augen
- Mehr Aufmerksamkeit für geliebte Menschen und Natur
- Dinge werden weniger aufgeschoben
- Anhaltende Energie
- Wunsch nach sattvischen Aktivitäten

WIE MAN TÄGLICHE DANKBARKEIT PRAKTIZIERT

Nehmen Sie sich, wenn Sie aufwachen, Papier und Stift, suchen Sie sich einen ruhigen Ort, an dem Sie gemütlich sitzen können – in einem Sessel oder auf einem Kissen auf dem Boden – und seien Sie sicher, dass Sie in den nächsten Minuten nicht gestört werden. Schreiben Sie drei Dinge nieder, für die Sie am heutigen Tag dankbar sind (das können jeden Tag die gleichen oder auch unterschiedliche Dinge sein.) Stellen Sie sich einen Wecker auf 5 Minuten. Legen Sie Ihre rechte Hand auf Ihr Herz und Ihre linke Hand auf den Bauch. Entspannen Sie Brust und Bauch. Atmen Sie dreimal ein und aus. Gehen Sie mit Ihrer Aufmerksamkeit zu den drei Dingen, für die Sie dankbar sind. Während Ihr Geist bei diesen Bestandteilen Ihres Lebens verweilt, richten Sie Ihre Aufmerksamkeit auf Ihre Herzmitte. Merken Sie dort das *Gefühl* der Dankbarkeit. Falls Sie nichts fühlen, warten Sie einfach und konzentrieren Sie sich auf das, wofür Sie dankbar sind. Mit etwas Übung wird das Gefühl entstehen. Lassen Sie zu, dass das Gefühl sich vom Herzen bis in Ihren Bauch ausbreitet. Sitzen Sie in Dankbarkeit dort, bis der Wecker klingelt.

Utensilien und Techniken

KÄSETUCH: Mehrlagig legen, um Nuss- und Reistrester durchzusieben und Milch zu machen, insbesondere bei Verwendung eines Hochleistungsmixers.

KÜCHENMASCHINE: Dieses Gerät braucht viel Platz, hat aber am meisten Kraft, um Nüsse zu mahlen. Außerdem können damit gröbere Chutneys und glattere, dickere Pürees oder Hummus gemacht werden als mit einem Standmixer.

PÜRIERSTAB: Auch als Handmixer oder Stabmixer bezeichnet. Wenn Sie Nussmilch machen oder Suppen pürieren, ist ein Pürierstab schneller zu reinigen als ein Standmixer. Besonders gut geeignet ist er für heiße Suppen, die den Mixerbehälter zu sehr aufheizen würden.

REISKOCHER: Ein elektrischer Reiskocher kann so voreingestellt werden, dass Reis oder Kichari zu einer bestimmten Uhrzeit fertig sind. Dieses Gerät spart unglaublich viel Zeit.

SCHNELLKOCHTOPF: In fast jeder indischen Küche gibt es einen Schnellkochtopf. Er reduziert die Kochzeit von Hülsenfrüchten und harten Gemüsesorten um die Hälfte, ohne dass diese vorher eingeweicht werden müssen; Bohnen sind gut gekocht und leicht verdaubar.

STANDMIXER: Ein Standmixer mit Glasbehälter hat ein höheres Leistungsvermögen als ein Pürierstab und sollte immer bei Rezepten verwendet werden, deren Zutaten zu hart oder zu faserig für den Pürierstab sind, wie zum Beispiel bei Säften und Chutneys.

Reiben und Mühlen

GEWÜRZMÜHLE: In einer Kaffeemühle, die nur für Gewürze, Kerne, Samen und Nüsse verwendet wird, können Sie schnell große Mengen Gewürzmischungen zum Lagern machen.

MÖRSER UND STÖSSEL: Mit Steinzeug zu mahlen, ist eine Tradition in der indischen Küche. Auch heute noch sieht man Köche, die draußen sitzen und die Zutaten für den Tag mahlen. Ich empfehle Ihnen, sich dieser aromavollen Aufgabe hinzugeben und für Ihre Gerichte frische Gewürze zu mahlen. Mörser und Stößel aus Stein nehmen die Gerüche nicht so stark an wie Holzgeräte.

PFEFFERMÜHLE: Frisch gemahlener Pfeffer auf dem Tisch ist ein wahrer Genuss. Schauen Sie nach einer Pfeffermühle aus Holz und füllen Sie sie mit qualitativ hochwertigen schwarzen oder bunten Pfefferkörnern.

REIBE: Häufig findet man Vierkantreiben aus Metall, aber eine flache Reibe nimmt weniger Platz in der Küche ein. Eine gute Reibe sollte sowohl eine feine als auch eine grobe Seite haben und stabil sein. Microplane-Reiben eignen sich hervorragend zum Reiben von frischem Ingwer.

Töpfe, Pfannen und mehr

AUFLAUFFORM AUS GLAS: Für meine Rezepte benötigen Sie eine 20 x 20 cm große, quadratische Auflaufform sowie eine 22 cm große Kuchenform. In den Rezepten kann die eine Form statt der anderen verwendet werden.

BACKBLECH: Sie werden es für Kekse verwenden; kaufen Sie ein hochwertiges Backblech aus Edelstahl, nicht aus Aluminium. Bei manchen Rezepten soll das Backblech mit Backpapier ausgelegt werden.

BACKPAPIER: Backpapier wird verwendet, um damit ein Backblech auszulegen, sodass die Nahrungsmittel daran nicht festkleben; am besten sollte zum Backen Wachspapier genommen werden.

FEINMASCHIGES SIEB: Die Löcher eines Abtropfsiebes sind für manche Getreidesorten und Hülsenfrüchte zu groß, weshalb Sie ein feinmaschiges Sieb brauchen, um diese oder auch Gemüse abzuspülen. Ein Metallsieb kann auch benutzt werden, um den Trester von Nussmilch durchzusieben und beim Ghee die Feststoffe zu entfernen.

GUSSEISERNE PFANNE: Gusseiserne Pfannen sind aufgrund ihrer Widerstandsfähigkeit und weil sie die Hitze gleichmäßig verteilen, beliebte Kochutensilien für langsames Kochen, Braten und Backen. An einer gut eingebrannten Pfanne bleibt nichts haften. Für meine Rezepte ist eine große Pfanne mit einem Durchmesser von 38 bis 43 cm nötig. Eine Pfanne mit kleinerem Durchmesser geht auch, allerdings muss die Kochzeit womöglich verlängert werden.

MUFFINBLECH: Üblicherweise gibt es sie für sechs oder zwölf Muffinförmchen; die meisten meiner Rezepte ergeben sechs Muffins. Kaufen Sie Edelstahlbleche, keine aus Aluminium.

MUFFINFÖRMCHEN: Manche meiner Muffinteige sind zu kompakt, um sie ohne Muffinförmchen in das Muffinblech zu geben. Muffinförmchen aus Papier findet man in der Backabteilung des Supermarktes.

PFANNE: Eine Pfanne ist flach und breit und wird zum Dünsten und Braten verwendet. Antihaftbeschichtete Keramikpfannen sind solchen ohne Antihaftbeschichtung vorzuziehen. Von teflonbeschichteten Pfannen sollten Sie sich trennen, da gesundheitsschädliche chemische Verbindungen entstehen können, wenn sich die Beschichtung löst und in das Essen gerät.

TOPF: Ein hoher Suppentopf, meistens für 2, 4 oder 6 Liter. Ein Topf mit einem Fassungsvermögen von 4 Litern ist am besten für Rezepte für 4 oder mehr Personen geeignet, während ein 2-Liter-Topf für kleinere Mengen verwendet werden kann. Am besten sollten Sie qualitativ hochwertige Edelstahltöpfe nehmen und keine Töpfe aus Aluminium, denn das ist weich, porös und reagiert mit bestimmten Nahrungsmitteln, sodass es zu bedenklichen chemischen Verbindungen im Essen kommen kann. Die Investition in ein paar gute Töpfe lohnt sich.

Küchentechniken

ABSPÜLEN: Getreide und Hülsenfrüchte werden von Verunreinigungen befreit, indem sie unter kaltem Wasser abgespült werden. Trockene Zutat in einen Topf geben und mit Wasser bedecken. Mit den Fingern durch das Wasser rühren, bis es trüb ist. Wasser und Getreide bzw. Hülsenfrüchte durch ein Abtropfsieb gießen. Unter dem Wasserhahn abspülen, bis das Wasser klar ist.

DÜNSTEN: Die Zutaten werden in einer abgedeckten Pfanne mit nur wenig Wasser und ohne Öl gedünstet.

EINWEICHEN: Die Kochzeit verringert sich, wenn Getreide und Hülsenfrüchte zwischen einer Stunde (bei Getreide und kleinen Bohnen) und über Nacht in kaltem Wasser eingeweicht werden. Getreide oder Hülsenfrüchte zuerst gründlich abspülen, dann mit der doppelten Menge Wasser in eine Schüssel geben und abdecken. Je länger eine Zutat einweicht, umso schneller wird sie beim Kochen gar. Denken Sie daran, die im Rezept angegebene Wassermenge zu verringern, wenn Sie die Zutaten zuvor eingeweicht haben. Übriges Einweichwasser kann zum Kochen verwendet werden.

GEMÜSE VORBEREITEN: Gemüse wird gewürfelt, geschnitten oder grob gehackt und anschließend in einem luftdichten Glasbehälter gelagert, um am nächsten Tag verwendet zu werden. Wenn Sie das Gemüse an einem freien oder ruhigen Tag vorbereiten, sparen Sie sehr viel Zeit und können dennoch frische Gerichte genießen.

GEWÜRZE RÖSTEN: Gewürze werden kurz in Öl bei mittlerer Hitze geröstet, bis sie ihre ätherischen Öle freisetzen, wodurch Aroma und Geschmack des Gerichts verstärkt werden. Gewürze und Öl werden meist am Ende der Kochzeit zum Dal oder Eintopf gegeben.

KEIMEN: Getrocknete Nahrungsmittel, wie Nüsse, Samen, Kerne und Bohnen werden in Wasser eingeweicht, um sie wieder zum Keimen zu bringen. Dafür werden sie täglich abgespült, bis sich kleine Sprossen bilden. Sprossen haben einen sehr hohen Nährwert und steigern das Verdauungsfeuer. In diesem Buch finden Sie Rezepte mit gekeimten Mungobohnen.

MAHLEN: Gewürze, Kerne, Samen und Nüsse werden langsam mit Mörser und Stößel oder in einer elektrischen Mühle zerkleinert (verwenden Sie eine Kaffeemühle, die Sie nur für Gewürze benutzen, oder ein kleines Zusatzgerät für Ihre Küchenmaschine). In der traditionellen Ayurveda-Küche werden die meisten Gewürze für jede Mahlzeit frisch mit der Hand gemahlen.

MANDELN EINWEICHEN: Mandeln werden acht Stunden oder über Nacht in kaltem Wasser eingeweicht. Durch das Einweichen werden Enzyme freigesetzt und die Mandeln sind leichter zu verdauen – ganz zu schweigen davon, wie köstlich und vielseitig sie sind.

PÜRIEREN MIT DEM PÜRIERSTAB: Ein Püree wird gemacht (oder Joghurt wird mit Wasser verdünnt), indem man das Essen mit dem Pürierstab im Kochtopf glatt püriert. Den Pürierstab tief genug eintauchen und ausschalten, ehe Sie ihn aus der Flüssigkeit herausziehen. Getränke lassen sich sehr gut in einem hohen Einmachglas mit breiter Öffnung pürieren.

RÖSTEN OHNE ÖL: Gewürze werden leicht in einer trockenen Pfanne geröstet, nur solange bis sie ihr Öl und ihre Aromen freigeben.

SCHNELLE EINWEICHMETHODE: Wasser und Getreide oder Hülsenfrüchte fünf Minuten sprudelnd kochen, dann abdecken und eine Stunde stehen lassen. Das hat den gleichen Effekt wie das Einweichen über Nacht.

STRUNK ENTFERNEN: Der Strunk von großem Blattgemüse wird entfernt. Dazu den Strunk in der einen Hand halten und mit der anderen das Blatt unten festhalten. Sanften Druck ausüben und das Blatt mit einem Ruck vom Strunk ziehen. Die Blätter vor dem Kochen kleinhacken und den Strunk wegwerfen oder für eine Brühe aufbewahren.

Tabelle der Nahrungsmittel und Maha Gunas

	MAHA GUNAS		
NAHRUNGS-MITTEL	**SATTVISCH**	**RAJASISCH**	**TAMASISCH**
OBST	Das meiste frische, reife **OBST:** Pflaumen, Pfirsiche, Äpfel, Birnen, Trauben, Beeren, Kirschen, Aprikosen, Feigen, Bananen, Melonen, Granatapfel, Rosinen, Cranberries	**SAURES OBST:** Orangen, Zitronen (im Übermaß), unreife Mango, Tamarinde, Guave Obst aus der Dose Getrocknete Datteln	Obst, das gefroren oder überreif ist oder keine Saison hat
GEMÜSE	Das meiste frische, saisonale **GEMÜSE:** Fenchel, Grünkohl, Mangold, Kürbis, Zucchini, Weißkohl, Karotten, Süßkartoffeln und Yams, Rüben, Pastinaken, Rote Bete, Gurken, Blattgemüse, Sellerie	Oliven, Knoblauch, Zwiebel, weiße Kartoffeln, Paprika, Aubergine, Tomaten, Chilis, scharfer Rettich, scharfes Blattgemüse und Kreuzblütler (im Übermaß), eingelegtes Gemüse	Pilze, Kürbis (im Übermaß) Gemüse, das gefroren, genmodifiziert, welk ist oder keine Saison hat
GETREIDE	Reis (braun, rot, weißer Basmati), Wildreis, Quinoa, Amarant, Teff, Kamut, Hirse, Buchweizen, Gerste, Hafer	Weißes Mehl Trockenes Getreide (im Übermaß): Mais, Hirse, Buchweizen	Weizen

BOHNEN	Kleine Bohnen: Mungobohnen, Linsen, schwarze Bohnen,* Bohnensprossen	Große Bohnen: Kichererbsen, Cannellini, Kidney, Pinto	Isoliertes Sojaprotein
MILCH-PRODUKTE	Nicht homogenisierte Kuhmilch, selbstgemachter Joghurt, Ziegenmilch	Eier, Sauerrahm, Hüttenkäse, gekaufter / saurer Joghurt, Hartkäse oder reifer Käse, Sahne, Eiscreme	Alle Käsesorten, Eier, verarbeitete Milch, kalte Milch, Eiscreme
FETTE	Ghee, Kokosnussöl und Kokosfleisch Rohe Nüsse und Kerne: Mandeln, Cashews, Pekannüsse,* Walnüsse,* Sesamsamen, Hanfsamen, Chiasamen, Leinsamen, Sonnenblumenkerne	Kürbiskerne und Avocado (im Übermaß), frittiertes Essen	Margarine, Rapsöl, Schmalz, Erdnüsse, ranzige Fette (altes Fett oder Gemüse- und Nussöl, das bei hoher Temperatur gekocht wurde), geröstete Nüsse, abgepackte Backwaren
GEWÜRZE	Kurkuma, Kardamom, Koriander, Kreuzkümmel, Fenchel, Zimt, Ingwer, Asant (siehe Glossar auf Seite 318)	Salz, Essig, Chilisauce, Cayennepfeffer, schwarzer Pfeffer	Mononatriumglutamat
EXTRAS	Kräutertees: (Süßholz, Fenchel, Ingwer)	Kombucha, Kaffee, Koffein, fermentierte Nahrungsmittel (außer selbstgemacht), Sprudel, Alkohol, abgepackte Snacks	Fleisch, Fisch, Frittiertes, Fastfood, Reste, Mikrowellenessen, Drogen und Alkohol, Kartoffelchips
SÜSSES	Kokosblütenzucker, Ahornsirup, Rohrohrzucker, roher Honig	Weißer Zucker, brauner Zucker, Melasse	Weißer Zucker, Softdrinks, künstliche Süßungsmittel, gekochter Honig

**In Maßen (ein- oder zweimal die Woche)*

Glossar

Sanskritausdrücke

ABHYANGA: Massage, bei der warmes Öl mit streichenden Bewegungen in einer bestimmten Reihenfolge einmassiert wird, um den Energiefluss nach den Prinzipien des Ayurveda zu unterstützen.

AGNI: Feuerelement.

AHAMKARA: Das Ego; eine Funktion des Verstands, die für das Individuationsprinzip zuständig ist.

AHARA: Nährstoffreiche Flüssigkeit, die entsteht, wenn Nahrung im Magen aufgebrochen wird.

AHIMSA: Gewaltlosigkeit.

AMA: Giftstoffe im Körper, die durch unverdaute Nahrungsmittel, Erfahrungen und Emotionen entstehen.

AMLA: Saurer Geschmack; Kombination der Elemente Feuer und Erde.

ASHTANGA HRIDAYA: Verkürzte Sammlung der Charaka Samhita, geschrieben von Vagbhata.

BHAGAVAD GITA: Wörtlich »Gesang des Erhabenen«; Indiens wichtigste Schriften des Yoga.

CHARAKA SAMHITA: Der am häufigsten verwendete grundlegende Text zum Ayurveda; in Sanskrit geschrieben, wahrscheinlich von einer Gruppe Menschen vor mindestens zweitausend Jahren.

DINACHARYA: Tagesroutine.

DOSHA: Wörtlich »das, was falsch ist«; wesentliche biologische Mischung im Körper.

GUNA: Schnur, Faden; Qualität.

INDRIYAS: Sinne.

JATHARA AGNI: Verdauungsfeuer im Magen.

KALA: Zeit, insbesondere Tages-, Jahres- und Lebenszeit.

KAPHA: Energieprinzip der Struktur, Schmierung und des Zusammenhalts.

KASHAYA: Zusammenziehender Geschmack; Kombination aus den Elementen Luft und Erde.

KATU: Scharfer Geschmack; Kombination aus den Elementen Feuer und Luft.

KICHARI: Allgemeiner Ausdruck im Ayurveda für ein suppenartiges Reis- und Hülsenfruchtgericht.

LAVANA: Salziger Geschmack; Kombination aus den Elementen Feuer und Wasser.

MADHURA: Süßer Geschmack; Kombination aus den Elementen Wasser und Erde.

NASYA: Medikamente durch den Nasenkanal verabreichen.

OJAS: Wörtlich »Kraft«; die nahrhafteste Flüssigkeit im Körper; die Essenz der Immunität.

PANCHA MAHABHUTAS: Die fünf großen Elemente; Äther, Luft, Feuer, Wasser, Erde.

PITTA: Das, was umwandelt oder verdaut.

PRAJNAPARADHA: Wörtlich »Fehlverhalten wider besseres Wissen«.

PRANA: Vitale Energie des Universums.

PRASAD: Nahrungsmittel, die von Gläubigen geteilt werden und zuvor Gott geopfert worden waren.

PRATYAHARA: Disziplinierung der Sinne.

RAJAS: Eins der drei Gunas bzw. primären Qualitäten des Bewusstseins; kinetische, dynamische Energie; Leidenschaft.

RASA: Wörtlich, »Saft, Flüssigkeit oder Stimmung«; bezieht sich auf die Klassifizierung der Geschmacksrichtungen gemäß den Eigenschaften einer Substanz, so wie in *shad rasa*.

RASA DHATU: Die erste von sieben Gewebeschichten; umfasst die weißen Blutzellen, die Lymphflüssigkeit und Blutplasma.

RISHIS: Die Weisen des antiken Indiens.

SATTVA: Eins der drei Gunas bzw. primären Qualitäten des Bewusstseins; die Energie des Gleichgewichts; Klarheit.

SATTVA VIJAYA: Sieg über den Geist; bezieht sich auf die Gesamtheit der Therapien zur Förderung des mentalen Gleichgewichts.

SHAD RASA: Sechs Geschmacksrichtungen - süß, sauer, salzig, scharf, bitter, zusammenziehend - zur Klassifizierung von Nahrungsmitteln und Arzneien gemäß den Eigenschaften verwendet.

SHIRO ABHYANGA: Kopf/Kopfhautmassage mit Öl.

SUKHA: Glück; guter Platz.

TAMAS: Eins der drei Gunas bzw. primären Qualitäten des Bewusstseins; Schwerfälligkeit; Dunkelheit.

TEJAS: Subtiles, metabolisches Feuer.

THALI: Eine Mahlzeit mit verschiedenen Gerichten, die alle sechs Geschmacksrichtungen umfasst; stammt von dem Wort für eine runde Platte zum Servieren von Nahrungsmitteln.

TIKTA: Bitter; Kombination aus den Elementen Äther und Luft.

VATA: Das, was bewegt.

VIPAKA: Wirkung nach der Verdauung; die Wirkung einer Substanz auf den Verdauungstrakt, nachdem diese im Magen aufgeschlossen wurde.

VIRYA: Potenz einer Substanz; die erhitzende oder kühlende Wirkung auf den Körper.

Seltene Zutaten

AJOWAN: *Trachyspermum ammi*, auch bekannt als Bischofsgras; stammt aus Indien; die Samen dieser Pflanze werden zum Kochen und die gesamte Pflanze für ayurvedische Medizin verwendet. Der Samen sieht aus wie Kümmel und schmeckt so ähnlich wie Anissamen.

ASANT: Auch als *Asafoetida* bezeichnet; ein getrocknetes Gummiharz aus der Wurzel einer Riesenfenchelart; wird als Pulver, mit Mehl gemischt oder als grobes Granulat verkauft; häufig in der vegetarischen Küche Indiens verwendet, um Gerichten ein starkes, zwiebelartiges Aroma zu verleihen.

BRAUNE LINSEN: Häufigste Linsenart; Farbe reicht von Kaki bis Braun; größer als Französische Linsen; Form wie eine fliegende Untertasse; gut zum Keimen geeignet.

CURRYBLÄTTER: Stammen aus Indien, die dunkelgrünen Blätter der Currypflanze, die aufgrund ihres Geschmacks und Aromas häufig in der südindischen Küche verwendet werden. Getrocknete Curryblätter verlieren ihr Aroma; gefrorene Blätter werden dunkler, so wie Basilikum, behalten aber ihr Aroma. Nicht in den Kühlschrank legen.

CURRYPULVER: Eine westliche Erfindung einer variablen Mischung aus Gewürzen, die in der südasiatischen Küche verwendet wird; beinhaltet meistens unter anderem Kurkuma, Chili, Koriander und Kreuzkümmel.

DAL: Ein suppenartiges indisches Gericht aus jeder beliebigen Hülsenfrucht; bezog sich ursprünglich auf die Hülsenfrucht der Strauchbeere, bekannt als *Tur Dal*. In diesem Buch bezieht sich *Dal* im Allgemeinen auf Mungobohnen oder Linsen bzw. die aus diesen Hülsenfrüchten gemachte Suppe, so wie in »Mung Dal.«

FRANZÖSISCHE LINSEN: Manchmal auch als Le Puy-Linsen bezeichnet (nur wenn sie tatsächlich in der französischen Region Le Puy angebaut wurden); werden sie in anderen Ländern angebaut, heißen sie französische oder grüne Linsen. Diese Linsen sind klein und dunkelgrün und behalten beim Kochen ihre Form.

KORIANDER: Samen der Korianderpflanze; rund; grün oder hellbraun.

MEDJOOL-DATTELN: Die weiche, feuchte Frucht der Dattelpalme; unter den Datteln als die größte, süßeste und aromatischste Dattelart bekannt.

MUNGDAL: Grüne Mungobohnen, die geschält und halbiert wurden; gelbe Farbe; zu finden in indischen und asiatischen Nahrungsmittelgeschäften; werden beim Kochen vollständig aufgebrochen; laut Ayurveda die Hülsenfrucht, die am leichtesten zu verdauen ist.

MUNGOBOHNEN: Auch als Mungobohne bekannt; kleine, ovale Bohne, die in süßen und herzhaften Gerichten verwendet wird; häufig als Bulk-Ware zu finden; gilt im Ayurveda als die leichteste und am einfachsten zu verdauende Hülsenfrucht.

ROTE LINSEN: Orange Farbe; häufig in Suppen verwendet und leicht erhältlich; tatsächlich eine braune Linse, bei der die Schale entfernt und die halbiert wurde; werden beim Kochen vollständig aufgebrochen, sodass sie gut verdaubar sind; kürzere Kochzeit und weniger Ballaststoffe als bei braunen Linsen.

SENFSAMEN: In der indischen Küche werden schwarze Senfsamen verwendet und nicht die gelben, die zur Herstellung von gelbem Senf genutzt werden; kleine, runde Samen; Hauptkennzeichen ist der bittere, scharfe Geschmack.

TAKRA: Frische Buttermilch; zur Herstellung wird von Vollmilchjoghurt durch Quirlen das Fett entfernt und mit Wasser verdünnt; vor Mahlzeiten zur Verdauung von Ama und nach den Mahlzeiten zur Verbesserung der Verdauung getrunken.

Bezugsquellen

Ohne die folgenden Bücher und Autoren wäre das vorliegende Buch möglicherweise niemals zustande gekommen. Wenn Sie mehr zu dem Thema lesen möchten, sind diese Bücher eine hervorragende Informationsquelle.

Agnivesa. *Charaka Samhita.* Übersetzt von Ram Karan Sharma und Vaidya Bhagwan Dash. Varanasi: Chowkhamba Krishnadas Academy, 2015.

Dasa, Satyanarayana. *Bhagavad Gita.* Vrindavan, India: Jiva Institute of Vaishnava Studies, 2014.

Feuerstein, Georg. *The Encyclopedia of Yoga and Tantra.* Boulder, CO: Shambhala, 2011.

Frawley, David. *Ayurveda and the Mind.* Twin Lakes, WI: Lotus Press, 1996.

Freeman, Richard. *Mirror of Yoga.* Boulder, CO: Shambhala, 2012.

Huber, Cheri. *Making a Change for Good.* Boulder, CO: Shambhala, 2007.

Lad, Vasant. *Textbook of Ayurveda: Fundamental Principles.* Albuquerque, NM: Ayurvedic Press, 2002.

Maki, Bhavani Silvia. *The Yogi's Roadmap: The Patanjali Yoga Sutra as a Journey to Self-Realization.* Hanalei, HI: Viveka Press, 2013.

Mitchell, Stephen. *The Bhagavad Gita: A New Translation.* New York: Three Rivers Press, 2000.

Morningstar, Amadea. *Ayurvedic Cooking for Westerners.* Twin Lakes, WI: Lotus Press, 1995.

Svoboda, Robert E. *Prakriti.* Twin Lakes, WI: Lotus Press, 1998.

Vagbhata. *Ashtanga Hridaya.* 6. Aufl. Übersetzt von K. R. Srikantha Murthy. Varanasi: Chowkhamba Krishnadas Academy, 2009.

Vidyaranya, Swami. *Panchadasi.* Hollywood, CA: Vedantra Press, 1967.

Welch, Claudia. *How the Art of Science Makes the Science More Effective.* London: Singing Dragon, 2015.

Lieferanten für Ayurveda-Zutaten

Die meisten der im Buch erwähnten Produkte sind in gängigen Naturkostläden erhältlich. Sie können sie auch direkt über unseren Online-Shop www.narayana-verlag.de in der Kategorie „Naturkost" erhalten.

Dort finden Sie ein großes Sortiment an ausgewählten Naturkostprodukten, u. a. auch seltene Produkte wie Yacon-Sirup. Auch Nahrungsergänzungsmittel unserer Eigenmarke „Unimedica" und viele Superfoods sind dort erhältlich.

Danksagung

Ich danke von Herzen all denen, die auf unterschiedliche Art und Weise dazu beigetragen haben, dass dieses Buch entstanden ist. Insbesondere:

Meiner Familie: Mom, Dad und Bruder O'Donnell, die immer meine Gerichte essen, sowie Rich Ray – Danke fürs Zuhören.

Den Lektoren: Juree Sondker, Dr. Robert Svoboda, Erin Casperson (besonders großer Dank), Hilary Garivaltis, Dr. Anusha Seghal; und Rochelle Bourgault, die alles in die Wege geleitet hat.

Der Designerin Allison Meierding, die einen ganz besonderen Blick hat.

Cara Brostrom, die weitaus mehr dazu beigetragen hat als nur Fotos.

Der obersten Rezepttesterin Carabeth Connolly.

Dem Team der Rezepttester: Christie Rosen, Rochelle Bourgault, Shawna Boles, Julia Featheringill, Mercedes Von Deck, Betsy Bowden, Rebecca Davis, Zuzana Angelovicova, Pallavi Nagesha, Lisa Matthews, Renee Egan, Valerie Lauro, Jessica Babine und Amy Thornton.

Den Kochsuperstars Risa Horn und Carabeth Connolly.

Location für die Küchenfotos: Bruce and Marcia Humphrey und Sarah Rowe.

Locations zum Schreiben: Vaidygrama, Frank Smith, Linda Borman und Laura Cashel.

Allen Mitarbeiter von Shambhala Publications.

Der Boston Ayurveda School – Fakultät und Studenten!

Ein besonderer Dank von Cara Brostrom geht an:

Meine Familie: Chris Okerberg und meine Töchter.

Die Erinnerung an Echo Trobridge, für all die Hilfe und Unterstützung, die sie mir und meiner Familie während der Produktion dieses Buches hat zukommen lassen. Und auch für das wunderschöne, handgemachte Keramikgeschirr, das auf diesen Seiten zu sehen ist.

Adrienne Wilson, dafür dass sie sich um Evelyn gekümmert hat.

Besonderen Dank an Rochelle Bourgault und Allison Meierding.

Meine Schwester, Renee, für all ihre köstlichen und inspirierenden, glutenfreien Backwaren. Und an meine Mom, die mich immer ermuntert hat.

CARA BROSTROM

Über uns

KATE O'DONNELL ist staatlich zertifizierte Ayurveda-Therapeutin, Ashtanga-Yogalehrerin und Autorin von *Das Ayurveda-Kochbuch für jeden Tag: Köstlich und typgerecht essen nach den Jahreszeiten*. Sie hat schon zwanzig lange Reisen nach Indien gemacht, wo sie sich auch jedes Jahr zu Studienzwecken aufhält. Außerdem unterrichtet sie in vielen Ländern Ayurveda.

Im Alter von neunzehn Jahren war Kate während eines Auslandssemesters in Indien, um dort Englisch zu unterrichten und Umweltwissenschaften zu studieren. Sie nahm sich ein Semester frei, um dort zu bleiben, Yoga zu machen und so viele Teile Indiens zu bereisen, wie es ihr in sechs Monaten möglich war. Während dieser Zeit aß Kate eine unverdauliche Menge an unbekannten Lebensmitteln, sodass sie am Ende in der Praxis eines Ayurveda-Arztes saß. Fundierte Erfahrung im Ashtanga-Yoga und Ayurveda sowie ein lebhaftes Interesse an der Heilkraft der Nahrungsmittel haben sie in den vergangenen zwanzig Jahren dazu inspiriert, sich in dieser alten Heilkunst immer weiterzubilden. Kate leitet das Ashtanga Yogaprogramm in Boston, ist Mitgeschäftsführerin der Boston Ayurveda School und hat an zahlreichen Publikationen mitgewirkt. Wenn Sie gerade kein Yoga macht oder einen Chai genießt, gibt sie Workshops und Kochkurse, leitet jahreszeitenbasierte Entgiftungen an oder veranstaltet Lifestyle Retreats.

www.kateodonnell.yoga // @kateodonnell.ayurveda

HANNAH GUNNELL

CARA BROSTROM ist für ihre Lifestylebilder sowie ihre redaktionelle und künstlerische Fotografie bekannt. Als visuelle Geschichtenerzählerin hält sie mit ihren Fotografien Landschaften, Gegenstände und Momente fest, die unser modernes Leben spiegeln.

Nachdem sie viele Jahre lang die Welt bereiste, ließ sich Cara in Boston nieder, wo sie Kate O'Donnell kennenlernte und ein reges Interesse an Yoga und Ayurveda entwickelte. Mit ihrer Kamera hält Cara die subtile Energie des Yogas und die Schönheit von natürlichem und gesundem Essen fest. Sie hat zu diesem Buch nicht nur ihre inspirierenden Essens- und Lifestylefotos beigetragen, sondern auch ihre Erfahrung bei der Entwicklung von Rezepten, bei denen traditionelle ayurvedische Rezepte an den westlichen Geschmack angepasst wurden.

Ihre Fotografien und Texte wurden in den USA, in Kanada, Skandinavien und in Großbritannien ausgestellt und veröffentlicht. Sie lebt mit ihrer Familie in Massachusetts.

www.carabrostrom.com // @carabros

Index

A

B

C

D

E

F

G

H

I

J

K

N

O

P

Q

T

U

V

W

Y

Z

Kate O'Donnell

Das Ayurveda-Kochbuch für jeden Tag

Köstlich und typgerecht essen nach den Jahreszeiten

352 Seiten, geb., € 29,80

Um den Körper ins Gleichgewicht zu bringen, braucht es nicht viel: das Verständnis über die eigene Konstitution, zu wissen, wie sich Bedürfnisse je nach Jahreszeit verändern. Und natürliche, hausgemachte Gerichte, die beides ausbalancieren. Das ist der Schlüssel für ein gesundes Leben nach Kate O'Donnell. Und dieses Wissen bringt die Yoga-Lehrerin und Ayurveda-Therapeutin im AYURVEDA-KOCHBUCH FÜR JEDEN TAG auf den Tisch. Dabei ist das Ayurveda-Kochbuch mehr als eine Rezeptesammlung: Kate O'Donnell erklärt die Grundlagen von Ayurveda. Und bringt die Theorie ganz schnell in Küche und Alltag: Mit über 100 einfachen Rezepten - ohne teure, komplizierte Zutaten - und Anleitungen für jeden Tag lockt sie selbst Kochmuffel vor den Herd und begeistert für einen gesunden Lebensstil. Sie zeigt, wie sich das Wetter auf Körper und Essverhalten auswirkt. Liefert Tipps und Tricks, worauf Sie in jeder Jahreszeit achten sollten. Und welche Nahrungsmittel Sie lieber ganz vom Speiseplan streichen. Rotes Kürbis-Dal, Rosinen-Granatapfel-Chutney, Gurken-Minz-Raita, Cranberry-Butternut-Muffins oder Karotten-Ingwer-Suppe mit gerösteten Kichererbsen - O'Donnells Rezepte machen Lust aufs Essen, sind einfach nachzukochen. Und alle ohne Hokuspokus, aber mit Effekt! Der Anhang enthält praktische Tipps, stellt hilfreiche Küchenutensilien vor und gibt Reinigungsrituale an die Hand, die so selbstverständlich wie das Zähneputzen werden. Kopfschmerzen, Verstopfung, Schlafprobleme: Der letzte Teil des Buches enthält eine nützliche Übersicht darüber, welches Gericht bei welchem Symptom helfen kann. Wer sich bisher abgemüht hat, die Ernährung östlicher Traditionen auf das heutige Leben zu adaptieren, wird seine helle Freude an Kate O'Donnells Buch haben. Ayurveda war noch nie so einfach - und: schmeckt köstlich!

Usha Lad / Vasant Lad

Das Kochbuch des Ayurveda

Selbstheilung durch die ayurvedische Küche

288 Seiten, geb., € 29,-

Die ayurvedische Küche ist nicht nur unglaublich schmackhaft, sondern verfügt auch über große Heilkräfte, die jeder einsetzen kann. Vasant Lad ist einer der bekanntesten ayurvedischen Ärzte weltweit. Es ist kaum einer so berufen wie er, dieses Kochbuch zu schreiben und die jahrtausendealten Geheimnisse dieser heilenden Nahrung verfügbar zu machen. Das Werk ist weit mehr als nur ein Kochbuch. Neben 100 köstlichen Rezepten aus der Küche von Vasant Lad und seiner Frau Usha führt es in die Grundprinzipien des Ayurveda und die Lehre der Konstitutionstypen, der Doshas, ein. Es zeigt, wie sich durch die Kombination von Lebensmitteln die Verdauung regulieren, körperliches Gleichgewicht herstellen und dadurch Gesundheit und Wohlbefinden erreichen lassen. Die aromatischen Rezepte reichen von Mungobohnen-Suppe bei Augenproblemen, Safranreis bei Migräne, Karotten-Sabji zur Blutbildung, den beliebten Kartoffel-Taschen Samosas und Chapatis bis zum ausgleichenden Koriander-Chutney und süßen Mandel-Khir. Dabei können die Bedürfnisse aller Familienmitglieder berücksichtigt werden. Darüber hinaus wartet Das Kochbuch des Ayurveda mit mehr als 300 einfachen ayurvedischen Hausmitteln für die Behandlung vielfältiger Beschwerden auf, die bei der Bekämpfung einfacher Erkältungen, bei Hauterkrankungen oder sogar zur Stabilisierung des Blutzuckerspiegels bei Diabetikern zum Einsatz kommen. Zusätzlich enthält das Buch einen Fragebogen für die Ermittlung der eigenen Konstitution und Ernährungsrichtlinien für die jeweiligen Konstitutionstypen.

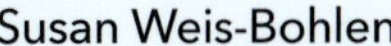

Susan Weis-Bohlen

Ayurveda Basics

Ayurvedische Grundprinzipien & Übungen für innere Balance & natürliche Heilung

208 Seiten, geb., € 19,90

Wie kaum ein anderes Buch bietet *Ayurveda Basics* einen idealen Leitfaden für alle, die einen Einstieg in die Weisheit von Ayurveda suchen. Denn oft erscheint die 5000 Jahre alte indische Heilkunst so umfassend, dass sie für Laien zu Beginn überwältigend sein kann. So ist es in den USA bereits eines der beliebtesten Grundlagenbücher. Susan Weis-Bohlen nimmt den Leser an die Hand und führt ihn in übersichtlich gegliederten Kapiteln Stück für Stück in das tiefgründige medizinische System ein. Die Autorin bietet einen kurzen Überblick über die historischen Wurzeln von Ayurveda, erklärt dessen ganzheitliche Grundlagen, gibt eine hilfreiche und humorvolle Einführung in das Thema und zeigt, wie man gesunde Ayurveda-Praktiken allmählich im Alltag verankern kann. Der Ayurveda-Leitfaden wurde speziell für Anfänger entwickelt und bietet einen prägnanten Überblick über die verschiedenen Heilmethoden des Ayurveda, ein einfaches Dosha-Quiz mit ausführlichen Beschreibungen der einzelnen Dosha-Typen, einen 3-wöchigen Ayurveda-Plan für Anfänger, um ayurvedische Konzepte sanft und praktisch in den eigenen Lebensstil einzuführen, eine breite Palette von Ayurveda-Techniken wie Kochrezepte, Yoga, Aromatherapie, Meditation und saisonale Reinigung. Dank ihrer eigenen langjährigen Erfahrungen gibt die ayurvedische Beraterin unersetzliche praktische Tipps, die ermuntern, das Gelesene gleich in die Tat umzusetzen. Dadurch weist *Ayurveda Basics* den Weg, um die Kräfte des Ayurveda freizusetzen und auf natürliche Weise Geist, Körper und Seele in Harmonie zu bringen.

Alexander Pollozek / Dominik Behringer

Die zeitlose Ayurveda-Küche

Heilkraft unserer Nahrung

400 Seiten, geb., € 39,-

Dieses Buch ist eine Einladung zum erfüllten Umgang mit sich und dem Leben. Kochen wird im Ayurveda als eine ehrenvolle und spirituelle Tätigkeit angesehen und besteht aus der inneren Verbindung mit der Lebensenergie der Nahrungsmittel - der Seelenqualität Prana - und ihrer bewussten Verarbeitung. Essen ist Medizin, sagt das Ayurveda. Das älteste Gesundheitssystem der Welt weiß über die Gesetzmäßigkeiten des Lebens und wurde von der zeitlosen Weisheit aller Kulturen beeinflusst. So ist Ayurveda eine Art „Urwissen" und überall da zuhause, wo es Leben gibt. Dieses Buch beherzigt als wertvoller Wegweiser, unverzichtbares Nachschlagewerk, Therapeutenratgeber, Lektüre und genussvoller Rezeptelieferant zugleich die Heilkraft der Nahrung in der Ayurvedaküche auf besondere Weise. Alexander Pollozek und Dominik Behringer betrachten das Ayurveda aus ihrem jeweiligen therapeutischen Blickwinkel und führen ihre langjährigen Erfahrungen als Therapeut bzw. Koch in diesem Buch zusammen. „Jeder kann auf der Klaviatur der alten ayurvedischen Kochkunst spielen, sie erlernen, praktizieren und verfeinern", versprechen die beiden Experten. So wird tägliches Kochen mit guten Produkten, frischen Kräutern und feurigen Gewürzen zu einem wichtigen Beitrag der Selbstheilung bzw. Eigentherapie.

Nach dem umfangreichen Einführungsteil in die Ursprünge, Prinzipien und die spirituellen Hintergründe des Ayurveda weisen die Autoren in die Energetik der Nahrung ein. Wie eine Offenbarung lesen sich die Nahrungsmittellisten, die Einteilung in Stoffwechseltypen, Monodiäten, die übersichtlichen Tabellen mit den Vata-, Pitta-, Kapha- bzw. Triguna-Analogien, wie auch die Tabukombinationen, die Goldenen Essregeln und die Grundregeln der sattvischen Küche. Dann wird der Ratgeber zum einmaligen Kochbuch. Dominik Behringer, in vielen Klosterküchen zuhause, greift tief in die Schatzkiste der ayurvedischen Heilküche.

Subhash Ranade

Ayurveda

Wesen und Methodik

248 Seiten, geb., € 39,-

Ayurveda, die Wissenschaft vom gesunden Leben, gehört mit ihrer jahrtausendealten Tradition zu den ältesten Medizin- und Gesundheitssystemen der Menschheit. Der weltweit bekannte Ayurveda-Experte Prof. Subhash Ranade hat mit Ayurveda – Wesen und Methodik in Zusammenarbeit mit der Universität Pune, einer der führenden Universitäten Indiens, ein Grundlagenwerk erarbeitet, das einen exzellenten Überblick über die ayurvedische Medizin präsentiert. Er vermag die Inhalte auch für westliche Leser verständlich zu vermitteln. Das Werk wird bereits von vielen Schulen als Lehrbuch eingesetzt.

Ranade befasst sich im Detail mit wichtigen Aspekten der ayurvedischen Geschichte und Philosophie. Er erklärt klar ihre grundlegenden Prinzipien und Fachbegriffe, die Bedeutung von unzureichender Ausscheidung von Abfallprodukten bei der Entstehung von Krankheiten sowie die sieben Gewebe wie Blut, Muskeln und Fett. Detailliert werden die Konstitutionstypen des Ayurveda beschrieben, deren Bedeutung, typengerechte Ernährung, Neigung zu Krankheiten und wie sie bestimmt werden können. Was sind die Grundpfeiler von Gesundheit und wie kann diese erhalten werden? Welche Verjüngungskuren – Rasayana – gibt es? Ranade gibt auch eine Einführung in ayurvedische Heilmittel und deren Energetik. Er erklärt die wichtigsten Untersuchungsmethoden und gibt wertvolle Hinweise zur Behandlung der häufigsten Erkrankungen – von Grippe, Asthma und Bluthochdruck über Krampfadern und Verdauungsbeschwerden bis zu rheumatischen Erkrankungen. Zuletzt erläutert er die Grundlagen der Panchakarma-Kur und wichtige Yogaübungen. Mit dieser komplett überarbeiteten Neuauflage haben alle Ayurveda-Interessierten ein Standardwerk eines indischen Experten zur Hand, das übersichtlich und umfassend über alle Themengebiete des Ayurveda informiert.

Bharat B. Aggarwal

Heilende Gewürze

Wie 50 heimische und exotische Gewürze Gesundheit erhalten und Krankheiten heilen können

512 Seiten, geb., € 29,-

Gewürze sind wertvolle Küchenfreunde und sorgen für den guten Geschmack. Gewürze können jedoch noch viel mehr – sie verfügen über eine enorme Heilkraft. Dr. Aggarwal erforscht seit Jahren am renommierten M.D. Anderson-Krebszentrum der Universität Texas die Heilwirkung von Gewürzen. Viele Gewürze sind echte Kraftpakete bei der Verteidigung des Körpers gegen Mikroben – Bakterien, Viren und Pilze. Sie wirken entzündungshemmend und können sogar den Alterungsprozess verlangsamen.

In seiner Gewürzbibel beschreibt der erfahrene Forscher ausführlich und äußerst lebendig die wichtigsten 50 Gewürze, deren Anwendungsgebiete sowie wissenschaftliche Belege für deren Wirkung und nicht zuletzt leckere Rezepte. So reguliert Zimt den Blutzucker, Kurkuma schützt vor Krebs, Oregano hilft bei Infektionen, Mandeln helfen bei Bluthochdruck und Curryblätter bei Alzheimer. Ein Buch zum Nachschlagen und Anwenden – vom Kauf der Gewürze bis zur Aufbewahrung und Verwendung in Gerichten, in außergewöhnlichen Gewürzmischungen oder direkt als präzise gewähltes Heilmittel.

Richa Hingle

Vegane Indische Küche

150 traditionelle und kreative Rezepte zum Nachkochen

336 Seiten, geb., € 29,-

Vielfältig, unverwechselbar, bunt und würzig - das ist die indische Küche. Scharfe Currys, cremige Spinatgerichte und dampfende Tandoori-Pfannen laden ein. Ein Bissen und man steht auf einem Markt in Mumbai. Die erfolgreiche vegane US-Bloggerin Richa Hingle stammt selbst aus Indien und hat die traditionellen Rezepte ihrer Kindheit mit modernen Küchenpraktiken kombiniert. Sie zeigt, wie einfach es ist, Gerichte der indischen Küche vegan zuzubereiten - und das unglaublich lecker. Wer hätte gedacht, dass man Gerichte wie Rasmalai, Sandesh oder Gulab Jamun auch milchfrei genießen könnte? Alle 150 Rezepte des Buches sind schnell umzusetzen, sie sind gesund und nahrhaft, allergikerfreundlich und bieten häufig soja- und glutenfreie Varianten.

Richa zeigt nicht nur, wie man bekannte Klassiker wie Dals, Naanbrote oder Chutneys zubereitet, sondern gibt mit weniger bekannten Rezepten für Frühstück, Desserts und Snacks Einblick in die gesamte Vielfalt der indischen Küche. Mit Richas Gewürzleitfaden werden auch Sie schnell Experte indischer Aromen - im Handumdrehen werden Sie Rezepte abwandeln und ganz neue Gaumenfreuden kreieren. Mit ausgefallenen Gerichten wie Cocos-Curry mit Butternusskürbis und Roten Linsen, gebackenem Blumenkohl mit Makhani-Soße, schnellem Tamarinden-Dattel-Chutney, Kardamon-Fudge und weiteren süßen Leckereien lassen Sie jedes indische Standardrestaurant weit hinter sich. Holen Sie Indien zu sich nach Hause. Guten Appetit und Namaste!

Mickey Trescott

Das Autoimmun-Paleo-Kochbuch

Das erfolgreiche Protokoll bei Allergien, Hashimoto, Zöliakie und weiteren chronischen Krankheiten

320 Seiten, geb., € 29,-

Autoimmunerkrankungen wie Diabetes, Allergien, Multiple Sklerose oder Zöliakie beherrschen den Alltag vieler Menschen, während die heutige Medizin den Betroffenen oft keinen wirksamen Ausweg bietet. Das Autoimmunprotokoll wurde speziell für diese Krankheiten entwickelt. Es entfernt mögliche Auslöser in der Ernährung und schafft einen gesunden Darm - die Voraussetzung für eine Heilung von innen. Mickey Trescotts Buch ist der perfekte Begleiter für den Einstieg. Die Ernährungsberaterin und erfolgreiche Bloggerin hat sich selbst mithilfe dieser speziellen Paleo-Diät von Zöliakie, Hashimoto-Thyreoiditis und chronischer Erschöpfung geheilt.

In ihrem Werk gibt sie einen Einblick in die Wirkungsweise des Autoimmunprotokolls sowie wertvolle Tipps, wie man Küche und Vorratsschrank von allen potenziell schädlichen Lebensmitteln befreien kann. Auch stellt sie Wochenpläne und Einkaufslisten bereit, um den Umstieg so einfach wie möglich zu gestalten. Das Herzstück des Autoimmun-Paleo-Kochbuchs bilden 112 köstliche Rezepte, die auch für Betroffene in der strengsten Phase des Protokolls geeignet sind - ohne Getreide, Hülsenfrüchte, Eier, Nüsse, Samen oder Nachtschattengewächse. Trescotts Gerichte sind schmackhaft und vielfältig - klassische Hühnersuppe, mediterran gegrillter Lachs oder grüner Spargel mit Rosmarin lassen die alten Essgewohnheiten vergessen. Schnell zubereitet lassen sich die Rezepte gut in den stressigen Berufsalltag integrieren. Ein Buch, das inspiriert, die eigene Gesundheit selbst in die Hand zu nehmen.

Richa Hingle

Richas kulinarische Welt der Aromen

150 vegane Rezepte zum Genießen

304 Seiten, geb., € 29,90

Nach ihrem Sensationserfolg Vegane indische Küche hat Richa Hingle die beliebtesten internationalen Delikatessen zusammengetragen und sie mit außergewöhnlichen Aromen in spannende neue Geschmackserlebnisse verwandelt. Ihre einfallsreichen rein pflanzlichen Kombinationsideen werden in jeder Küche zu fantastischen Kreationen. Richas Rezepte bestechen durch ihre ansteckende Kreativität und eine unvergleichliche geschmackliche Vielfalt. Sie sind perfekt für den Alltag geeignet, lassen sich einfach nachkochen und können auch als gluten- und sojafreie Varianten zubereitet werden.

Genießen Sie den vollmundigen Geschmack köstlicher Currys, wärmender Aufläufe, phänomenaler pflanzenbasierter Burger und vieler weiterer Wohlfühlgerichte. Lassen Sie sich von Rezepten wie knusprigem Kung-Pao-Blumenkohl, Quinoa-Möhren-Barbecue-Burgern oder Tiramisu-Toffee-Riegeln verführen, und entdecken Sie eine wunderbare neue Welt an Saucen, Suppen, Sandwiches, Frühstücksoptionen, Hauptgerichten und süßen Verlockungen. Dieses Buch hat das Zeug zum Klassiker und begeistert schon jetzt weltweit Tausende vegane wie auch nicht-vegane Genießer.

Michael Greger / Gene Stone

How Not To Die

Entdecken Sie Nahrungsmittel, die Ihr Leben verlängern und bewiesenermaßen Krankheiten vorbeugen und heilen

512 Seiten, geb., € 24,80

Die meisten aller frühzeitigen Todesfälle ließen sich verhindern – und zwar, so überraschend es klingen mag, durch einfache Änderungen der eigenen Lebens- und Ernährungsweise. Dr. Michael Greger, international renommierter Arzt, Ernährungswissenschaftler und Gründer des Online-Informationsportals Nutritionfacts.org, lüftet in seinem weltweit außergewöhnlich erfolgreichen Bestseller das am besten gehütete Geheimnis der Medizin: Wenn die Grundbedingungen stimmen, kann sich der menschliche Körper selbst heilen.

In *How Not To Die* analysiert Greger die häufigsten 15 Todesursachen der westlichen Welt, zu denen z. B. Herzerkrankungen, Krebs, Diabetes, Bluthochdruck und Parkinson zählen, und erläutert auf Basis der neuesten wissenschaftlichen Forschungsergebnisse, wie diese verhindert, in ihrer Entstehung aufgehalten oder sogar rückgängig gemacht werden können. Darüber hinaus erklärt er auf verständliche und enorm fesselnde, aber stets wissenschaftlich fundierte Weise, welche Lebensmittel besonders wertvoll und gesund für die verschiedenen Organe und Funktionen des menschlichen Körpers sind, und wie diese am besten kombiniert und verzehrt werden können. Sein „Tägliches Dutzend“ fasst in einer so übersichtlichen wie praktischen Checkliste alle die Lebensmittel zusammen, die eine optimale Gesundheit unterstützen.

Michael Greger / Gene Stone

Das HOW NOT TO DIE Kochbuch

Über 100 Rezepte, die Krankheiten vorbeugen und heilen

272 Seiten, geb., € 29,-

Der Ernährungsguru, Arzt und begeisterte Wissenschaftsfreak Dr. Michael Greger hat dem Drängen Tausender Fans nachgegeben und ein Begleitkochbuch zu seinem internationalen Bestseller How Not To Die verfasst. Dieses ungeduldig erwartete Kochbuch enthält über 100 Rezepte für köstliche pflanzenbasierte Gerichte, die so gesund sind, dass sie Leben retten.

Die verwendeten Zutaten basieren überwiegend auf dem „Täglichen Dutzend" - den Lebensmitteln und Energielieferanten, die am nährstoffreichsten sind und reichlich Abwehrstoffe enthalten. Einführend erläutert Dr. Greger die Gründe für seine ernährungswissenschaftliche Mission, geht auf die 15 häufigsten Todesursachen der westlichen Welt ein und verrät die beste Strategie, um diesen zu entkommen: eine vollwertige, pflanzenbasierte Ernährung. In diesem Buch finden Sie Rezepte für sämtliche Tageszeiten und Anlässe, von leckeren Ideen für Frühstück, Mittag- und Abendessen über Snacks für zwischendurch, Salate, Suppen und Beilagen bis hin zu Desserts oder Getränken. Verführerische Fotos werden Ihnen das Wasser im Mund zusammenlaufen lassen und Lust aufs Nachkochen machen. Ob Arme Ritter mit Beerensoße, Goldenes Quinoa-Taboulé, Grünkohlsalat mit göttlichem Avocado-Dressing, Lasagne aus geröstetem Gemüse, Blumenkohlsteaks mit Chermoula-Soße oder Mandel-Schokoladen-Trüffel und Knusprig gefüllte Bratäpfel - mit diesen Gerichten verwöhnen Sie nicht nur Ihre Seele, sondern stärken auch nachhaltig Ihre Gesundheit. Das *How Not To Die Kochbuch* ist eine unverzichtbare Küchenbibel, die die gesündesten Zutaten der Welt in köstlichen und einfachen Rezepten vereint. Essen Sie sich gesund!

Joel Fuhrman

Eat to Live

Das wirkungsvolle, nährstoffreiche Programm für schnelles und nachhaltiges Abnehmen

432 Seiten, geb., € 24,80

EAT TO LIVE ist das Grundlagenwerk für gesunde Ernährung. Der amerikanische Erfolgsautor und Arzt Dr. Fuhrman stellt damit ein mächtiges Werkzeug zur Verfügung, um dauerhaft Gewicht zu verlieren und die Gesundheit wiederzuerlangen. In den USA ist es ein Dauerbrenner, über 1 Million verkaufte Bücher sprechen für sich.

Joel Fuhrman zeigt, wie allein mit der richtigen Ernährung Bluthochdruck, Diabetes, Autoimmunkrankheiten, Migräne, Asthma und Allergien dauerhaft geheilt werden können. Mit seinem 6-Wochenplan kann man Heißhungerattacken und Verlangen nach Junkfood hinter sich lassen. Das Geheimnis liegt in der Nährstoffdichte, das bedeutet die Einnahme von viel nährstoffreicher Nahrung. Übergewichtige sind trotz Überernährung meistens damit unterversorgt. Das Buch revolutioniert unser Denken und unsere Essgewohnheiten.